韓国社会教育の起源と展開

大韓帝国末期から植民地時代までを中心に

李　正連 著

大学教育出版

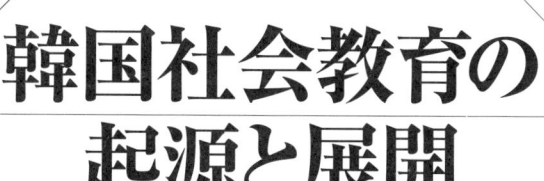

韓国社会教育の起源と展開
―大韓帝国末期から植民地時代までを中心に―

目　次

序　章　研究課題と方法 …………………………………………… 1
　　第1節　課題の設定　1
　　第2節　韓国における「近代化」の意味
　　　　　　―「植民地的近代」研究に関する考察を中心に―　5
　　第3節　先行研究の検討　10
　　　　　（1）植民地期の朝鮮教育に関する新たな研究動向　10
　　　　　（2）韓国の社会教育に関する先行研究の検討　14
　　第4節　本研究の課題および方法　19
　　　　　（1）社会教育概念と時期の限定　19
　　　　　（2）本研究の課題及び方法　24

第1章　大韓帝国末期（1906～1910）の社会教育の導入 …………… 36
　　第1節　学部における通俗教育の導入とその実態　36
　　　　　（1）統監政治の始まりと大韓帝国末期の教育現実　36
　　　　　（2）通俗教育の導入とその実態　42
　　第2節　韓国開化派知識人による社会教育概念の導入とその実践
　　　　　　―各種「学会」の機関誌に関する検討を中心に―　51
　　　　　（1）愛国啓蒙運動と社会教育概念の導入　51
　　　　　（2）社会教育的実践としての夜学活動　63

第2章　植民地朝鮮における社会教育施策の展開過程 ………………… 82
　　第1節　植民地初期（1910～1919）における社会教育施策　82
　　　　　（1）「日韓併合」と植民地朝鮮教育の方針　82
　　　　　（2）「学校を中心とする社会教育」施策とその実態　84
　　第2節　植民地中期（1919～1932）における社会教育施策　89
　　　　　（1）三・一運動の勃発と文化政治への転換　89
　　　　　（2）「学校を中心とする社会教育」施策の強化　92
　　　　　（3）社会教育の行政的制度化のための動き　102

第3節　植民地後期（1932〜1945）における社会教育施策　*106*
　　　（1）　戦時体制準備と皇国臣民化のための教育政策　*106*
　　　（2）　社会教育行政機構の整備および主要な社会教育政策　*108*

第3章　実業教育関連の社会教育施策の展開およびその目的 ……………… *127*
　第1節　実業補習学校の設置・運営およびその変容　*127*
　第2節　「卒業生指導」施策の実施とその意図　*135*
　第3節　農民訓練所の設置と中堅人物の養成　*145*

第4章　朝鮮民衆による社会教育実践―夜学を中心に― ………………… *162*
　第1節　三・一運動後における夜学急増の背景　*163*
　第2節　夜学の設立および運営の実態　*173*
　　　（1）　夜学の設立状況　*173*
　　　（2）　夜学の設立・経営主体と朝鮮総督府の統制政策　*175*
　　　（3）　教師および学生と夜学の類型　*181*
　　　（4）　教科目および教材　*183*
　第3節　朝鮮民衆による夜学活動の特質　*184*

終　章　韓国における社会教育の歴史的性格と今後の課題 ……………… *205*
　第1節　結論：韓国における社会教育の歴史的性格　*205*
　第2節　本研究における成果と残された課題　*209*
　第3節　韓国における社会教育の現状と今後の課題　*211*

補　論　近代国民国家の形成と社会教育の展開 …………………………… *215*
　はじめに　*215*
　第1節　「国民（民族）」概念の形成と社会教育　*216*
　　　（1）「国民」および「民族」概念の形成　*216*
　　　（2）「国民（民族）」の形成のための社会教育　*222*

第2節　社会教育における「社会」・「地方」概念の意味　　227
　　　　（1）「社会」概念とその内在的意味　　227
　　　　（2）統制対象としての「地方」概念の成立　　232
　　　　（3）社会教育における「社会」および「地方」概念の意味　　235
　　まとめ　　237

あとがき …………………………………………………………… 244

参考文献 …………………………………………………………… 246

資　　料 …………………………………………………………… 255

図表目次

【図】

図 1-1	1895〜1905 年の学校制度	37
図 1-2	1906〜1911 年の学校制度	38
図 1-3	1895〜1907 年の学部組織	43
図 1-4	1907〜1908 年の学部組織	44
図 1-5	1909〜1910 年の学部組織	44
図 2-1	第 2 次朝鮮教育令公布（1922.2）以前の学校制度	91
図 2-2	第 2 次朝鮮教育令による学校制度	91
図 2-3	社会教育教化事業の担当部署一覧	113
図 3-1	卒業生指導施設数と実業補習学校数の増減推移	140
図 3-2	卒業生指導施設と実業補習学校の生徒数の増減推移	140
図 4-1	李敦化による「朝鮮新文化建設のための図案」	187

【表】

表 1-1	1906 年以来 5 年間官公立および補助指定普通学校状況表	40
表 1-2	1910 年現在高等程度官公立諸学校一覧表	40
表 1-3	学部認可済私立学校数（1910 年 5 月現在）	42
表 1-4	大韓帝国末期の学会（1909 年）	54
表 1-5	1905〜1910 年の夜学設立状況	64
表 1-6	夜学の教科目（1905 年〜1910 年）	68
表 2-1	植民地時代初期の初等教育機関への就学状況	83
表 2-2	公立普通学校入学状況	95
表 2-3	学校を中心とする社会教育状況	100
表 2-4	歴代の朝鮮総督府学務局長・課長の経歴	116
表 2-5	公立普通学校授業料（1915 年 2 月 8 日現在）	122
表 3-1	大韓帝国末期の実業教育施設の状況	128
表 3-2	実業補習学校の学校数・学級数・職員数・生徒数	131
表 3-3	公立実業補習学校の分布状況	134
表 3-4	卒業生指導施設数および指導生・指導教師数	136
表 3-5	卒業生指導施設の指導期間	137
表 3-6	卒業生指導施設における指導科目	137
表 3-7	労働争議・小作争議の趨勢	138
表 3-8	1920 年代における学生同盟休校の状況	139
表 3-9	中等学校の入学競争	141

表 3-10	実業補習学校卒業者の進路（1933 年度）	142
表 3-11	実業補習学校の入学競争率（1934 年度）	142
表 3-12	農民訓練生の階層構成（1936 年 11 月現在）	148
表 3-13	朝鮮農家の階層構成比	149
表 3-14	驪州郡農道講習所の学科目及び学科課程、教授時数	150
表 3-15	各道の農村振興予算における農民訓練所の予算（1936 年度）	150
表 3-16	儒城農村青年訓練所の日課表	152
表 3-17	日本における国公私立別実業補習学校の推移	154
表 4-1	各級学校別学校数・生徒数の推移（1911 ～ 1936）	166
表 4-2	在日朝鮮留学生の国費および私費別累年人員表	167
表 4-3	京城府の入学競争率および入学率	168
表 4-4	私立学校の状況	169
表 4-5	『東亜日報』にみられる夜学設立の分布	174
表 4-6	夜学設立主体の年別分類	176
表 4-7	咸鏡南道高原郡の夜学経費負担別夜学数	178
表 4-8	書堂累年統計表	178
表 4-9	夜学の学生数と教師数	183
表 4-10	夜学の教科目	184
表 4-11	普通学校および書堂における男女学生数の比較表	186
表 4-12	夜学における朝鮮語教育の状況	196

韓国社会教育の起源と展開
―大韓帝国末期から植民地時代までを中心に―

序　章

研究課題と方法

第1節　課題の設定

　韓国における社会教育に関する研究は、従来、大半が植民地時代に集中しており、その内容は大きく二つに分類することができる。一つは、朝鮮総督府による社会教育施策や制度に関する研究を通して、主として日本が植民地朝鮮において社会教育を通じて行った教化的教育の実態を明らかにし、その植民地性を批判することであり、いま一つは、日本が行った近代的教育施策および実践とは別に、朝鮮民衆によって行われた学校教育以外の教育的活動・実践を社会教育ととらえ、その民族史的意味を探ろうとするものであった。

　このような従来の歴史研究の影響もあり、韓国における社会教育の起源に関するとらえ方は、大きく次の三つに分類することができる。第一に、韓国の社会教育は、古代、中世、近世、近代を経て、今日に至るまで存在しつづけてきたというとらえ方[1]、第二に、社会教育は日本が韓国を支配・統治するための手段としてはじめて導入し、解放以後の社会教育とはその性格において完全に断絶的であるという立場[2]、第三に、韓国の近代的社会教育は植民地化される前に、すなわち、19世紀後半の開化期から民間主導的に始まったが、植民地時代に入り、日本によって消滅され、植民統治のための社会教育政策が定着されていくことによって、その性格が歪曲されたととらえる立場[3]である。しかし、これらの見解は、社会教育の概念において「教育原形態としての社会教育と、学校教育と関連して特別の目的をもった運動としての社会教育」[4]を区別していないために、社会教育の本質に対する理解の混乱を惹起してきたと考え

られる。

　「教育原形態としての社会教育」とは、近代学校教育制度が構築される以前のいわば社会一般において行われる教育を指している。もちろん、この「教育原形態としての社会教育」は、学校教育制度が整備された今日においても、私たちの生活の諸側面に見いだすことができる[5]。ところが、今日一般的に使われている、いわゆる「社会教育」は、そもそも日本において「義務教育制度が確立され、学校教育の経験が一般化した後においてあらわれた」[6]ものとして、「教育原形態」としての社会教育とは異なる概念として区別することが日本の研究における一般的理解である。そうすることによって、近代国民国家における国権的な民衆統治と民衆生活の向上要求とが、学校制度を回転軸として、対立を含み込んだ相互浸透関係を形成し、その学校教育とのかかわりにおいて、労働運動や貧困問題などの社会問題に対処しつつ、学校制度という国民形成と社会秩序形成の制度を保全しながら、民衆の要求を吸収しつつ管理を進める政策として採用されたものが社会教育であるという本質がとらえられることとなるとされているのである[7]。

　日本の社会教育学界においては、「社会教育」という用語は、1880年代半ばから1890年代前半にかけて、上記のような社会政策的な必要によって生まれた「日本独特」のものと指摘されてきたが[8]、大韓帝国末期（1906〜1910）[9]の開化派知識人たちが組織した団体である各種「学会」の機関誌によれば、このような日本の「社会教育」という用語および概念が1900年代後半に当時の韓国開化派知識人層によって導入されていたことがわかる。また、日本において1886年から1921年までに行政用語として使われていた「通俗教育」が、1907年12月13日に大韓帝国の学部（中央教育行政機関）の学務局の業務として新たに登場していた記録もみられる。

　ところが、これまで韓国の社会教育史研究においては、そのような事実には注目しておらず、むしろ韓国の社会教育は、植民地時代に朝鮮総督府の植民統治のために、日本がはじめて導入したというのが定説となってきた。そのような定説は、今日の韓国の社会教育政策における改革にまで影響を及ぼしている。すなわち、近年、韓国政府は「社会教育」から「平生教育（＝生涯教育）」

への制度的転換と「平生教育」体制の構築を宣言し、その改革を進めていく中で[10]、1999年8月には従来の「社会教育法」[11]を「平生教育法」へと全面拡大改正したが、その理由を、韓国政府は次のように述べている。「『社会教育』という用語は、植民地国民の意識を教化させるための教育方法として使われたという学者や社会教育専門家の意見があり、(中略)その上、社会教育が供給者を本位とした教育的側面を重視した点に対し、平生(＝生涯)教育は需要者の立場から自己主導的学習、個別化学習を重視する『開かれた教育社会・平生学習社会の建設』の教育改革方案にしたがい、社会教育法を平生教育法に変更し、制定することとなった」[12]。韓国政府がこのように「社会教育」という用語を否定的にとらえるようになったのは、既述のように、社会教育が植民地時代に総督府の植民統治のために、はじめて導入されたという韓国社会教育の起源に関する従来の研究が強く反映しているからである。

　もちろん日本が朝鮮を植民地化した後、植民統治のための教育政策の遂行過程において学校教育とともに社会教育を利用していったのは明らかな事実である。しかし、今日一般的に使われている「社会教育」は、日本において近代国民国家の形成に伴って構築された国民教育制度である学校教育との関係において制度化されてきた近代国家の制度として構築された教育であり、またその「社会教育」という用語や概念が、大韓帝国末期に韓国知識層を中心に積極的に認識・導入されていた点を考慮すれば、社会教育を単に植民地時代の抑圧的政策の一環として導入されたととらえ、今日においても、社会教育を完全に植民地時代の産物あるいはその残滓としてしか評価しないことは、韓国の社会教育史を総体として把握することを困難にさせるものと思われる。それゆえ、韓国の社会教育の起源を正確に理解し、また、その歴史的性格を明確にするためには、まず近代日本における社会教育概念の形成過程を視野に入れつつ、日本の社会教育がどのような背景と目的の下で韓国に導入されていったのかを明らかにする必要があるといえる。

　近代における日本と北東アジア諸国・地域との教育交流史に関するこれまでの研究では、主として日本の侵略・植民地化による日本的なるものの強制およびそれらに対する当該国・地域民衆の抵抗という二項対立的な理解の枠組みが

支配的であった[13]。ところが、最近の研究によれば、被侵略国・地域民衆の日本受容によって近代化と日本の侵略に対する抵抗の基盤の形成があったことは明らかであるが、その受容はまた当該国・地域民衆の生活上の必要においてなされていた面もあったことがわかっている[14]。すなわち、それは「抵抗のための近代化、抵抗のための日本利用という結果としての抵抗が先験的に置かれることによって、当該国・地域民衆の主体性が先験的に担保されることになっている」[15]面もあるが、「現実には、日本の持ち込むものを受容するかどうかは、当該国・地域民衆の生活上の価値判断と切り離し難く結びついている」[16]ということである。これは日本の干渉・統治下にいた「大韓帝国」・「朝鮮」においても同じく考えられることといえよう。

　韓国の近代的教育制度は、17・18世紀の開港を契機に新しい形態の資本主義的生産関係の形成による封建体制の解体と、19世紀後半の帝国主義勢力の侵入による対外的危機を迎えるようになり、それによって生じた対内的・対外的危機を克服し、自主的な近代国民国家の形成のために導入されたということができる。その代表的なものが「国民教育」のための近代学校教育制度の構築である。しかし、当時、韓国は1900年代に入っても学校教育が普及しておらず、さらに日露戦争以後、韓国における日本の国権侵害の度合いが強まるにつれて、国権喪失を憂えた愛国啓蒙運動家、すなわち大韓帝国末期の開化派知識人たちは学校教育の普及とともに、一般民衆、特に成人に対する啓蒙教育を行う必要性を感じるようになり、「社会教育」概念に着目するようになったと思われる。

　ところが、このような近代的教育に対する必要性が、日本の侵略に抵抗し独立を確保しようとする目的から台頭したのは明らかであるが、現実には民衆自身の生活向上のための近代的教育への熱望もその背景にあったと思われる点を指摘しておくべきであろう。1908年の私立学校令の公布以後、私立学校の教育内容が統監府によって統制された点を勘案し、私立学校を考慮の範疇から排除しても、大韓帝国末期に韓国民衆自らが設置した多くの夜学―1905〜1910年の『皇城新聞』に掲載された夜学に関する記事だけを整理しても、おおよそ200にのぼる夜学が設置されていた―において、主として日本語と算術、国文（ハングル）、簿記等が最も多く教えられており、またその他にも畜産、農業、

商業、英語、法学など、民衆の日常生活および生計に直接的に役立つ内容が多く教えられていた点からみても、このような民衆の近代的教育への熱望を単に「抵抗のための近代化への努力」または「抵抗のための民族教育」としてのみ解釈することには、無理があると思われる。さらに、統監政治下において地方官僚が民衆に行った強制に近い学校教育の督励行為を、当時の言論や民衆が積極的に評価した事例[17]や、植民統治が本格化した以後、とりわけ1920年代以後から現れた朝鮮民衆の公立普通学校への就学率の急増現象、そしてそれと連動しながら現れた夜学設立の急増現象等は、単に「抵抗のための民族教育」では説明できない部分が存在し、したがって、それは当時の社会的動因とそれに対する民衆の対応に基づいて説明される必要があると思われる。

つまり、韓国の近代的教育の受容は、近代国民国家の形成と外部勢力の侵入に対する抵抗の基盤形成のために必要なことであったといえるものの、一方では韓国民衆の生活上の必要に応じて、その受容がなされていた部分も看過できないのである。

本研究においては、このような視点に基づき、大韓帝国末期の開化派知識人たちによる社会教育概念の導入およびその実践と、その後、植民地下の朝鮮民衆によるその「社会教育」の継承または展開、そして植民地体制下の社会教育政策等を考察することを基本的な課題とする。この作業によって、これまで「植民教育―民族教育」あるいは「抑圧―抵抗」という認識の枠組みに依拠して描かれてきた韓国の植民地時代の教育史をより多角的に検討することができるものと思われる。

第2節　韓国における「近代化」の意味
　　　―「植民地的近代」研究に関する考察を中心に―

近来、韓国の近代史、とりわけ植民地時代に関する研究が新たな転換期を迎えている。その契機となったのは、1990年代に入って提起された、いわゆる「植民地的近代化論」である。「植民地的近代化論」とは、植民地時代を主として経済史的側面からとらえ、当時を「(従来の植民地時代の描写が―引用者)

ひたすら侵略と収奪で点綴された歴史像として描かれるのに反対し、侵略と開発の両面を一緒に検討しようという立論」[18] ということができる。その代表的な研究としては堀和生・安秉直の研究があげられるが、その研究では朝鮮における「植民地工業化」の分析を試み[19]、その後、安秉直は経済史的側面における韓国の近現代史の研究方向について「経済発展という視角をもって、朝鮮後期、日帝時代および解放以後を一貫して把握する」必要があると主張した[20]。安秉直は、これは経済史的視角から提起された「韓国の近現代史研究の新しいパラダイム」とし、他の分野の研究においても応用できると述べている。しかし、このような経済発展論的視角に立脚した植民地朝鮮に関する研究は、韓国の代表的な保守的民族主義者である慎鏞廈によって強く批判される。すなわち、慎鏞廈は、「近代化」の主要な基本概念を政治・経済・社会・文化の4分野に分け、それぞれの指標を次のように提示し、その各分野における近代化が朝鮮においては日本帝国主義の抑圧と収奪によって阻止されたと強調している[21]。

> 「近代化」とは、政治的には独立した国家が専制君主制を立憲代議国家へと、近代国家への体制転換をすることである。経済的には中世的経済組織と生産方式から産業資本主義の工業化を達成することである。社会的には前近代身分制社会から市民権をもつ国民の近代市民社会へ変化することである。文化的には特権貴族層中心の貴族文化から一般平民・国民中心の近代民族文化への変革的発展をやり遂げることといえる[22]。

こうした立場は、一般的に「収奪論」といわれている。この「収奪論」者においては基本的に「近代化」に対する肯定的なとらえ方がうかがえるが、このような「近代化」に対する肯定的なとらえ方は、上述した「植民地的近代化論」者たちにおいても同じくみられる。つまり、安秉直・慎鏞廈両者でそれぞれ代表される「植民地的近代化論」と「収奪論」の論争の背景には、そもそも「近代」に対する韓国の歴史研究者の強烈な憧憬が介在していると思われる[23]。それゆえ、このような見解が登場した以後の植民地朝鮮の社会像に関する議論では、当時を「近代化」が進められた時期ととらえるべきか、それとも「近代化」の機会を奪われた時期ととらえるべきかに焦点が当てられがちであった。

また、安秉直・慎鏞廈の両理論においては、「民族主義」の強調という観点に関しても、共通点を見いだすことができる。慎鏞廈は「日帝下で断片的に『近代化』が推進された部分は、近代化に対する日帝の弾圧・阻止政策に対抗しながら、韓国人が民族の消滅を阻止するために闘争して成した部分的成果であった」[24]と、朝鮮民族が推進した「近代化」の努力を高く評価している。そして、安秉直は、植民地期の朝鮮民衆は「植民地権力や日本人資本に奉仕するためではなく、自身の生活を維持するために」「植民地的開発事業」に踏み出すようになり、「その過程で朝鮮人は農民・資本家・労働者等、資本主義経済発展の担当主体として活発に成長していったが、彼らがそのように成長していけたのは、(朝鮮後期の—引用者)小農社会においてすでにその基礎的資質が備えられており、植民地期の資本主義体制下で資本主義に適合するように変容されることによって可能であった」と論じている[25]。これは上記の慎鏞廈の論理と政治的立場上の隔たりはあるものの、ここにおいても「民族主義的」性格が看取できる。

　ところが、近年、こうした論争において取り上げられた「近代」・「近代化」と「民族」等に関して、従来とは異なる観点が次々と登場するようになる[26]。例えば、キム・ジンギュン／チョン・グンシクは、20世紀の韓国社会における変動を、「植民地体制から分断体制へ」という巨視的、長期的な脈略でみることを提言し、「植民地的近代」と解放後の韓国の近代との「否定的連続性」を強調している[27]。これは、既存の「近代化」に関する議論—植民地的近代化論と収奪論—の根底にあった「近代化は発展であり、善」であるという暗黙の前提を否定し、むしろ「近代は、人間の生活を統制し、管理する多様な方式の中、独特な支配方式の一つ」と理解することである[28]。また、彼らは植民地期の朝鮮社会に関する総体的な認識のためには「近代＝西欧的近代」という考え方を乗り越えなければならず、日本帝国主義と植民地民衆で構成された植民地朝鮮社会は「植民地的近代」をもって、説明されなければならないことを提示した[29]。すなわち、「帝国主義一般は近代的制度を植民地に導入することによって住民を植民地的秩序に編入させ、自らを再生産するように試みた」[30]と述べ、日本は植民地朝鮮における各種の職業と社会的地位に対し、日常生活の

諸領域において新しい内容の規律、いわゆる「心得」を制定していったと指摘しつつ、このような「規律的権力」[31] が学校、工場、病院、家庭、そして各種の近代的社会制度において、どのように作用したのか、また「近代的主体」、すなわち規律的人間がどのように形成されたのかについて分析している。

このような植民地朝鮮研究に関する新たなアプローチ、いわゆる「植民地的近代」に関する議論は、「開発」か「収奪」かという従来の二分法的な議論を批判し、またこのような二分法的議論の基準であった「近代」を、その代表的産物である規律権力、すなわち制度が持つ統制性と再生産性を示すことによって、従来、「憧憬」の対象としてとらえられた「近代」・「近代化」を相対化する必要性と視点を提示したといえる。

また、「民族主義」に関しても新たなとらえ方がみられる。朴明林は「韓国の民族主義は国権喪失と植民地化段階において登場し、発達することによって」[32]、自由主義との紐帯が形成されず、むしろ「民族主義の過剰噴出」と「根本主義的傾向」が強く現れていると述べ、植民地朝鮮における「民族主義」を民主主義の観点から批判している[33]。

さらに、イム・ジヒョンによると、植民地朝鮮における民族主義に対する議論は、血縁主義的な色彩が濃いが、それは、19世紀末啓蒙運動期の血縁的同胞観が、日本から輸入された「民族」という翻訳語と同一視され、血統は民族の最も本質的な構成要素として理解されたからだという。当時の大半の民族主義者が共有した、このような血縁的「民族」概念はまもなく有機体的民族理論と結合し、民衆は主体ではなく、民族を構成する対象としてのみ存在するようになった。植民地時代、いわゆる文化的民族主義者は、朝鮮民族の固有の言語と文化を通して歴史的で、文化的な民族の実体を発見するのに心血を注ぎ、朝鮮の文化的優越性を掲げて日本の物質的優越性に立ち向かえる対抗理論を作ろうとしたが、このような文化的民族主義は、ヘゲモニー運動としての民族主義という観点からみれば、朝鮮のエリート民族主義者らが植民地権力と競争する中で、自分たちのヘゲモニーを確保するための方法であった。また、民衆的民族主義の場合、例えば、社会主義者も文化的民族主義者と同様に、血統と言語、文化などを強調する民族理論を共有し、または社会主義者自らが自分たちを民

族革命の唯一の担当者と自負し、民族主義的修辞で民衆を動員するが、このような抵抗理論としての民族主義は、その過程において不可避的に民族的アイデンティティーを民衆に一方的に強要しがちであり、それはまたジェンダーや階級などのような他のアイデンティティーを抑圧するようになる。それは、「民族」という単一のアイデンティティーの神話を作り出すことによって、民衆の多様な、あるいは多重的なアイデンティティーを否定するということである[34]。

　以後、以上のような植民地朝鮮における「近代化」と「民族主義」に関する新しい研究の視角は、植民地朝鮮には「抑圧─抵抗」に区分される二項対立的な構図では説明できない部分が存在するという論理に発展されるが、その代表的なものが、ユン・ヘドンの研究である。ユン・ヘドンは、これまで民族主義的視角に縛られるあまり、植民地民衆を「抵抗」と「親日」に二分化してきた観点を批判し、植民地期の「被支配民衆は、絶え間なく動揺しつつ協力し、抵抗する両面的な姿をみせてきた」[35]とし、植民地朝鮮には植民支配勢力に日常的に「抵抗」もするが、時には「協力」したりもする「植民地認識の灰色地帯」が存在したという論点を提示している。また、ユン・ヘドンは、この「灰色地帯」、すなわち「抵抗と協力が交差する地点」には「政治的なこと」として公的領域が位置すると述べ、それを「植民地的公共性」と称している[36]。ここで「公共性」というのは、「共同の課題を提起し、また解決していく方式を意味する」[37]こととして、その公共性は植民権力によって支配されていたが、その公共性によって近代的規律権力が再生産される部分も看過することはできないということである[38]。

　以上のような最近の研究動向に基づいて考えれば、「植民地朝鮮」研究において「近代化は発展であり、善」という観念は、すでに絶対的な基準とはいえず、民衆の自由と民主主義の観点から考えれば、「民族主義」もその説得力が弱くなり、それはもう一つのヘゲモニーのために利用されることでもあったといえる。したがって、今後の韓国近代史の研究は、これまで「最高かつ最強の判断基準として機能してきた『近代』と『民族』」[39]を相対化する必要があり、そのような作業を通してこそ韓国近代史をより総体的に把握することができる

と思われる。そこで、本研究においては、以上のような視点に留意しつつ、韓国における社会教育概念の導入とその実践に関する考察を通して、韓国の「近代化」過程の一面を明らかにすることを目的とする。

第3節　先行研究の検討

(1)　植民地期の朝鮮教育に関する新たな研究動向

前節で述べた朝鮮における「近代化」や「民族主義」をめぐる新たな議論と並んで、近年、植民地期の朝鮮教育に関しても新たな研究の視点が提起されている。要するに、これまでの研究では、植民地期の教育を朝鮮の「近代化」の機会を奪った道具としてしかとらえていなかったり、あるいは朝鮮民衆による教育的行為を植民支配権力に抵抗するための「民族主義」的運動としてのみとらえる傾向が強かったが、近年、「近代化」の収奪論や民族主義的視点を乗り越え、植民地「朝鮮」を植民支配権力と朝鮮人が共存し、両者の「葛藤と対決」、「妥協と協調」等が混在する場としてとらえ、植民地期の教育に対するより多角的なアプローチを試みようとする研究が現れるようになったのである。

1945年、植民地からの独立を迎えた朝鮮半島は、まもなく勃発した、朝鮮戦争（1950）によって独立の喜びを味わう余裕も持つことができないまま、戦争後、政治的イデオロギーの異なる「北朝鮮」と「韓国」に分かれ、両者は各自の政治的正当性を構築するにあわただしい日々を送るようになった。

韓国の場合、冷戦・分断体制によるイデオロギー教育のための国民統合の一環として反共教育とともに、植民地時代の抑圧的支配に対する批判および残滓の清算、かつ韓国民族の優秀性を引き出す作業が行われた。これは、教育研究においても例外ではなかった。それゆえ、植民地時代の教育に関する研究は「抑圧的植民教育」と「抵抗的民族教育」の強調という二項対立的構図の中で進められることとなった。

抑圧的植民教育の実態をさらけ出し、その不当性を強調する代表的な研究としては、1947年と1949年に発刊された李萬珪の『朝鮮教育史』[40]をその出発

点として、1964年の呉天錫の『韓国新教育史』[41]、1985年の鄭在哲の『日帝の対韓国植民地教育政策史』[42]などがあげられる。

他方、朝鮮民族の主体的教育活動を強調した研究としては、1971年の姜東鎮の「日帝支配下労働夜学」[43]と、同年の孫仁銖の『韓国近代教育史 1885―1945』[44]、1974年の車錫基の『韓国民族教育主義の研究―歴史的認識を中心に―』[45]、1980年代に刊行された盧栄澤の『日帝下民衆教育運動史』[46]等があり、これらの研究では、私学―私立学校、書堂、夜学など―を中心に行われた朝鮮民衆の教育活動とそれに伴う日本の弾圧政策を糾弾することによって、朝鮮民族の内在的優秀性を強調するとともにそれを抑圧した植民支配を批判している。

ところが、1990年代に入り、このような植民地教育に関する二項対立的な研究に対して新たな観点を提起した研究が登場し始めた。その代表的な研究としては、韓祐煕の「日帝植民統治下朝鮮人に関する研究」[47]をはじめ、古川宣子の「植民地期朝鮮における初等教育―就学状況の分析を中心に―」[48]、呉成哲の『植民地初等教育の形成』[49]等があげられる。これらの研究は植民地時代における公立普通学校への朝鮮人の就学熱に焦点を当て、その意味を論じているところに共通性がある。

まず、韓祐煕の研究をみると、1920年代に入り、朝鮮人の教育熱が高まるにつれて公立普通学校への就学希望率が高まり、ついには入学競争が起こったことを明らかにし、これまでの「抑圧―抵抗」という研究視角では見いだせなかった教育事象を提示している。公立普通学校への入学志願と、入学および卒業などに家庭の経済的能力が重要な要因として作用したことを、当時の統計を基礎にして提示しつつ、1920年代に高まった朝鮮人の教育熱、とりわけ公立普通学校に対する好感の実態も経済的側面から掘り出す必要があるという見解をみせている。すなわち、既存の研究では公立学校教育を「植民教育」としてしかとらえず、あたかも公立普通学校に通っているすべての朝鮮人は入学を強制され、植民地体制が維持されてきたというとらえ方をする傾向が多かったが、韓祐煕の研究によると、実際は、教育熱を生み出した朝鮮人の主体性と日本の植民地教育とが相まって、植民地支配体制が再生産されていたのである。

それは、これまで公立普通学校を朝鮮民衆に対する「抑圧」の手段、言い換えれば、朝鮮の「近代化」を妨げ、民族抹殺政策をすすめた民衆教化の温床としてしかとらえなかった従来の研究視点から脱し、公立学校に対する朝鮮民衆と総督府の対応方式やその関係に注目したからこそ可能だったものであり、このような研究視点は、その後の植民地期の教育研究に大きな影響と転機をもたらすこととなった。

　このような韓祐熙の研究と類似した視点を持つもう一つの研究が、古川宣子のそれである。古川は、従来、抑圧的植民教育政策と抵抗的民族教育運動に分けられた植民地期教育に関する研究は、植民地時代の教育把握においてその全体像に迫るものではなかったと指摘し、「植民地教育機関とそれに対する人々の対応を考察する必要性」[50]を提起している。そこで、古川は、植民地全期における朝鮮人子弟の普通学校への就学動向を考察し、普通学校への就学督励が行われた1910年代とは正反対に、1920年代以後急激に高まった普通学校への就学率およびその就学率をはるかに上回る就学志願率を明らかにし、このような普通学校に対する就学要求の変化・増大は、植民地朝鮮の社会全体の構造変化に根底的に規定されて行われたと分析している。すなわち、古川は、朝鮮民衆が公立普通学校の植民地性は批判しながらも、進学や就職などの社会生活上必要となった知識や学歴を求めるようになって、普通学校への高い就学率を招いたとし、結局、それは、「総督府の教育政策によって直接に強制されてひきおこされたというよりは、同時期の社会的な変化に対して朝鮮人が主体的に対応しようとした結果とみるべきだ」[51]と、朝鮮民衆の主体性を強調している。しかし、一方では、ややもすれば、「朝鮮人が公立普通学校への就学を希望」したという現象が、「朝鮮人が植民地教育体制に便乗していった」という誤解を呼び起こすおそれがあり、また「学校就学要求の増大」を促す構造、例えば、学校教育との利害関係など、朝鮮人の階層分析の必要性が求められる[52]と、古川の研究を批判する声もある。

　また、古川の研究と同じく、植民地期朝鮮人の普通学校への就学率増加に注目した研究として呉成哲のそれがあげられる。呉成哲は、植民地期の朝鮮の状況が、植民地国家権力が被植民地人を支配する、すなわち権力の絶対的不均衡

が存在する植民地状況ではあったものの、その植民地朝鮮は時空間的に変わりなく固定されているものではなく、社会の諸領域と時代の局面によって流動的であり得るという視点を提示しつつ、とりわけ教育は「個人行為者の自発性が介入される独特な領域」として、植民地期の教育の場はより複雑で、「葛藤と対決」、「妥協と調整」等が存在した場とみている。このような視点から、植民地期の教育研究において教育政策に関する研究よりは、朝鮮人を主体とした研究の必要性を主張し、植民地期の初等教育の量的・質的変化の実態とその社会的動因を考察している。この点において、古川の研究とは若干異なるものとみることができる。

　呉成哲は、1930年代の普通学校を主要な研究対象としたが、その理由は、同時期が「普通学校教育課程の主要特質が形成された」時期であり、また1920年代以後朝鮮における初等教育の根幹を成したのが、普通学校であったにもかかわらず、従来、朝鮮人を主体とした教育研究が主としてその研究対象を普通学校より量的に周辺的な位置を占めていた書堂や夜学等に局限されていた限界を乗り越えるためであると述べている[53]。このような課題意識から出発した呉成哲は、1930年代の普通学校を中心とした初等教育の膨張は、朝鮮人の教育的要求が主要要因であったとし、こうした朝鮮人の要求によって教育政策が改編されていく側面についても言及している。すなわち、呉成哲の研究は、従来、植民支配権力の教育政策によって設立されて朝鮮人を教化するための装置としてしか理解されてこなかった普通学校を、「植民支配集団と朝鮮人の相違した期待が遭遇する、いわゆる『同床異夢の場』」[54]ととらえ、植民地期の教育に対する朝鮮人の主体的対応に注目することによって、これまでの抑圧的・同化的教育機関としてしか描かれてこなかった普通学校体制の形成過程に対する新しいアプローチを試みたという点において大きな意義を持つといえよう。

　以上のような植民地朝鮮の教育に関する最近の研究は、従来の「抑圧―抵抗」というステレオタイプの視点では把握できなかった部分を明らかにするための努力の結果といえよう。すなわち、従来の研究では朝鮮民衆を「抑圧され、同化を強要される受動的な存在」、あるいはそれに「抵抗する存在」として

しか描いてこなかったのに対し、上述した最近の研究においては、時には抵抗を随伴するが、朝鮮人が自らの必要によって主体的に教育活動に参加し、要求していった姿を明らかにしたという点で大きな意義があると思われる。このような研究視点は、植民地朝鮮だけではなく、大韓帝国末期における近代的教育制度の導入や実践においても適用できる視点といえるが、例えば、大韓帝国末期に民衆の日常生活および生計に直接的に役立つ内容を中心として教えていた多くの夜学設立はその代表的な例である。

近年における精力的な研究において、以上のような新たな到達点が確認できるが、しかし、以上の先行研究は、主として学校教育という範疇に限定されており、学校教育以外の分野、すなわち夜学や卒業生指導、実業補習学校などの実践が含まれる社会教育の部分についてはとらえていない。しかし、大韓帝国末期はもちろん、植民地時代における学校教育の普及率の低さに照らしてみれば、当時の社会教育の役割がいかに大きかったのかが推測できる。例えば、普通学校の就学率が、1921年に2.1%であったのが、年々増加の趨勢をみせ、1925年には15.3%、1935年には23.4%にいたるようになるが、1945年の独立の時点においても普通学校の就学率が50%程度にとどまっていたことを考えれば[55]、植民地期の教育において学校教育の恵沢が届いていない部分がより多かったということができる。したがって、大韓帝国末期および植民地期の教育に関する研究において、社会教育に関する考察は必然的に求められるものであると思われる。

（２）　韓国の社会教育に関する先行研究の検討

以上のように、大韓帝国末期および植民地期の教育実態の把握にとって、社会教育に関する研究はきわめて重要であると思われるが、韓国においては、植民地からの独立以降、社会教育は、その政策および研究の面において、つねに学校教育の後に回され、等閑視されてきた。韓国の社会教育は、独立直後には主として識字教育のために、1960～70年代の軍事政権下においては「国民精神教育」の一環として利用されてきたという経緯があり[56]、1982年に社会教育法が制定された後にも、社会教育は学校教育を中心的な内容とする従来の

「教育法」の下で、依然として学校教育を補完するための手段としての地位しか与えられていなかった[57]。それゆえに、法的・政治的に長い間置き去りにされてきた社会教育が、その研究において不振を免れなかったのはむしろ当然なことだといえる。

　実際、独立以後、韓国の社会教育研究においては、社会教育の各領域別教育の現況調査および改善方案や教育プログラムの開発に関する研究が主であり[58]、それに比べて社会教育に関する歴史的研究は疎かにされてきたといっても過言ではない。これまで韓国の近現代教育史に関する研究においては、対象とされた植民地時代およびそれ以前の教育関連資料は、いずれも学校教育を中心に書かれたものであり、社会教育に関する資料は非常に少なく、またその発掘作業もほとんど行われてこなかった。それゆえ、近代的教育概念としての社会教育に関する歴史的研究は、十分な考察が行われてこなかったといえる。しかし、社会教育に関する歴史的研究は、今日の社会教育あるいは平生教育（＝生涯教育）をより客観的にとらえ、評価し、さらには問題改善のための基礎を確立するために、その重要性は大きいと思われる。

　以上のような研究の状況に対して、1980年代に入ってから、少数ではあるが、植民地時代の社会教育政策に関する考察を中心にした研究が発表され、韓国の社会教育に関する歴史的事実が少しずつ明らかになり始めた。しかし、その研究成果は、すでに上述したように、韓国の社会教育は、植民地時代に朝鮮民衆に対する思想善導や植民地統治に対する抵抗を防ぐための政策的手段として総督府によって導入されたという観点の提示にとどまったままであった。このような主張は、従来、韓国の社会教育学界において定説となっており、この定説の基礎となる代表的な研究に、1980年代の黄宗建と金道洙の研究をあげることができる。

　黄宗建は、「社会教育は日政時代から使用されてきた公用語であり、現在、日本と中国でも同じ言葉が使用されている」[59]と述べており、また「日政時代の半ばに入ってからは漸次形式を整えた学校教育を発展させ、その後を追って、体系を整えた社会教育の活動が計画されるようになった。それは、直ちに当時の行政的な朝鮮総督府の学務局内に新設された社会教育課によって一層明

らかになった」[60]と、韓国における近代的社会教育の導入を語っている。このような社会教育の性格規定は、日本における学校教育経験の普及と学校による選抜制度の飽和と機能不全に対処する社会教育、言い換えれば、1907年以降の国権論的な社会教育の性格把握が色濃く反映しているものと思われる。

この観点を日本の植民地支配と結びつけると、次のような議論が導かれることとなる。金道洙も「韓国に近代的社会教育が導入されたのは、すでにいくつかの同系論文で指摘したように、日本帝国の侵略統治時代からであるといえる。近代的な意味における社会教育概念、政策、行政制度、活動形態などが登場するようになったのは、韓日合邦以後日帝が植民地統治を支援するための手段として、これを導入してからである」[61]と、韓国における近代的社会教育の導入時期を植民地時代と述べ、日本を主体として、植民地統治を目的とした導入であったと分析している。

このような韓国における近代的社会教育の導入に関する見解は、以後、韓国の社会教育学界では通説となり、1990年代以降もその見解は、日韓両国の研究者によってそのまま継承された。その代表的な例として、韓駿相の、社会教育は「官が政治的目的で造った用語として朝鮮の独立や朝鮮知識人の民族的自主精神とその教育的余波を遮断するために作られた国民宣撫工作用の教化活動であった」[62]という主張をあげることができる。

一方、上述した金道洙の研究に基づきながらも、その限界を乗り越えようとしたのが李明實の研究である。金道洙は、植民地時代の社会教育を検討するにあたって、その時期を大きく三つに分けて分析している。すなわち、1910年の「日韓併合」以後から1919年の「三・一独立運動」(以下、三・一運動と略す)以前までを植民地時代初期、三・一運動以後から1930年代半ばまでを中期、そして1930年代後半から独立までを末期と分け、それぞれの時期における社会教育政策の特徴を究明している。このような金道洙の研究は、韓国の社会教育研究における未開拓分野を明らかにした点において、また歴史的研究の重要性を認識させた点においても高く評価されるべきである。しかし、この金道洙の研究は、「社会教育政策が抑圧的植民地教育政策の一領域として推進されたことを強調し、その本質究明に力点を置くあまり、学校教育とは異なる社

会教育施策の特徴が明確になっていない」[63]と、李明實によって指摘を受けることとなる。すなわち、金道洙の研究は、民族主義的視点を強く持っており、従来の「植民地収奪論」的立場にあるといってよいであろう。

　一方、李明實は、「植民地教育政策の全体像を把握」するためには、朝鮮総督府が学校教育だけではなく、「大多数の朝鮮人が学校教育の枠外に存在していたこと」に注目し、「朝鮮人独自の教育施設をそのまま認めた上で朝鮮人教化を果そうとした施策の転換」の実態を明確にする必要があると述べ、そのためには「日本強占期の朝鮮教育を『植民教育と民族教育』との対抗的関係という視点のみにとどまるものではなく、その視点は活かしながらも、社会教育の領域に焦点をおき、『学校教育と社会教育』との関係性まで視野を広げていく視点」が必要であると語っている[64]。李明實の研究は、韓祐熙、古川宣子、呉成哲らが明らかにした植民地期の朝鮮民衆による普通学校への就学熱や学校増設の要求が、「植民地近代化論」を支持する根拠として作用するおそれがあるという観点から、「近代以後朝鮮人の主体的教育活動として現れた社会教育活動を中心軸と想定し、これにしたがって展開される植民地教育施策」[65]、とりわけ、社会教育施策を分析対象とし、学校教育だけに重点がおかれてきた既存の植民地教育研究では把握できなかった部分に注目しなければならないと主張している。すなわち、朝鮮総督府が、朝鮮人自らの教育活動を総督府の教育政策に包摂し、学校教育の政策と連動しながら、朝鮮人教化政策を強化していった側面、例えば、公立学校忌避現象、学校教育の施設不足と経済的貧困による不就学児童の発生、入学難などによって社会教育施策を改編し、学校教育の機能を代替しつつ、植民地教育政策を貫徹させていった支配論理等を明らかにすることによって、植民地教育政策の全体的構造を浮き彫りにしようとしたのである。それゆえ、李明實の研究は、社会教育を通じた植民地教育政策の批判を通して、「植民教育と民族教育」という構図をより強化しているようにもみえる。すなわち、李明實は、朝鮮民衆による教育活動、例えば、書堂や夜学活動などは、制度的教育が解決できなかった民衆の教育熱を充たした活動であり、かつ「民族意識」を鼓吹した教育活動として評価しつつ、そのような朝鮮人の教育活動を朝鮮総督府が朝鮮人教化のための施設に転換させ、結局は社会教育

施策を通して朝鮮支配をいっそう強めていったと批判している。言い換えれば、李明實の研究も基本的には金道洙のそれと同様に、「収奪論」的な論調が強いといわざるを得ない一面を持っているのである。それは、また、植民地時代を「日本強占期」と称しているところにもよく現れている。

ところが、韓国における社会教育に関するこれまでの史的研究が、植民地時代の収奪・抑圧性だけを浮き彫りにし、「社会教育」が持つ非抑圧的な歴史的性格を十分に明らかにしないままの状態にありながら、今日、韓国において「社会教育」概念の存立を否定しようとする動きが生まれていることは、韓国の社会教育史の全体像に対する正確な理解を遅らせるだけではなく、今後の韓国における社会教育・生涯教育の望ましい展開のためにも好ましいものとは思われない。韓国における社会教育概念の生成に関しては、慎重な検討が求められるものと思われる。

これまでの社会教育に関する歴史的研究が、「植民教育と民族教育」「抑圧─抵抗」という二項対立的構図から自由になれなかった第一の要因は、社会教育に関する研究対象時期を主として植民地時代に局限させ、それ以前の時期における「社会教育」概念の導入の可能性を看過したことにあると思われる。後に詳しく述べるが、実際、韓国に日本の「社会教育」概念が導入されたのは、日本による植民地政策が本格化する以前、すなわち日露戦争に日本が戦勝した直後の1906年頃からであることが資料によって確認され、かつそれは日本による強制というよりは、韓国の開明的知識人や指導者による自覚的受容・導入であるという側面を強く持つものであったことが諸種の資料から明らかである。ところが、先行研究からもわかるように、これまでの研究においては、その時期における「社会教育」概念の導入の可能性およびその検証を見落し、たとえその時期を研究範囲に入れたとしても、その時の研究対象は「学校教育と関連して特別の目的を持った運動としての社会教育」ではなく、「教育原形態としての社会教育」であり、今日一般に使われている「社会教育」概念は、依然として植民地政策のために導入された、植民地の残滓としてとらえられているのである。

したがって、韓国近代教育史に対するステレオタイプの視点を乗り越え、さ

らに、大韓帝国末期の韓国知識人および民衆がいかなる近代化の姿を描いていたのかを明らかにし、なおかつ植民地時代の教育史をより総体的に把握していくためにも、韓国における社会教育概念の導入およびその変遷についてより具体的に検討する必要があると思われる。

第4節　本研究の課題および方法

（1）　社会教育概念と時期の限定

　宮原誠一は、かつて社会教育という言葉が持つ曖昧性が「文化という言葉に似ている」[66]と述べていた。それは、多くの人々が文化という言葉を使っているが、それに対する意味付与においては様々であるように、同じく今日多く使われている社会教育という言葉も、その定義においてそれぞれ異なるということである。ところが、すでに言及したように、本研究において扱う社会教育は、いわゆる「教育原形態」としてのそれではなく、近代国民国家の形成に伴って構築された国民教育制度である学校教育制度との関係において規定され、展開された社会教育である。

　日本は、明治維新の改革を通して幕藩体制を一掃し、統一国家体制、すなわち近代国民国家を創出するために何よりも「国家の必要とする人間を育成するにふさわしい学校教育体系を確立する」[67]ことに心血を注いだ。学校教育制度は近代国民国家の形成に伴って経済発展のための国内市場の統一と労働力の養成のために、民衆を国民化する装置として構築されたものとして、それは義務教育制度という形態として確立されるようになる。このような制度に、民衆は、国家の勧誘によってはもちろん、彼ら自らも階層上昇と生活向上のために参加するようになるが、しかし、国家秩序の形成とエリート選抜システムを保全しようとする国家の意図を体現するように構築された学校制度は、その展開過程において淘汰または疎外される階層を生み出すようになり、それは国家と民衆との対立をも余儀なく伴うことになる[68]。

　実際、日本は1890年代半ばから産業革命の急速な進行と日清戦争の勝利を背景に、1900年には市町村立小学校教育費国庫補助法が公布され、無償制を

原則とする義務教育制度が確立される結実をみるようになった[69]。しかし、現実的には1881年以後の通貨収縮政策下で、農村では米価の下落と租税徴収によって生活が乏しくなり、大地主による土地の兼併・小作農の増加・農民の都市流入等、いわゆる農民層の分解が急速に進行されることによって、小学校にも行けない子供が多く生み出されることとなった[70]。このように、学校教育制度は近代国家形成の過程において、その構成員である民衆を国民へと形成するためのイデオロギー装置として構築されたものであるが、それにはつねに経済＝生計という要因と連動することによって国家と国民の対立が不可避的に生まれることになり、それゆえ、学校教育制度の改革とともに、その制度を保全するための社会教育の制度化が進められていくようになる[71]。

そもそも「社会教育」という言葉は、日本で1880年代半ばに生まれ、1890〜1900年代には教育の領域を家庭教育、学校教育、社会教育の三つの領域に分ける発想方法が定着した。もちろん当時は、学校教育が教育の中心的位置を占めており、家庭教育と社会教育はそれを補助するものとして理解されていた[72]。明治中期の教育雑誌にみられる「社会教育」の用語の使用例を整理したものをみれば、当時、「社会教育」観念は学校教育との関わりにおいて、大きく四つの形態で理解されていたことがわかる。すなわち、第一は、社会教育とは「国家教育」であるとする立場で、つまり学校教育の体制を編成する場合の視点として、その社会国家に特有な風俗・習慣・伝統に依拠することを社会教育と呼ぶ、いわゆる学校教育の「代位」としてとらえるのであり、第二は、学校教師が主体となって学校外に教化組織を作ったり、不就学者を教育したりするのを社会教育という事例であるとして、学校教育以外の教育機能・教育活動を指す、いわゆる学校教育の「延長または拡張」としての社会教育である。第三は、人間形成に及ぼす社会の教育的機能、教育的活動を「社会教育」ということとして、これは学校教育を「補足」するものであるという観点からの規定であり、第四は、社会生活経験の一般を「社会教育」ということとして、これは社会教育を学校教育と相反する低俗なるものとしてとらえる見方であった。このように近代社会教育はすでに学校教育制度が成立し、それがある程度一般化した後に発生したものであり、その観念の形成には少なくとも学校教育が前

提されたといえよう[73]。

　このような社会教育の原初的な観念は、1890年代に入って山名次郎と佐藤善次郎によって整理された。彼らは、社会教育が対処すべきこととして社会問題を取り上げ、その社会問題の原因は、資本主義社会が生み出した階級対立の問題にあるとみていた。山名の社会教育論は、産業革命期とともに現れ始めた「社会問題」、特に労働貧民問題を教育の問題と把握し、そのような社会問題を解決するための教育の組織化を主張する社会改良主義的立場からのものであり、社会教育の任務は学校教育の効果を完全にすることであった[74]。また、佐藤も「社会の改良」と「風紀の振粛」の観点から、「貧民の惨状、学生の堕落、不具者の教育、罪悪人の矯正保護等の問題」に対する対策として、学校教育とともに社会教育が必要であると論じていた[75]。

　その後、大正時代に入ってからは、吉田熊次が『社会教育』（1923）において社会教育を広狭二義でとらえているが、吉田が主として取り扱おうとしたのは、狭義の社会教育であり、それは『社会教育原論』（1934）において明らかになっている。それによると、狭義の社会教育は、「家庭教育及び正規の学校教育以外の領域に於て、直接に社会の改善発達を目的とし、社会人としての人格完成に資するものであ」[76]り、「教育とくに上級学校教育の不均等な現状を是正する」[77]ために必要なものとして位置付けられている。それは次の文言から看取できる。「義務教育修了後上級学校の教育を受けるものは、せいぜいその二三割に過ぎない。従つて国民の大多数は、学校に於ては普通教育すら満足に受け得ないで一生を過ごさねばならないわけである。これは国家社会の存続発展上重大なる問題である。この大多数の国民に対し、如何にして必要なる教育の機会を与ふべきであるか。茲に組織化され、統制ある一種の教育が要望されてくるわけで、之が所謂社会教育の分野であり、その重要性の存する所以である」[78]。

　このような社会教育のとらえ方は、最初の社会教育課長であった小尾範治の次のような文章にもみられる。「現代の教育的要求の中、その均等なる機会に関して稍々完全に満されてゐるものは初等教育であるが、これとても、最近の調査に依れば、その未終了者が総数の約一〇パーセントを占め、尚殆んど無学

に等しいものさへ約二パーセントあり、且初等教育修了者の大多数はそれ以上の教育を受け得ない現状にある。（中略）社会、国家の立場からいふならば、その文明を進め文化を促し、かくて社会生活、国家生活の充実完成を企画する為に、一般社会人、一般国民の教養の度を高めることが不可欠の要件である事は最も分明なることである。而して今日この目的を達成する道は社会教育を措いて他に求められない事も亦等しく明白であると思ふ。即ち現今に於ける社会教育の要諦は、一般社会人、就中正規の学校教育を受けない人々の為に、各種の知識技能を涵養し、多様なる教養訓練に与る機会を提供することにある。かくて中等以上の学修者が為し得るやうに、自己教養の能力を涵養せしめ、以て一般国民並に社会人をして不断に自己教養の道を歩ましめ様とする事が社会教育の主眼とする所である」[79]。

　このように社会教育を学校教育との関わりにおいてとらえる観点は、戦前の社会教育学者や官僚の間で一般的であったと思われる。例えば、日本で最初に社会教育行政の軌道を敷き、今日の社会教育の基礎を築いた[80]といわれる乗杉嘉寿は、1923年、「社会教育は学校教育に対して二様の意義を生じて来る。即ち其の一は社会教育は学校の延長又は補充と見ることが出来る点である。其の二は社会教育は、学校教育に対して特別の刺戟を与へ且新味を加へ、之が内容形式までも変化を来たさすものといふことが出来る」[81]と述べている。また、春山作樹は、「学校と家庭の教育は今日までに最もよく組織化された教育で、特別に注意を惹き、遂には是二が教育の全体であるかの如く考へられるまでになつた。しかし是両者以外に広い社会の中に目的も明瞭に意識されず、方法もまだ十分に備はつてゐない教育的活動の存在することを知らなければならない。（中略）教育の組織化は家庭学校の範囲を超えて広い社会に進出し始めたのである。斯様にして今正に組織化の道程に上がりつつある広い社会の教育の新領域を既に組織化した家庭学校の教育と区別する為に吾人は社会教育と呼ぶのである。換言すれば、社会教育とは家庭学校以外に行はれる教育的活動で組織化の道程に入り来りつゝあるものを指すのである」[82]と述べている。

　特に、春山が、ここで「社会教育組織化を可能ならしめたもの」はデモクラシーと「交通の発達、印刷術の進歩、活動写真、無線送話の発明等」の技術文

明の発達であると指摘している[83]ことは、注目すべきであるが、これは、後に宮原誠一によって継承され、より具体化された。しかし、宮原の論理は、社会教育は民主主義の発達に伴って発展するが、それはテクノロジーの進歩によって支えられたということであり、春山の楽天的な認識とは若干異なる。つけ加えれば、宮原の論理は、社会教育は民主主義の発達に伴って発展したが、それは社会教育がつねに民主的であったことを意味せず、社会教育が非民主的であっても、交通を中心としたテクノロジーの発達によって民衆の要求が広範に共有され、それに伴って支配階級の政策を変化させ、社会教育に民衆の要求を浸透させつつ、民主主義実現へと歩みを進めることができるととらえるのである[84]。これを近代国民国家の形成段階に適用すれば、次のような論理が導かれる。「民衆の国民化の過程で、産業の発展によりもたらされるテクノロジーの発展が先行することで、民衆の間にさらに学校教育制度を通しての階層上昇の要求が高まり、デモクラシーが高揚し、就学圧力・進学圧力が高まるが、それが学校制度を通じて国家秩序を維持しようとする選抜システムの解体を意味するため、国家は学校による選抜システムを保全するために、民衆の欲望を横流しするシステムを形成しようとする。それが、明治啓蒙期における上下二つの通俗教育の国権的な回収と再編による社会教育の制度化として現象する」[85]ようになるというのである。つまり、近代国民国家を形成するために整備された、国民教育制度である学校教育制度は、民衆（国民）に階層上昇の機会と民主主義を与えると同時に、国家には国家秩序のための選抜システムを提供しているがゆえに、学校教育をめぐる国家と民衆との衝突・対立が絶えなくなるが、しかし、近代国家の建設と保全のためには、このような衝突・対立を緩和させながらも、学校制度、特にその選抜システムの機能を維持するためには、民衆の求める学校教育を通した生活の向上欲求を利用しつつ、それを一定満足させながら、国家の求める方向へと組み換える役割を果たす制度が必要であり、その制度が社会教育であるということである。

したがって、本研究においては、以上の社会教育に関する各時代における論者の規定に基づき、社会教育を、いわゆる「教育の原形態としての社会教育」ではなく、近代国民国家の形成期に学校教育との関係において制度化されたも

のと規定する。それがゆえに、本研究では、近代国民国家形成期に学校教育との関わりや学校への志向性を持つ民衆による様々な教育運動や、近代国家形成の過程において学校教育との関連で規定された通俗教育をも、制度化の過程にある社会教育の一環を構成するものとして、社会教育の概念の中に含み込んでとらえることとする。

このような社会教育概念の規定を基礎に、本研究において検討対象とする時期は、韓国において社会教育概念が導入され、制度化されたとみられる日露戦後から第2次世界大戦の終結までの時期である。すなわち、本研究では日露戦争後、韓国における日本の勢力が強くなり、ついには日本による統監政治が実施された大韓帝国末期（1906～1910）における社会教育概念の導入およびその実態をはじめ、その社会教育が、1910年の「日韓併合」以後、日本によってどのように制度化されていったのか、また一方で、すでに導入されていた社会教育概念と実践は、植民地時代にどのように展開され、さらに日本によってすすめられる教育政策、とくに社会教育施策といかなる関係を結びながら展開されたのかなどを考察する。

（2） 本研究の課題及び方法

以上の課題意識と先行研究に基づいて、本研究において検討する課題を提示すれば、次のとおりである。

第一に、大韓帝国末期における通俗教育および社会教育概念の導入とその実態を考察し、その特徴・性格を明らかにする。既述のように、従来の研究では韓国の近代的社会教育の起源を植民地時代と断定することによって、それ以前の段階における導入の可能性を看過していたということができる。たとえ、韓国の社会教育の起源を植民地期における日本による強制的導入ととらえることができるとしても、すでに述べた日本における「社会教育」概念の成立時期、すなわち1880年代半ばから1890年代半ばにかけて「社会教育」という概念が日本において登場したという先行研究も考慮する必要があり、またその社会教育が日本と同じ時期に、あるいは日露戦争直後に日本が韓国に統監府を設置し、内政干渉を本格的に始めた時期に導入された可能性も排除してはならない

と思われる。なぜなら、1910年の「日韓併合」以前、すなわち1894年の「甲午改革」の主導勢力が日本との親密な関係を持っていたばかりではなく、1904年の日露戦争に日本が勝利することによって韓国における日本勢力が強くなり、韓国は、1906年以後、日本による統監政治を受けるようになったが、それによって教育においてもその政策的決定権が日本にあったことを鑑みれば、少なくともこの時期における日本による「社会教育」概念の導入の可能性も考えざるを得ないからである。付言すると、近代日本の社会教育概念の成立過程を考慮すれば、韓国の社会教育が、植民地時代に日本によって導入されるに先立って、19世紀末から近代国民国家形成のための学校教育制度の樹立を計画していく過程で、学校教育以外の教育概念として導入された可能性が存在し、また日本による統監政治を受け始めた1906年以後に、1880年代半ばから1921年までに日本において行政用語として使われた「通俗教育」の流入の可能性も考えられる。すなわち、1906年以後の統監政治下における日本による「制度としての通俗教育」または「社会教育」の導入の可能性を排除すべきではなく、また当時、国権喪失の危機とそれに対する克服としての自立した近代国家の建設という課題を背負っていた韓国指導層による「社会教育」への着目の可能性も看過できない部分であると思われる。そこで、本研究では、大韓帝国末期に通俗教育および社会教育の導入が行われたことが確認できる当時の資料に基づき、大韓帝国末期に通俗教育および社会教育がいかなる目的で導入され、展開されていったのかをその実態とともにそれぞれ検討する。

　第二に、植民地朝鮮における朝鮮総督府の社会教育施策を考察し、その特徴を明らかにする。まず、植民地期の朝鮮総督府の社会教育施策に関しては、大きく三つの時期、すなわち初期（1910年〜1919年）、中期（1919年〜1932年）、後期（1932年〜1945年）に分けて検討し、各時期の特徴を探る。時期区分の基準を1919年の三・一運動と1932年とした理由としては、まず1919年の三・一運動は、朝鮮総督府の教育政策に大きな転換をもたらしており、1932年には、「社会教育」が朝鮮総督府の学務局社会課の所掌事務として初めて明記されたからである。

　第三に、植民地期の代表的な社会教育施策、とりわけ実業教育と関連した施

策―実業補習学校、卒業生指導施設、農民訓練所等―を中心に考察し、これまで朝鮮の社会教育ではあまり注目してこなかった朝鮮支配における社会教育と実業教育との関係を明らかにしたい。ここで特に、実業教育関連施策に注目する理由は、1920年代以後急増した朝鮮民衆の教育熱がもたらした深刻な就学難および青年の離農現象等が、総督府の植民政策―中等教育以上の教育に対する抑制策および農業重視政策など―への脅威となる要素となり得るということに気づいた朝鮮総督府が、実業教育関連の社会教育施策を通して、朝鮮民衆の教育熱を回収しつつ、かつ中等学校への進学ではなく、職業教育へと意識を向けさせ、ついには朝鮮民衆を農村にひきとめる形で解決していこうとした、植民地朝鮮における社会教育施策の特質がよくみられるからである。従来の研究では朝鮮総督府の社会教育政策の樹立およびその遂行を、単に思想統制の手段と直結させる傾向が強かったが、実際、朝鮮総督府の社会教育施策は、朝鮮民衆の生活向上への欲望と教育熱を実業教育によって回収しつつ、それを植民統治へと結びつけていこうとする意図を強く持ったものであったと思われる。

　第四に、朝鮮民衆による社会教育の実践に関して考察する。とりわけ、本研究では、民衆による「夜学」活動を中心に検討する。既存の研究においては、社会教育の導入を植民地期とみており、また、その展開主体を植民地支配勢力である日本としてのみとらえ、植民地朝鮮における「社会教育」という用語および概念は、朝鮮総督府だけによって使用された抑圧のシステムとして描かれており、それに対して朝鮮民衆による学校教育以外の学習・教育活動―書堂、夜学など―は、このような抑圧に対する民族抵抗運動としてのみとらえられるなど、社会教育も学校教育と同じく、いわゆる「抑圧―抵抗」という構図で描かれてきたということができる。

　しかし、植民地期における朝鮮民衆のすべての教育的実践を一律的に「抵抗＝抗日」のためのものであったと断言できるのであろうか。もちろん朝鮮人は日本の絶えない統制と管理の中で、抵抗の「主体」にもなったりするが、同時に彼らはその中でつねに生計を営んでいくための経済的活動をしており、またより豊かな生活と社会的上昇を追求する存在でもあったといえよう。実際、公立学校を忌避していた植民地初期とは異なり、1920年代以後からは朝鮮人の

公立普通学校への就学希望率が高まっており、さらに1930年代には朝鮮民衆による普通学校設立運動も起きているのである。このような現象は、単に「抵抗」のための実力養成だけでは説明しがたく、その裏面には「上昇的な社会移動」と「正常な社会生活のための基本条件の確保」のためでもあったという呉成哲の研究[86]に照らしてみても、「抑圧―抵抗」の論理では論じきれない部分が存在するのは確かであるといえよう。ユン・ヘドンの言葉を借りれば、今日、このような部分を、すなわち「灰色地帯(「支配と抵抗」という二項目から脱している部分―引用者)の『民』を、抵抗または協力のいずれにあてはめようとする努力は、認識の暴力にすぎない」[87]といえる。それゆえ、「灰色地帯」に対する究明を通してこそ、植民支配の真相をより具体的に表すことができ、また、朝鮮民衆を植民教育によって教育権を奪われた「被害者」としてしか把握してこなかったこれまでの研究視点から脱し、朝鮮民衆を植民地時代における「教育行為者」としてとらえることによって、植民地時代の朝鮮教育史をより全体的に把握することができると思われる。

　ところが、既述のように、このような問題意識に基づいた研究の試みが、近年、学校教育に関しては、いくつか行われてきたが、社会教育においては歴史的研究それ自体が乏しいだけでなく、少数ではあるものの、その先行研究をみても、いまだ朝鮮総督府の社会教育政策研究に偏っており、また朝鮮民衆による学校教育以外の教育活動に関する研究は、その大半が民族教育史的側面からとらえられているのが現状である。それゆえ、このような研究視点を乗り越えるためにも、民衆による「社会教育」の受容を明らかにする必要があると思われる。後に詳しく検討するが、実際、植民地期に民衆による社会教育の展開がみられるが、それは三・一運動後に台頭した「実力養成運動」を基本とする夜学の設立運動として現れた。この夜学は、日本語・朝鮮語・算術・漢文などとともに、農業・算盤・習字など実生活に役立つものから、民族主義的な内容まで、様々な内容のものが教えられており、主に民族独立の前提としての教育と実業の振興を目指していたことがわかる。この夜学の運動は、大韓帝国末期に開化派知識人たちが導入した日本の社会教育の実践形態と類似していた。ここに、大韓帝国末期に韓国知識人たちによって導入された「社会教育」概念が、

植民地期の朝鮮民衆にどのように継承されていったのか、また朝鮮民衆は「社会教育」を通して何を求めていたのか、その社会教育は日本が持ち込もうとした社会教育とどのような関わりを持っていったのか、などを検証する必要があり、それはまた、大韓帝国末期に導入された「社会教育」が単純に用語の導入にとどまらず、その以後の韓国社会教育の概念や特質を明確にするに重要な端緒にもなるということを意味するものでもあるといえる。

最後に、以上の社会教育概念の導入および展開過程に関する検討に基づき、韓国における社会教育の歴史的な性格を明らかにする。特に、本研究では「国民」および「民族」、「社会」、「地方」等の概念に注目し、その概念が「社会教育」概念の成立および展開においてどのような意味合いを持つものであったのかを検討することによって、韓国における社会教育と近代化＝近代国民国家形成との関係、つまり、日本から導入された社会教育が韓国の近代国民（民族）国家の形成に伴ってどのように規定・制度化されていったのかを明らかにしたい。

以上の研究課題を遂行するための研究方法としては、主として文書資料を分析する。大韓帝国末期の通俗教育に関する資料については、大韓帝国期の法令資料と学部（中央教育行政機関）の行政記録を中心に分析する。大韓帝国末期において、「社会教育」という用語が韓国知識人や指導者によって使われていたのに比べ、「通俗教育」という用語は、行政用語として使われていたとみられるが、それは、1880年代半ばから1921年までに「通俗教育」が行政用語として、一方、「社会教育」という言葉は民間レベルで使われていた日本に類似している。ところが、これまで、大韓帝国末期における「通俗教育」に関する研究は管見の限り皆無であり、その実態も明らかになっていない。したがって、まず、このような「通俗教育」が大韓帝国期の教育行政においてどのように位置付けられ、いかなる役割を果たしていたのかを検討する必要があると思われる。そこで、大韓帝国期の内閣記録課が出していた『法規類編』（1896）および『法規類編（及）続』（1908）と、そして当時の学部の教育行政記録―『韓国教育』（1909）、『韓国教育ノ現状』（1910）、『韓国教育ノ既往及現在』（1910）―などをもとに、教育政策における「通俗教育」の位置付けおよびそ

の性格を考察していく。

　一方、同時期の韓国知識人による社会教育概念の導入に関しては、当時の韓国開化派知識人によって組織された各種の「学会」の機関誌と新聞等を利用する。「社会教育」という用語は、日本において1921年まで民間の知識人を中心に使われており、その社会教育概念が大韓帝国末期に韓国知識人たちによって導入されたと思われるが、それは、当時の韓国開化派知識人たちによって組織された多くの「学会」の機関誌や新聞に最もよくみられる。当時の韓国開化派知識人たちには、日本との関わりを持つ人々が多く、彼らが発刊していた新聞や「学会」の機関誌にはその形跡が数多く残っている。もちろん、韓国における社会教育概念の導入を論じるにあたって、当時の知識人たちによる「学会」の機関誌や新聞だけを検討の対象にするのは、一定の限界を伴うが、本研究で取り扱う「学会」の機関誌や新聞は、日露戦争後、国権喪失の危機に立たされた韓国の知識人や指導者たちによって組織され、全国的に広まっていたものとして、当時の知識人たちの様々な活動を考察するには適切であると思われる。本研究においては、主として大韓自強会、西友学会、西北学会、畿湖興学会などの代表的な12の「学会」の機関誌と、大韓帝国末期の代表的な新聞である『皇城新聞』、『大韓毎日申報』などを用いる。

　植民地時代における社会教育政策資料に関しては、まず、植民地時代の教育政策的実態を明らかにするために、教育関連の法令と朝鮮総督府が出す統計資料を使用する。そして、教育に関する朝鮮総督府の基本方針を把握するために、歴代の総督および政務総監の訓示、諭告、演説資料に注目し、さらに、学務行政官僚らの論文や著書をも考察する。なお、1923年4月、朝鮮総督府の一機関として位置付けられた「朝鮮教育会」の雑誌も視野に入れ、これまで検討されてこなかった社会教育政策における「朝鮮教育会」の役割についても明らかにする。

　このほか、朝鮮人による教育活動に関しては、朝鮮人によって発刊された新聞および雑誌を使用する。その中でも、1920年にソウルにおいて民族ブルジョアジーによって創刊され、民族主義的傾向が強く、当時の民族運動について大いに関心を持っていた『東亜日報』と、1925年12月から朝鮮農民社が農

民の啓蒙と教育のために発刊した『朝鮮農民』『農民』を中心に検討する。『東亜日報』は植民地時代に朝鮮民衆の民族運動をリードし、様々な文化事業を通して民衆啓蒙に努めた最も代表的な新聞であり、また、朝鮮農民社はソウルに本部を、各地方に支部と社友会を置いて機関誌『朝鮮農民』、『農民』を発刊し、さらに、農民啓蒙のための各種の講演会を行った植民地時代の代表的な朝鮮民衆団体である。その他にも、同じく植民地時代に朝鮮民衆によって発行された『朝鮮日報』や『開闢』、『衆明』、『新女性』などの代表的な新聞や雑誌をも参照しながら、植民地時代における朝鮮民衆の教育実践に関して考察していく。

　なお、本研究においては、1897年に大韓帝国が樹立されてから、1910年の「日韓併合」までの国名は「大韓帝国」という表現を使い、当時の民衆は「韓国人・韓国民衆」と称する。1910年の「日韓併合」以後から1945年の独立まではそれぞれ「朝鮮」と「朝鮮人・朝鮮民衆」という表現を使用する。そして、筆者の意見をいうときには「韓国」、「韓国人・韓国民衆」と書く。また、文献を引用する際、かなは原文のままにし、旧漢字体は基本的に新漢字体に改めるが、旧漢字体の場合もある。

注
1) 例えば、朱鳳魯は、19世紀以前の古代社会や伝統社会における教育活動に対しては、「社会教育的」活動としてみているが、19世紀以後の李朝時代からを、学校制度が確立され、社会教育の概念的特性が明確になり始めた時期ととらえて、韓国の社会教育の変遷過程を考察している。朱鳳魯「韓国近世社会教育史序説」『長安専門大学地域研究所論文集』第3輯、1994.2、pp.97〜156。
2) 独立以前と以後における社会教育の性格を完全に断絶したものとしてとらえ、韓国の社会教育の始まりを独立以後と設定している代表的な研究は、韓国教育開発院（KEDI）の『韓国 社会教育의 過去・現在・未来探究』(1993) が挙げられる。この研究では、1950年代を社会教育の胎動期とみており、1960年代を社会教育の出帆期、1970年代を社会教育の展開期、1980年代を発展期と区分している。
3) 代表的な例として、金道洙の「日帝植民地下의 社会教育政策에 관한 研究」(韓国教育学会社会教育研究会編『平生教育와 社会教育―社会教育論集―』배영사、1982) があげられる。しかし、金道洙は、「近代的社会教育の始原は、19世紀後半民族啓蒙運動の性格で出発した開化運動の展開過程においてみられる」とし、当時の開化派知識人の教育的活動

を取り上げてはいるものの、当時の韓国開化派知識人たちが学校教育に相対する概念としての社会教育の概念を認識していたのかについては明らかにしていない。それは、韓国開化派知識人たちが行った教育的活動を、今日の観点において社会教育としてとらえていることにすぎないといえる。

　したがって、金道洙は、韓国の社会教育史全体を論ずるにおいては、今日我々がとらえている学校教育に相対する概念としての社会教育と、社会教育的活動を区分せず、韓国の社会教育の起源を古代において探っているが、それは上記した第一の分類に該当するともいえよう（金道洙『社会教育学』教育科学社、1999、pp.199〜222）。このような研究方法は、崔栄鎮「韓国社会教育行政의 変遷에 関한 研究」檀国大学大学院博士学位論文（1992）にもみられる。

　また、これらと同じく、近代的社会教育の始原を19世紀後半ととらえている研究としては、南宮勇権「独立協会와 新民会의 社会教育運動에 関한 研究」中央教育史学会『論文集』創刊号、1995、pp.35〜51）を挙げることができる。この研究は、大韓帝国末期の知識人を中心に組織された各種団体が行った教育活動を社会教育ととらえてはいるものの、それもそれらの教育活動を現在の社会教育の観点から評価したことにすぎず、その団体や知識人による近代的社会教育概念の認識や導入に関しては一切触れていない。

4）　宮原誠一『社会教育』光文社、1950、p.30。
5）　牧野篤・上田孝典・李正連・奥川明子「近代東北アジアにおける社会教育概念の伝播と受容に関する研究―中国・韓国・台湾を中心に／初歩的な考察―」『名古屋大学大学院教育発達科学研究科紀要（教育科学）』第49巻第2号、2003.3、p.153。なお、論文表題の「東北アジア」は「北東アジア」の誤植である。
6）　宮原誠一、前掲書、p.30。
7）　同上。
8）　春山作樹「社会教育学概論」岩波講座『教育科学』第十五冊、1932、pp.8〜9；小尾範治『社会教育概論』大日本図書株式会社、1936、p.2；宮坂広作「明治期における社会教育概念の形成過程―社会教育イデオロギーの原形態―」『教育学研究』33巻4号、1966、p.14。
9）　朝鮮王朝は、1897年に国号を「大韓帝国」と替え、近代国家としての一歩を踏み出した。この大韓帝国の樹立から1910年の「日韓併合」以前までの時期を大韓帝国期という。この論文において多く使われる「大韓帝国末期」は、1905年の第2次「日韓協約」の締結以後、1906年2月に統監府が設置され、日本による統監政治が始まった時から、1910年の「日韓併合」にいたるまでの時期、いわゆる「統監府時代」をいう。
10）　韓国の社会教育及び生涯教育に関する最近の政策的動向に関しては、拙稿「韓国平生教育の動向と課題」新海英行・牧野篤編『現代世界の生涯学習』大学教育出版、2002、pp.348〜360を参照。
11）　韓国において社会教育法の制定の動きは、1950年初から始まり、社会教育法案に関す

る制定作業も10回以上あったが、その度、政府との摩擦によって結実をみることができなかった。1980年に、憲法に「平生教育（＝生涯教育）に関する条項」が挿入されることによって、1982年12月31日に「社会教育法」が制定されたが、それは、社会教育関連学者、専門家および実践家との深度のある協議や検討、意見収斂を経ず、短時間内に制定されることによって制定当時から多くの批判を受けてきた。教育部『平生教育白書』1997、pp.38～39。

12)　教育部『平生教育白書』第2号、1998、p.319。
13)　牧野篤・上田孝典・李正連・奥川明子、前掲論文、p.158。
14)　牧野篤『中国近代教育の思想的展開と特質―陶行知「生活教育」思想の研究―』日本図書センター、1993；沈姝『「満州国」の『新学制』に関する一考察―初等教育を中心に―」名古屋大学大学院修士学位論文、2001.3；豊田明子「植民地台湾の公学校普及と社会教育―学齢児童保護者に対する啓蒙活動を中心に―」名古屋大学大学院修士学位論文、2002.3など。
15)　牧野篤・上田孝典・李正連・奥川明子、前掲論文、p.160。
16)　同上。
17)　大韓帝国末期の『皇城新聞』をみると、「忠南観察使の崔延徳氏が管下各郡守に各面里に居生する人民の子婿弟侄が入学年齢になっても学校に入学しない者がいれば、各該本郡守は警察署に交渉して強制教育を励行するように発訓したそうだ。これで忠南教育界の発展する希望があることを攢賀するのである」（「忠南의 強制教育」『皇城新聞』1910年2月17日付）という記事や、「安岳郡守署理の郡主事の李容夏氏は、書堂に関する学部訓令を実施し、教育を発展させるために郡内私塾に躬行勧諭し、または各面に告示し、学年に達した書堂学童は附近学校に転学しているように、諸氏の教育上の熱誠を多くの人が称頌するという」（「郡署勧学」『皇城新聞』1910年1月12日付）という記事からわかるように、当時の言論は、統監政治下において地方官僚が民衆に対して行った学校教育の督励活動を高く評価していることがみられる。
18)　유재건「植民地・近代와 世界史的視野의 模索」『創作과 批評』98、1997、p.59。
19)　堀和生・安秉直「植民地朝鮮工業化の歴史的諸条件とその性格」中村哲・安秉直『近代朝鮮工業化の研究』日本評論社、1993、pp.13～58。
20)　安秉直「韓国近現代史研究의 새로운 패러다임―経済史를 中心으로―」『創作과 批評』98、1997、p.40。
21)　慎鏞廈「『植民地近代化論』再定立試図에 대한 批判」『創作과 批評』98、1997、pp.10～14。
22)　同上論文、p.10。
23)　並木真人「植民地期朝鮮政治・社会史研究に関する試論」東京大学大学院人文社会系研究科・文学部朝鮮文化研究室『朝鮮文化研究』第6号、1999、p.113。
24)　慎鏞廈、前掲論文、p.14。

25) 安秉直、前掲論文、pp.47 ～ 51。
26) このような新たな観点に関しては、並木真人と松本武祝がすでに整理している。並木真人、前掲論文；松本武祝「"朝鮮における『植民地的近代』"に関する近年の研究動向―論点の整理と再構成の試み―」アジア経済研究所『アジア経済』Vol.43・No.9、2002.9。
27) 김진균・정근식「植民地体制와 近代的規律」『近代主体와 植民地規律権力』文化科学社、1998、pp.17 ～ 18。
28) 한귀영「『近代的社会事業』과 権力의 視線」同上書、p.314。
29) 김진균・정근식、前掲書、p.18。
30) 同上。
31) フーコー（Michel Foucault）は、『監獄の誕生―監視と処罰（Surveiller et punir: Naissance de la prison）』（1975）において、刑罰制度の変遷を通して各時代における権力がいかに個人を統制し、隷属させ、個人が権力によってどのように形成されていくのかを研究した。フーコーは、18世紀後半に監獄制度が作られ、それが一般化し、規律的な社会が作られる過程に注目した。刑罰制度は、18世紀までの公開処刑・過酷な処罰から監獄の誕生へと変化し、多様な犯罪を分類し、項目化し、それに適切な処罰形態が用意されるようになった。すなわち、監獄制度は個人に一定の作用を加えて個人を権力が求める個体へと作り上げていく装置となる。そのために、監獄では厳格な時間表が作られ、すべての行為や動作が観察・監視され、記録される。すなわち、収監者の身体は徹底したスケジュール表によって馴らされるのである。フーコーは、この新たな権力構造は、人間の身体に作用し、身体を特定の目的に合わせるものとして、それは、単に監獄だけではなく、工場、軍隊、病院、学校などの近代的施設においても多様な方式で規律を遂行するように求められ、強要されるとみている。韓国における「近代的主体」の形成と規律的権力との関係に注目したキム・ジンギュン／チョン・グンシクの研究は、このようなフーコーの規律的権力論の影響を強く受けたものである。
32) 박명림「近代化 프로젝트와 韓国民族主義」歴史問題研究所編『韓国의「近代」와「近代性」批判』歴史批評社、1996、p.321。
33) 同上書、pp.334 ～ 340。
34) 임지현「韓半島民族主義와 権力談論：比較史的問題提起」『当代批評』Vol.10、2000、pp.186 ～ 195。
35) 윤해동『植民地의 灰色地帯』歴史批評社、2003、p.35。
36) 同上書、pp.36 ～ 39。
37) 同上書、p.269。
38) 同上書、pp.36 ～ 39。
39) 並木直人、前掲論文、p.114。
40) 李萬珪『朝鮮教育史上・下』乙酉文化社、1947・1949（1988年再刊、거름사）。
41) 呉天錫『韓国新教育史』現代教育叢書出版部、1964（渡部学・阿部洋共訳『韓国近代教

育史』高麗書林、1979 参照)。
42) 鄭在哲『日帝의 対韓国植民地教育政策史』一志社、1985。
43) 姜東鎮「日帝支配下労働夜学」『歴史学報』第46集、1970.8 (阿部洋訳「日帝支配下の労働夜学」『韓』通巻34号、1974年参照)。
44) 孫仁銖『韓国近代教育史1885—1945』延世大学校出版部、1971 (1992年5版参照)。
45) 車錫基『韓国民族主義의 研究―歴史的認識을 中心으로―』進明文化社、1976 (1982年改訂版参照)。
46) 盧栄澤『日帝下民衆教育運動史』探究堂、1980。
47) 韓祐熙「日帝植民統治下 朝鮮人의 教育熱에 関한 研究―1920年代 公立普通学校를 中心으로―」서울대학교 (ソウル大学) 教育史学会『教育史学研究』第2・3集、1990.2 (佐野通夫訳「日帝植民統治下朝鮮人に関する研究― 1920年代公立普通学校を中心に―」四国学院大学文化学会『論集』第81号、1992.12参照)。
48) 古川宣子「植民地期朝鮮における初等教育―就学状況の分析を中心に―」日本史研究会『日本史研究』1993.5。この他、古川宣子は、「朝鮮における普通学校の定着過程―1910年代を中心に―」日本教育史学会『日本の教育史学』第38集、1995を発表し、1996年にはこれらの論文をもとに「日帝時代 普通学校体制의 形成」というソウル大学博士学位論文を著している。
49) 呉成哲『植民地初等教育의 形成』教育科学社、2000。
50) 古川宣子、前掲論文、p.31。
51) 同上論文、p.55。
52) 井上薫「『日本帝国主義の朝鮮に対する教育政策』研究の視座」『植民地教育史年報』第1号、1998、pp.31〜33。
53) 呉成哲、前掲書、pp.10〜12。
54) 同上書、p.5。
55) 同上書、p.133。
56) 教育部、前掲書、1997、pp.14〜16。
57) 同上書、p.28。
58) 鄭宇鉉「社会教育学의 学問的発展過程과 未来」第3回韓国社会教育学会学術세미나発表要旨、1997、p.16。
59) 黄宗建『韓国의 社会教育』教育科学社、1983、p.12。
60) 同上書、p.317。
61) 金道洙「近代韓国社会教育의 政策理念 및 活動形態에 관한 研究―日本植民地 中期를 中心으로―」檀国大学教育大学院『教育論叢』第3輯、1987、p.1。
62) 韓駿相「社会教育과 社会教育学의 可能性에 대하여」第3回韓国社会教育学会学術세미나発表要旨、1997、p.66。
63) 李明實「日本強占期社会教育史의 基礎的研究―朝鮮総督府による施策の展開を中心に

—」筑波大学大学院博士学位論文、1999、p.8。
64) 同上論文、pp.7 〜 9。
65) 同上論文、「국문초록」。
66) 宮原誠一、前掲書、p.24。
67) 国立教育研究所『日本近代教育百年史』7（1)、1974、p.384。
68) 牧野篤・上田孝典・李正連・奥川明子、前掲論文、p.154。
69) 文部省『学制百二十年史』ぎょうせい、1993、pp.24 〜 26。
70) 国民教育研究所、前掲書、p.385。
71) 牧野篤・上田孝典・李正連・奥川明子、前掲論文、p.154。
72) 宮坂広作、前掲論文、p.14。
73) 同上論文、pp.13 〜 14。
74) 山名次郎『社会教育論』金港堂書籍会社、1892、pp.1 〜 35。
75) 佐藤善次郎『最近社会教育法』東京同文館、1899、p.2。
76) 吉田熊次『社会教育原論』同文書院、1934、pp.2 〜 3。
77) 津高正文『社会教育論』新元社、1956、p.3。
78) 吉田熊次、前掲書、pp.5 〜 6。
79) 小尾範治『社会教育思潮』南光社、1927、pp.11 〜 13。
80) 全日本社会教育連合会編『社会教育論者の群像』1983、p.106。
81) 乗杉嘉寿『社会教育の研究』同文館、1923、p.7。
82) 春山作樹「社会教育学概論」岩波講座『教育科学』第 15 冊、岩波書店、1932、pp.5 〜 6。
83) 同上論文、pp.7 〜 8。
84) 牧野篤・上田孝典・李正連・奥川明子、前掲論文、p.156。
85) 同上論文、p.157。
86) 呉成哲、前掲書、pp.175 〜 220。
87) 윤해동、前掲書、p.26。

第1章

大韓帝国末期（1906〜1910）の社会教育の導入

第1節　学部における通俗教育の導入とその実態

（1）　統監政治の始まりと大韓帝国末期の教育現実

　1904年8月、第1次「日韓協約」によって、韓国は日本の顧問政治を受けざるを得ない状況に置かれるようになり、政府の各部署には日本人の顧問が配置されるようになった。その際、学部（中央教育行政機関）には幣原坦[1]が学政参与官として配置された。さらに、1905年には第2次「日韓協約」にしたがい、日本は同年の12月には「統監府」[2]の設置を公布し、1906年2月1日から統監府の業務を始めたのである[3]。初代統監として伊藤博文が着任し、学部には統監府の書記官である俵孫一が幣原の後に赴任し、嘱託の地位から教育行政の実質的な最高権力者である次官に昇進した[4]。また、1907年7月の第3次「日韓協約」第5条に「韓国政府ハ統監ノ推薦スル日本人ヲ韓国官吏ニ任命スルコト」という条項が盛り込まれ、韓国政府へ大量の日本人が送り込まれるようになった[5]。こうして韓国の教育は、完全に日本人によって掌握され始めたのである。

　学部は1906年4月11日に学部官制を改正し、1906年8月27日には既存の「小学校令」を「普通学校令」（勅令第44号）に改正・公布することをはじめとして、高等学校令および高等女学校令、師範学校令、外国語学校令、農林学校官制などを制定していった。このような法体制に対して学部は当時の現実状況に照らし、時宜に適合した措置であったというが[6]、実際は韓国の教育を、主として普通教育に集中させ、その修業年限をも減らすことによって、韓

国における植民地政策を達成するための法改正にすぎないことであったといえる。図1-1と図1-2にみられるように、統監政治開始前後の学制を比較してみると、各学校別修業年限が減少したことがわかる。このような学制改編に対する学部の「学制整理の大要」をみると、次のとおりである。

　　以上学制ノ整理ヲ為スニ当リ各法令ニ通シテ一貫セル学部ノ大体ノ方針ハ複雑ナル学制ト修業年限ノ長年月ニ亘ル学校トヲ存置セシムルノ寧ロ韓国教育ノ実際ニ不

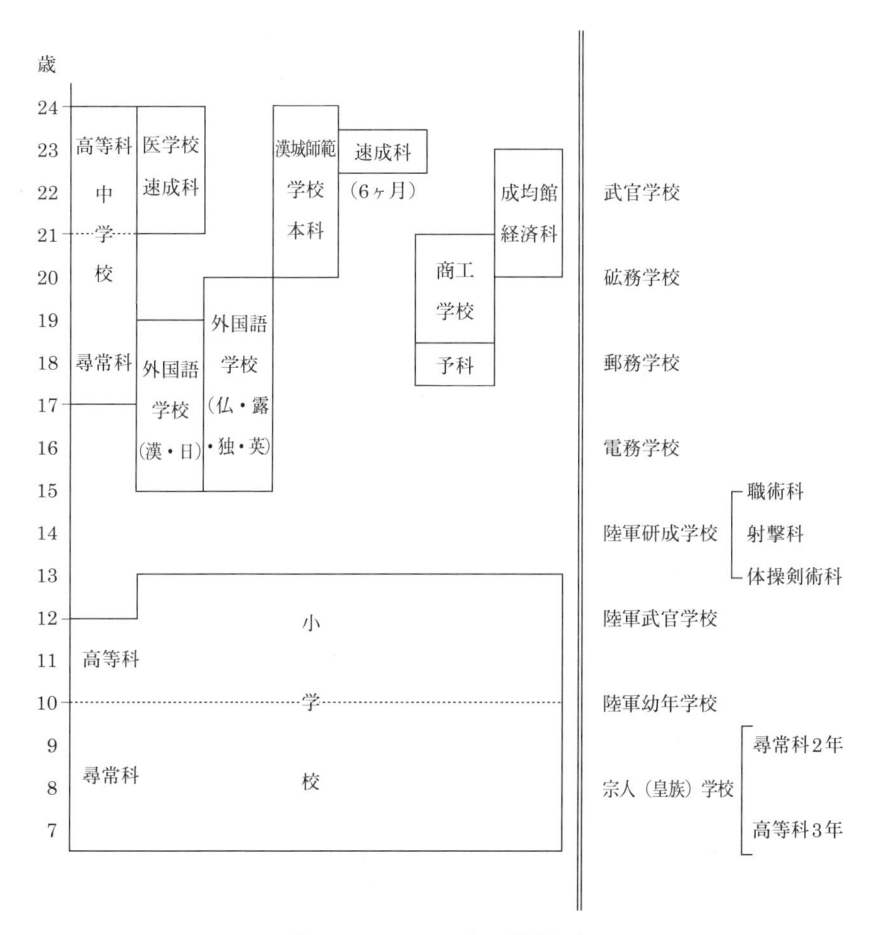

図1-1　1895〜1905年の学校制度
（出典：鄭在哲『日帝의 対韓国植民地教育政策史』一志社、1985、p.206）

図 1-2　1906〜1911年の学校制度
(出典：鄭在哲『日帝의 対韓国植民地教育政策史』一志社、1985、p.213)

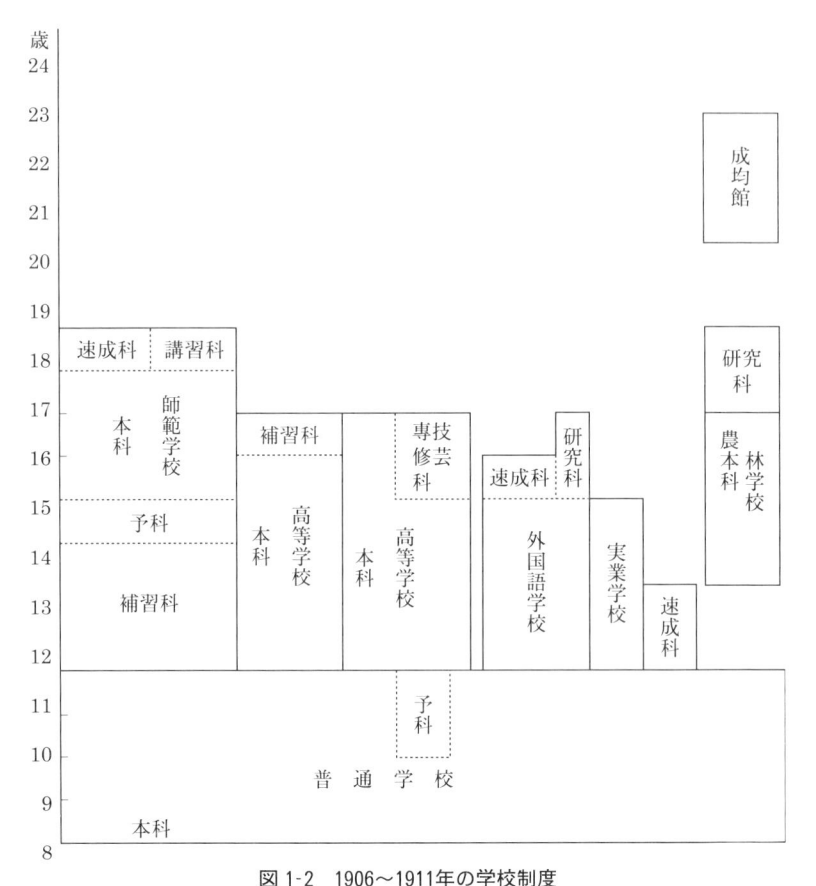

　　適当ナルニ鑑ミ学制ヲ単純ニシ過程ヲ簡易ニシテ専ラ実用ニテ適セシムルニ在リ即
　チ整理ノ基礎ヲ普通教育ニ置キ其修業年限ヲ四個年ニ短縮シ進ンデ高等教育(日本
　ニオケル中等教育)ヲ受ケントスル者ハ直チニ全程度ノ諸学校ニ連絡スルヲ得セシ
　メ三年若シクハ四年ノ修業年限ヲ終エ通シテ7、8年ノ後高等教育終了者トシテ之ヲ
　社会ノ実務ニ従事セシムルヲ得スコトトセリ…[7]

　学部が以上の基本方針の下で、特に力を注いだ教育事業は普通学校の拡張であったが、それは、統監政治開始直後の韓国の教育現況を紹介していた日本の『東亜同文会報告』という雑誌の次の一文から読み取ることができる。

> 伊藤統監ハ韓国教育機関ノ振興ヲ期スル為メ各官立学校ニ多大ノ補助ヲ与フルニ決シ先ヅ拡張ノ第一着手トシテ京城現在ノ小学校中ノ四校ニ先ヅ日本人教師ヲ一名宛置キ八歳以上ノ児童ヲ強制的ニ就学セシムル計画ニ付学部大臣李元用幣原学政参与官トノ間ニ協議成立セル由[8]

　また、実際、当時の臨時学事拡張費50万円のうち、41万773円が普通学校拡張に投資されたこともそれを裏づけている[9]。しかし、このような投資により、全国の重要都市に普通学校が設置されていたものの、当分の間は学生募集の段階で苦労した。その理由の一つは、まだ一般民衆は「新教育」を理解していなかった点であり、いま一つは日本人支配下にあった公立学校に対する不信感という問題であった[10]。次の引用は当時の韓国民衆が公立学校に対して抵抗感と警戒心を抱いていた面がうかがえる部分である。

> 学部ガ官公立学校ノ新設改善ヲ為スヤ地方民（韓国人―引用者）ハ曰ク是レ官学ナリ政府ノ利益ノ為ニ設立スル学校ナリ官学ニハ教科目ニ日語アリ教員ニ日本人アリ是レ此国（韓国―引用者）ノ富強開発ニ不適当ナル教育ヲ施ス所ナリト本来学部ガ新経営ニ着手スルニ当リ地方公私立学校中設備稍々見ルベキモノニ対シ新経営ヲ施サントスレバ理当ニ喜ンテ応スベキ筈ナルニ事実ハ之ニ反シ之ヲ厭フモノ多ク曰ク是レ政府ガ学校ノ財産ヲ掠奪スルモノナリ地方子弟教育ノ為ニ存スル伝来ノ田畓ヲ政府ノ有トナスハ不可ナリト又官公立学校ガ旧式ノ教育ニ比シ其教授時数少ク学科目亦異ルモノアルヲ惟シミ曰ク官公立学校ハ授業時間甚ダ僅少ナリ我等ノ子弟ハ遊戯ノ為ノ登校セシムルノ必要ナシ官公立学校ハ漢学ノ時間極メテ少シ是レ古来ノ国風ヲ蔑視スルモノナリ[11]

　すなわち、官公立学校は授業時数が少ないばかりではなく、漢学の時数を減らし、日本語を教えているなど、韓国の「富強開発ニ不適当ナル教育」をしているという公立学校に対する韓国人の抵抗と警戒心は、普通学校への入学忌避現象をもたらしたのである。

　この時期は、上記のような条約によって徐々に国権を喪失していく危うい状況に陥り、全国各地では武力的抗日闘争が起こり、一方では国権回復のための知識人による国民啓蒙運動の一環として、私立学校が急増した時期である。実際、当時の大半の民衆は、官公立学校よりは私立学校や書堂[12]などで教育を受けていた。

表1-1の官公立普通学校の状況からわかるように、その数において漸次増加趨勢をみせているが、1910年現在、全国101校、生徒数1万6,946人という数は決して多いとはいえない。また、表1-2でみられるように、1910年現在、高等程度の官公立学校の数は19校にすぎない。

表1-1　1906年以来5年間官公立および補助指定普通学校状況表

種別 年次	官立 学校数	官立 生徒数	公立 学校数	公立 生徒数	補助指定 学校数	補助指定 生徒数	合計 学校数	合計 生徒数
1906	9	1,063	13	862	—	—	22	1,924
1907	9	1,681	41	3,166	—	—	50	4,847
1908	9	1,781	50	5,962	—	—	59	7,743
1909	9	2,256	51	8,658	31	2,332	91	13,246
1910	1	263	59	12,469	41	4,214	101	16,946

出典：学部『韓国教育ノ現状』1910、p.28。

表1-2　1910年現在高等程度官公立諸学校一覧表

学校名（19校）	学科	授業年限	学生数
官立成均館	漢籍	3	30
官立法学校	法律	本科3、予科1	154
官立漢城師範学校	教員養成	本科3、速成科1	302
官立漢城高等学校	高等普通	4	232
官立平壌高等学校	高等普通	3	134
官立漢城外国語学校	各種外国語	3、日語速成科1	538
官立仁川実業学校	商業	3	160
官立漢城高等女学校	女子高等普通	本科3、予科2	224
公立釜山実業学校	商業	3	87
公立大邱農林学校	農業測量	本科2、速成科1	81
道立平壌農学校	農業測量	本科2、速成科1	81
公立全州農林学校	農業測量	2	50
道立咸興農業学校	農業測量	2	未詳
公立晋州実業学校	農業測量	3	未詳
公立光州農林学校	農業測量	本科3、速成科1	未詳
公立春川実業学校	農業	2	27
公立群山実業学校	農業	2	40
公立定州実業学校	農業	2	未詳
公立済州農林学校	農業	3	未詳

出典：学部『韓国教育ノ現状』1910、pp.32～33。

第1章　大韓帝国末期（1906〜1910）の社会教育の導入　41

　このように官公立学校の普及率が低かった理由は、韓国人の公立学校への入学忌避現象があったからであると思われる。次は、1909年12月に稷山郡私立経緯普通学校の仙波という日本人教監が、学部に提出した報告書に、当時の地方民の公立普通学校に対する理解不足について書いている部分である。

　　稷山郡内には、書房（日本の寺子屋にあたる）の数が比較的に多く、その数33、
　房生は222名に達する。本校が普通学校として認可を得、教監も任命されたということを耳にした人々は、猛烈に反対し、虚説を流し、愚民を籠絡した。愚民もまた、これを軽信して同調する始末である。親切に入学を勧めれば、学校に入学させるくらいなら農業を手伝わせた方がましだと言う。また、書房側でも、学校は従順な国民を養成する所だと言って、普通学校を敵視した[13]。

　このように官公立学校に対して反感を持っていた民衆は、書堂や私立学校に入学していた。その数は漸次増加するようになるが、その理由は、韓国民衆が、日本によって左右される当時の教育政策に対して強い不信感を持っており、一方、国権擁護という緊迫した状況を克服し、近代化をすすめていくためには民衆による強力な教育運動が必要であると信じていたからである。このような背景から生まれたのが、民衆による教育救国運動であり、これによって大韓帝国末期には私学の全盛時代を迎えるようになる[14]。

　1908年、「私立学校令」が公布される前までは私立学校設置に対する政府の認可が不必要であっただけではなく、報告の義務もなかったために、正確な統計はわからないが、併合後の総督府の記録によると、「私立学校中ニハ朝鮮人ノ設立ニ係ルモノアリト雖其ノ多クハ外国宣教師ノ経営ニ係リ其ノ生徒数二十万ニ上リ遙ニ普通学校生徒数ニ超過」[15]しており、当時、公立普通学校より私立学校の比重が相当大きかったのが推測できる。

　しかし、このように急増する私立学校は、官公立普通学校を拡張し、韓国人に対する漸進的な同化政策をすすめようとする統監府の教育政策に対して妨害になる抗日愛国思想の温床と考えられ、統監府は1908年「私立学校令」を公布し、私立学校の統制に踏み切るようになった。「私立学校令」の公布以後に学部から認可を受けた私立学校数は1910年現在総2,250校で、公布以前の5千余校に比べて約半数が減ったことがわかる。学部認可を受けた私立学校は

表 1-3 のとおりである。

さらに、統監府は 1908 年 8 月 26 日、「書堂に関する訓令」を制定し、書堂も管理していき、また、言論と民間団体に対する統制も漸次厳しくなっていったが、その代表的な例が韓国知識人たちによる啓蒙運動団体である各種の「学会」を統制するための「学会令」（1908）といえる。

表 1-3　学部認可済私立学校数（1910 年 5 月現在）

道別＼学校種類	普通学校	高等学校	実業学校	各種学校	宗教学校	計
漢城府	1	1	2	66	24	94
京畿道	−	−	−	136	64	200
忠清南道	2	−	−	73	16	91
忠清北道	−	−	−	41	7	48
慶尚南道	3	−	1	82	18	104
慶尚北道	4	−	−	72	74	150
全羅南道	1	−	−	31	4	36
全羅北道	4	−	−	42	31	77
江原道	−	−	−	37	6	43
黄海道	−	−	−	104	182	286
平安南道	−	−	−	189	254	443
平安北道	−	−	1	279	121	401
咸鏡南道	1	1	−	194	22	218
咸鏡北道	−	−	3	56	−	59
計	16	2	7	1,402	823	2,250

出典：学部『韓国教育ノ現状』1910、pp.49 ～ 50。

（2）　通俗教育の導入とその実態

これまで韓国の社会教育学界では、「通俗教育」は日本の社会教育の前身としてしか認識されておらず、「通俗教育」が韓国の近代教育史の中に存在していたことについては、いまだに注目されていないのが現状である。ところが、大韓帝国末期における学務局の業務には確かに「通俗教育に関する事項」が存在していた。これは韓国における「社会教育」の導入が植民地時代ではなく、

大韓帝国末期に行われた可能性を示唆する史実発見の重要な端緒にもなると思われる[16]。それでは、韓国における「通俗教育」の出現とその実態についてより詳しく検討してみたい。

韓国は1894年の「甲午改革」[17]を通じて近代教育制度が成立され、従来学事を管掌してきた「礼曹」を廃止し、「学務衙門」（後、学部）を置き、学事および教育問題を担当するようにした[18]。1895年3月25日には、勅令第46号で学部官制が定められ、学部には学務局と編集局が新設されるが、その時から1906年までの学部の学務局の業務をみると、①小学校および学齢児童の就学に関する事項、②師範学校に関する事項、③中学校に関する事項、④外国語学校・専門学校・技芸学校に関する事項、⑤外国留学生に関する事項等で、まだ通俗教育に関する言及はみられない。ところが、この学務局の業務は1907年12月13日に改正され、学務局の管掌事務の中に通俗教育が登場するようになる。また、この通俗教育は1909年1月1日からは学務局が第1課と第2課に分けられることによって第1課の事務に定められるようになる。（図1-3、1-4、1-5参照）

このように学務局の業務に「通俗教育に関する事項」が登場しているが、こうした事項を管掌する担当課が「日韓併合」の時まで通俗教育に関していかなる行政施策を展開したのかを直接確認することができる史料がいまだ発見されておらず、制度としての通俗教育の性格を明確にすることはできない。しかし、現実においては学部が「学芸会、成績品展覧会若ハ父兄母姉会、通俗講談

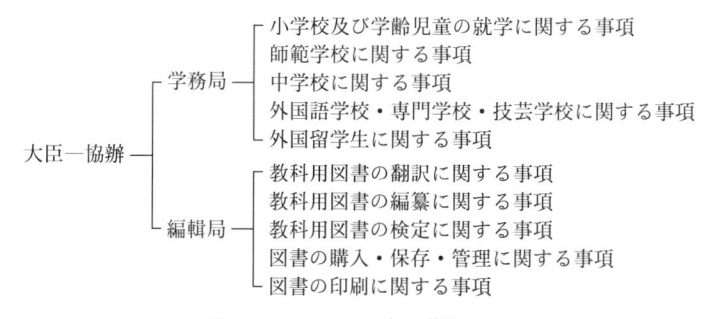

```
                    ┌ 小学校及び学齢児童の就学に関する事項
                    │ 師範学校に関する事項
             学務局 ─┤ 中学校に関する事項
                    │ 外国語学校・専門学校・技芸学校に関する事項
                    └ 外国留学生に関する事項
大臣―協辦 ─┤
                    ┌ 教科用図書の翻訳に関する事項
                    │ 教科用図書の編纂に関する事項
             編輯局 ─┤ 教科用図書の検定に関する事項
                    │ 図書の購入・保存・管理に関する事項
                    └ 図書の印刷に関する事項
```

図1-3　1895～1907年の学部組織
（出典：内閣記録課『法規類編』、1896.1、pp.94～98）

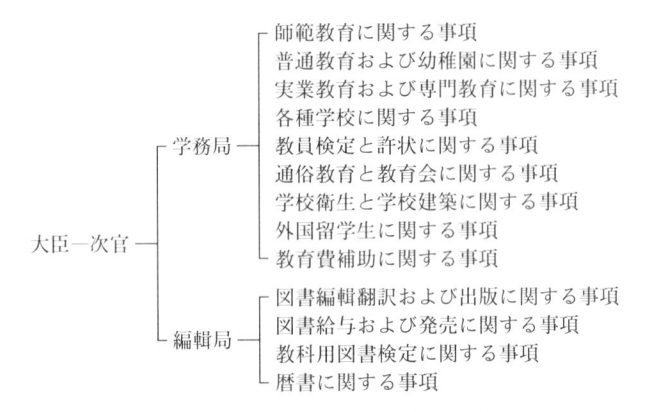

```
                   ┌ 師範教育に関する事項
                   │ 普通教育および幼稚園に関する事項
                   │ 実業教育および専門教育に関する事項
                   │ 各種学校に関する事項
          ┌ 学務局 ┤ 教員検定と許状に関する事項
          │        │ 通俗教育と教育会に関する事項
          │        │ 学校衛生と学校建築に関する事項
          │        │ 外国留学生に関する事項
大臣―次官 ┤        └ 教育費補助に関する事項
          │
          │        ┌ 図書編輯翻訳および出版に関する事項
          │        │ 図書給与および発売に関する事項
          └ 編輯局 ┤ 教科用図書検定に関する事項
                   └ 暦書に関する事項
```

図 1-4　1907～1908年の学部組織
（出典：内閣記録課「官制門」『法規類編（及）続』第1巻、1908、pp.305～306）

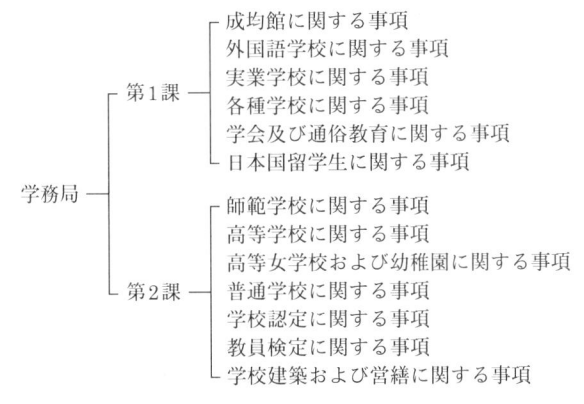

```
                   ┌ 成均館に関する事項
                   │ 外国語学校に関する事項
            ┌ 第1課┤ 実業学校に関する事項
            │     │ 各種学校に関する事項
            │     │ 学会及び通俗教育に関する事項
            │     └ 日本国留学生に関する事項
   学務局 ──┤
            │     ┌ 師範学校に関する事項
            │     │ 高等学校に関する事項
            │     │ 高等女学校および幼稚園に関する事項
            └ 第2課┤ 普通学校に関する事項
                  │ 学校認定に関する事項
                  │ 教員検定に関する事項
                  └ 学校建築および営繕に関する事項
```

図 1-5　1909～1910年の学部組織
（出典：内閣記録課「法規続編（上）」『法規類編（及）続』第8巻、1908、p.119）

会等ヲ開催シテ新教育ノ真価ヲ示シ地方ノ善良ナル向学心ヲ誘致シ、其他学校関係者並有志父兄ト往来シテ意思ノ疎通ヲ図リ地方民心ノ啓発善導ニ力ムルコト」[19]を「普通学校教養ニ関スル施設綱要」の一つとして出していたが[20]、学部がこのような綱要を出すようになった背景には、韓国人の公立学校への深刻な就学忌避現象があったのである。1905年の第2次「日韓協約」を機に韓国に統監府を設置し、韓国の植民地化を本格的に計画していた日本において、教

第 1 章　大韓帝国末期（1906～1910）の社会教育の導入　45

育を通した植民地化のための基礎作りは非常に重要なことであったといえる。しかし、当時、韓国人の反感は強く、それは公立学校への就学忌避とともに私立学校の設立の増加という結果として現れたのである。このような状況の中で、韓国人は公立学校よりは私立学校や従来の書堂を好む傾向が強かった。

　こうした韓国人の公立普通学校への入学忌避現象に対して、学部では「新教育」[21]に対する韓国人の理解が不足であると分析していた。すなわち、学部が著した『韓国教育』をみると、学部はこのような公立普通学校への入学忌避現象を新教育に対する誤解とし、その具体的な事項として「公立学校に対する誤解」、「日本人教師に対する誤解」、「日本語に対する誤解」等を取り上げ[22]、これらの誤解によって学生募集が困難であったとして、次のように記述している。

　　　以上各種ノ誤解ハ、諸政維新ノ際固ヨリ免レサル所而シテ日韓今日ノ関係ヲ喜ハサル一般人民ガ新教育ノ真意ヲ解セズ韓国ノ富強開発ノ為メニ如何ナル教育ヲ施スベキカヲ知ラサルノ愚ト真ニ憫ムニ堪ヘタリト謂フベシ此等ノ誤解ノ為ノ地方公立普通学校ニ在リテハ学徒ノ募集上著シク困難ヲ生ジ書籍器具ヲ給与シ授業料ヲ徴収セサルニ拘ラズ中流以上ノ子弟ハ容易ニ入学セスシテ却テ設備不完全ニシテ授業料ヲ要スル学校ニ好ンテ入学シ各教監ハアラユル方法手段ヲ尽シテ勧誘ヲ試ミルモ予期ノ学徒ヲ得ルニ難ク偶々募集シ得タルモノハ概シテ中流以下ノ子弟ナリキ[23]

　すなわち、当時、公立学校に対するこうした韓国人の入学忌避現象を防ぐために、学部では授業料の無料化と教材配布を提示してまで学生を募集するなど、学生募集に非常な苦労を経験した。このような現象は、1908 年 5 月に学部次官である俵孫一が、普通学校に配属される新任の日本人教監に対して、「諸君ノ最モ困難ヲ感ズルモノハ学徒ノ募集ナリ」と訓示しており、また同年 7 月の会議でも「各地ニ於テ斎シク最困難ヲ感ゼラレルノハ学徒募集ノ事デアル」と述べている[24]ことからもわかる。このような学校経営の苦心を減らすために、当時の日本人教監は「自ラ進ンデ入学シ来ル者ハ甚タ少シ従テ募集上困難セリ……警察力ヲ籍リテ強制的ニ募集」とか、「郡守ニ依頼シテ強制的ニ募集」、あるいは「郡守ト謀リ各面ニ五人宛ノ学徒ヲ入学セシムベキ義務ヲ負ハ

シメタリ」と当時の状況を報告している[25]。

しかし、このような地方官僚や教員を動員した強制的な入学強要は、結局「中流以上ノ家庭ハ殆ンド其子弟ヲ入学セシメズ、地方官憲ガ上部ノ指揮ニヨリ入学ヲ勧誘シタル結果一時止ムヲ得ズ入学スルモ忽チ辞柄ヲ設ケテ退学シ、中流以下ノ子弟ノミ官憲ノ勧誘ニヨリ在学スル等ノ事由ニヨリ普通学校ハ貧民学校ナリトノ悪評ヲ受ケタル」[26] 状況にいたらせた。すなわち、ある程度の経済的能力を持つ中流以上の親は、地方官僚や教員による強制的な公立学校への入学督励によって一時的には子どもを公立学校に入学させたが、依然として公立学校に対して反感を持っており、すぐに理由をつけ退学し、授業料を徴収する私立学校へと移っていたのである。しかし、授業料を払えない中流以下の民衆は公立学校に残るようになり、普通学校は貧困層が通う学校としてのイメージが強くなったのである。それゆえ、学部では、公立普通学校教員にして公立学校の真価と新教育の意味を、一般民衆、特に地方有志および親に知らせるように、教化活動を指示するようになった。次は 1910 年に、学部が学校経営に苦心する各普通学校教員を対象に出した民衆教化の方法に該当する部分である。

> 各普通学校ニ対シ一人ノ日本人教員ヲ派遣シテ学校ノ主脳トナシ経営ノ衝ニ当タラシムルヤ或ハ日本人ヲ嫌悪シテ其ノ教授ヲ厭ヒ或ハ新教育ノ教科目ヲ好マザル等地方人民（韓国人—引用者）ヲシテ新教育ノ何タルヲ解セシムルニ就イテハ到底学校内ノ教授訓練ヲ以テ足レリトセズ進ンデ地方父兄有志ノ訓練ヲ為サザル可ラズ是最モ日本人教師ノ苦心スル所ニシテ以下頂ヲ分ケテ是ヲ概説スベシ
> 　一、面長会、有志会、有志訪問
> 　二、父兄会、母姉会、家庭訪問
> 　三、教授訓練ノ練習会
> 　四、学芸会、展覧会
> 　五、農園、学校園及ビ学校林[27]

生徒募集のための一般民衆、とくに親に対する教化は、俵学部次官が、「生徒募集に就ては、……一般普通学校に在ては志願者を得ること頗る難く初年度に於て一学級五十人の学徒を得んとせしすら尚其員を充たす能はざる所ありき、蓋し地方の民人未だ新教育の何たるを解せず唯教授時間の短くして而かも

漢文に多くの時間を与へざるを難し、又新教科目の価値如何を疑ひ……其子弟の入学を躊躇する者今尚尠からざるは誠に遺憾とする所なり、是に就ては一面には地方官をして戒諭勧告を怠らざらしめ、一面に於ては学校職員をして内教育の成績を挙げしめ、外奨励会幻灯会等を利用して耳聞目睹の間知らず識らず父兄の迷誤を解くの手段を取る等其の苦心は尋常にあらざるなり」[28)]と述べていることからもうかがわれる。実際、官立梅洞普通学校では、1909年12月17日の午前10時に「学徒父兄会」を開催し、父兄や来賓が約200人近く集まったが、その場において、「校長及び教監、一般職員が、生徒教育は学校と家庭が心を合わせて誠実、服従、清潔、勤労、規律等の規則を遵守することが必要である」[29)]と述べており、櫻山郡では、1909年2月27日、郡守池喜烈氏の主催で学父兄会を私立経緯普通学校内において開き、「郡守以下学校任員諸氏が教育の必要を懇篤に説明した後、理化学機械で実地試験を一々観覧させ、学父兄諸氏が教育の真理を大きく覚えて校費を補充するために捐金をしたところ、七十余圓に達した」[30)]のである。また、官立於義洞普通学校や美洞公立普通学校、貞洞公立普通学校等では、学徒と父兄、その他の一般人に対し成績品展覧会を開設していた[31)]。

　以上のように、大韓帝国末期、学部では公立普通学校への就学率を高めるために、初期には警察や郡守の援助を得て強制的な方法を使用していたが、次第に「父兄有志ヲ訪問シテ学校ノ状況ヲ語リ或ハ彼等ヲ誘致シテ教授ノ実際ヲ観覧セシメ時々家庭ヲ訪ネテ学校トノ連絡ヲ図リ誤解者ニ対シテハ之ヲ弁明シ不明者ニ対シテハ之ヲ説明」[32)]するなどの方法で、生徒募集に努めていったのである。大韓帝国末期におけるこうした新教育に対する宣伝を通して就学奨励を行ったことは、当時の日本の教育雑誌『教育時論』にも次のように紹介されている。

　　当咸興郡内に、私立学校塾斎等の多数なる左（下―引用者）表の如くにして、之れは唯己の人格を高むる為めに行ふ如く、教育其物を以て処世上に応用せんとするに非ず、而して新教育の施設日浅ければ、従て其効果を認むることも薄し、依て就学奨励等には非常の困難を来し、時に警察力を以て強制のやむを得ざる場合あり、而して一方には談話会等に於て、常に新教育の何物たることを談し其他運動会学芸

展覧会等を催し、且正当修業の者には、直に応分の報酬を得るの途を講ずる等にて、漸次新教育に対する同情を惹起せるものゝ如し[33]。

	公立	私立	塾	斎	合計
校数	1	10	16	363	390
生徒数	95	345	223	2,877	3,550
教員数	日人 1 韓人 3	日人 1 韓人 8	16	363	393

　このような就学勧誘のための親および地方有志に対する教化活動は、1880年代後半から日清戦争直後までに日本における通俗教育が学校教育の普及のために行われた活動と非常に類似していると思われる。
　日本においても「社会教育」は、1921年までには民間用語としての地位しか持たず、行政用語としては「通俗教育」が使用されていたが、「通俗教育」概念はその曖昧性が当初から非難されるほど多様であった。また、制度としての通俗教育に関してみても、1886年2月に制定された政府各省の官制の中で、文部省の学務局第3課の所管事項として師範学校、小学校、幼稚園とともに「通俗教育」が存在していたことが明白であるが、その後、明治末年まで通俗教育に関する施策および政府の発言がほとんどなかったようである[34]。それは、文部省が学務局第3課に「通俗教育ニ係ル事」という通俗教育の業務を設置して以後、約20年間、図書館や博物館行政を別途に取り扱っていたことをみれば[35]、制度としての通俗教育はほぼ空白状態に置かれていたともいうことができよう。ところが、制度上の通俗教育は空白状態であったといえども、現実においては通俗教育講話会・通俗教育会等の通俗教育活動が、教師が主導する教育会を中心に展開されていた。その通俗教育活動の最も主要な任務は成人に教育の概念を理解させ、なるべく多くの児童・青年を国民教育の中に誘引することであった[36]。付け加えれば、学務局第3課に通俗教育に関する事項が所管事務として定められた1886年頃は、初代文部大臣の森有礼が強力な天皇制国家体制を確立するために従来の「教育令」を廃止し、各級学校別に分け制定した「学校令」を公布し、国民教育のための学校教育体制を構築しようとした時期である。

しかし、国民教育のための最も基礎的な段階である小学校の就学率の低調は成人、とりわけ父母の無知と教育に対する理解の不足にあるという認識が出始めた。その代表的な例が、1879年頃から教育行政と教育会の組織化に関与してきた庵地保が、普通教育の必要がますます切迫した状況を「俗談平話を旨とし以て」「民間の父兄に便にす」ために1885年に刊行した『通俗教育論』である[37]。その著書によると、当時行われていた通俗教育談話会は、父母をはじめ、一般成人、それも主として「下流」人民を対象にして教育についてわかりやすく話し合う会であったことがわかる[38]。すなわち、当時の通俗教育の最も重要な任務は、学校教育、とくに義務教育を補完することであったということができよう[39]。日本において通俗教育が学校教育の補完に力を注ぐようになったのは1886年頃から1897年頃までであり、その後から1911年にいたるまでには、民衆の間に多様な社会教育組織、例えば、青年会、夜学会などが生まれ、それらに対する指導・育成に着目するようになったといわれている[40]。このような通俗教育行政政策はより一層本格化して日露戦争以後からは文部省だけではなく、内務省、農商務省、さらには陸軍省まで関与し始め、その対象においても青年にとどまらず、労働者、農民、婦人等の国民一般に広がっていったのである[41]。

このように、明治20年代における日本の通俗教育には「学校教育の普及」という特徴がみられるが、これは、日本が政治干渉を始めた大韓帝国末期の通俗教育にも影響を与えていたと思われる。日本の『教育報知』という教育雑誌によれば、日本の「東邦協会」[42]ではすでに明治20年代後半から「朝鮮」[43]教育に注目し、研究していたとみられるが、1894年、同会は、朝鮮教育に対する意見を伊澤修二、嘉納治五郎、岡倉由三郎、日下部三之介等のような「都下有力の教育家数十氏」に求めており、その中には、『通俗教育論』の著者の庵地保も入っていた。そのうち、日下部三之介による、「朝鮮を如何にすへきや」「朝鮮国の政治改良は漸進を取るか将た急進を取るか」「朝鮮国の教育制度は補修すへきか将た建設すへきか」「朝鮮国に於ては教育上採用すへき文字及文章は如何にするや」「朝鮮国に於ける道徳は如何なる主義に依るへきか」「朝鮮国に於ける学校教育と通俗教育との緩急如何」等の問題提起は[44]、韓国の通

俗教育における日本の影響力を考える上で、注目される部分と思われる（傍点は、引用者）。また、同年の9月29日付の『教育報知』にも、次の引用文のように、「朝鮮国」における社会教育の必要性を述べているところがみられる。

  朝鮮国民を啓発するは、即ち朝鮮国を啓発するなり、秩序ある学校教育に依てその啓発の目的を遂くるは至当なりと雖是れ急速の間に望むへからさるなり、故に先つ社会的教育法に依て一般国民の志想を啓発し、然る後ち順次正式の手段に出つるを要す。何をか社会的教育法となす、曰く新聞雑誌、曰く講談、曰く図書、此等を彼の国人の理解し得るやう仕組みて一般の男女老幼を教育する方法即ち之れなり。我れの事情に通せしめ、我れの隣誼を悟らしめ、而して後ち朝鮮国の万事に尽すを得へきなり[45]。

 このように、日本では早くから朝鮮教育に関して教育調査や研究を行っていたが、それは、明治初期の征韓論や1876年の「江華島条約」[46]のような開国の強要などで始まった朝鮮への侵略意図を企んでいた日本の対朝政策が、1880年代に入ってからより積極的になるにつれ、朝鮮教育に関する研究としても現れるようになったからであると思われる。すなわち、当時日本は、自国においてのみならず、近代学校教育の制度さえほとんど普及されていなかった朝鮮における社会教育（通俗教育）の必要をも視野に入れていたと思われる。このような史実とともに、先述したように、「通俗教育」が韓国官制に登場するのは、1907年12月であり、またその時はすでに日本による政治干渉を受けていた時期として、韓国における通俗教育には、日本からの影響が大きかったと十分考えられる。

 なお、当時の韓日両国における通俗教育の根底には、強力な帝国主義国家の形成という最終目標が潜んでいたといえるが、ただ、韓国においては植民地化を計画していた日本の統監政治下で、単純に「学校教育の普及」という目的だけはなく、韓国人による私立学校や書堂に対する統制意図もあったと思われる。すなわち、当時は韓国人による私立学校や書堂の設立が急増し、また韓国人が公立学校よりも、あえて授業料を徴収し、設備も貧弱な私立学校への就学を好んでいたので、父兄会や家庭訪問、学芸会、通俗講談会などを通して公立普通学校への就学を督励すると同時に、私立学校や書堂への就学を防ごうとい

う意図もあったといえよう。

　そして、韓国の通俗教育は、以上のような活動形態においてだけでなく、その登場する時期においても日本との深い関わりがみられる。韓国学部の学務局の業務として「通俗教育に関する事項」が、日本による統監政治が始まってから設置された点を鑑みれば、日本の初期段階の通俗教育が導入され、韓国で実施された可能性が高いと考えられる。つまり、大韓帝国末期、学務局の業務として通俗教育が登場した時期は、統監政治が始まってから約2年が経った時点であり、また、当時、韓国の教育政策の立案における実権が、ほとんど日本人官僚にあったことなどからも、通俗教育における日本の影響の可能性を推測することができよう。しかし、このように当時、韓国学部に日本との密接な関係を持つ通俗教育が登場していたことに対し、学部において「社会教育」という用語は管見の限りみあたらない。

第2節　韓国開化派知識人による社会教育概念の導入とその実践
―各種「学会」の機関誌に関する検討を中心に―

（1）　愛国啓蒙運動と社会教育概念の導入
1）　愛国啓蒙運動の展開と「学会」の成立

　金度亨によれば、韓国の近代変革は単純に国内階級間の力量関係においてのみ決められたのではなく、帝国主義列強の政治・経済的侵略意図と絡み合いながら展開されており、したがって、開港以後の変革運動には、大きく三つの階層による運動があったという。一つは、階級的・民族的利害関係において封建的関係を固守するために帝国主義との通交まで反対した保守的な儒者を中心とする「斥邪衛正運動」[47]と、地主的経済関係はそのまま維持するが西洋の近代的文明を受容し、近代的改革を追求した文明開化論者の開化運動、そして最後に、封建的な収奪と帝国主義の収奪によって没落した民衆（農民）の抗争があったと述べている。金度亨は、1894年の日清戦争と1905年の第2次「日韓協約」を契機に加速化したこの三つの階層による国権回復運動に注目し、これまでの国権回復運動に関する研究が主として「愛国啓蒙運動」と「義兵戦争」

に関する研究に集中し、それらの抵抗的な面だけを強調し、画一的な運動として把握してきたことに対して、その運動内部の階級的な利害関係による差別性や多様性を軽視していると指摘している。すなわち、国権回復運動は大きく文明開化論者・斥邪衛正論者・農民層等が主軸となる文化啓蒙運動と義兵戦争として展開されており、その内部には各階級集団が一定した形態の連合を形成していたとみて三つの階層の政治思想を分析している[48]。

　金度亨の研究によれば、1905年の国権喪失によって国権回復に努力した「文明開化論者」、いわゆる開化派[49]知識人は甲申政変（1884）[50]・甲午改革（1894〜1896）[51]、そして独立協会運動[52]を経験した人物として、日本の明治維新をモデルにして旧来の支配層であった地主層を中心にした資本主義化と立憲的政治体制を達成し、富国強兵を図ろうとした。したがって、彼等は民衆層の抗争や変革の要求については徹底して否定的であり、彼等の主導権が保障される範囲内で改革をすすめる姿勢をとったのである。彼等は国権喪失の原因は、列強諸国に比べて「実力」が足りないから起こったと判断し、「実力」を養成することが国権を回復する捷径であると思っていたのである[53]。こうした考え方に基づき、開化派知識人たちは「学会」という啓蒙団体を組織して実力養成の重要性を論じ、またそれを実践に移していった。

　「学会」の性格を正確にいえば、大韓帝国末期に国権回復運動の一環として創立された愛国啓蒙団体の中でも、主として教育・修養の性格を持つ団体を意味するが、かつ政治的な性格をも持っており、今日の学術的性格が強い「学会」とは多少異なる。それは、大韓帝国末期の学部が、当時の「学会」について次のように把握していたところからも読み取れる。「学会ト称スルハ日本ニ於ケル教育会ノ如キモノナリト雖聊カ其類ヲ異ニスル点アリ韓国ノ学会ハ唯教育ノ普及発達ヲ目的トスルノミナラス併セテ政治ヲ談義スル機関ニシテ教育会ト政社団体トノ混同セルモノナリ」[54]と記録されているように、当時の韓国における「学会」は日本の「教育会」のような教育的な性格を持ちつつ、一方、政治的な性格も強かったのである。

　1904年9月に「国民教育会」が「学会」として初めて組織された後、第2次「日韓協約」の締結以後からは雨後の筍のように「学会」が組織され[55]、

1908年8月「学会令」が公布されるまで全国的に30以上の「学会」が成立された[56]。これらの「学会」の代表的なものには全国規模の大韓自強会とその後身である大韓協会をはじめ、各地域を中心に活動した西友学会（平安南道・平安北道・黄海道）、湖南学会（全羅南道・全羅北道）、畿湖興学会（京畿道・忠清南道・忠清北道）、西北学会（平安南道・平安北道・黄海道）、嶠南教育会（慶尚南道・慶尚北道）等と、在日韓国人留学生が日本で組織した太極学会、大韓留学生会、大韓学会、大韓興学会などがある。

　このような「学会」ではそれぞれ機関誌を毎月発行して近代文明や知識を普及しようとし、国民啓蒙のための講演会と討論会も度々開催した。また、これらの「学会」では国を守ることのできる道は教育だけであるという認識を持っており、「学会」の附属機関として私立学校を設立し、教育活動を展開していった。このような動きに刺激を受け、全国各地では多くの私立各種学校が設立されるようになった[57]。しかし、既述したように、1908年に「私立学校令」が公布された以後、私立学校は厳しい統制を受けるようになり、その後はこれらの私立学校の設立主体として活発な活動を行ってきた「学会」も1908年8月に公布された「学会令」によって強制的に解散させられたり、弾圧を受けたりして1909年12月末には全国的に表1-4のように15の「学会」だけが残ったのである[58]。

　これらの学会で実力養成のために主張されたのは、「教育」と「殖産興業」を通した近代化であった[59]。すなわち、開化派知識人がすすめていた啓蒙運動では、窮極的に国権回復を目的にしながらも、武力抗争を否定し、実力養成論を主張した。彼等は主として1880年代に受容された社会進化論の原理に基づいて「生存競争」「弱肉強食」「適者生存」ということばを使いながら、競争に生き残るためには教育を通じた実力養成が最善であると主張した。例えば、大韓自強会の尹孝定は「生存競争を知らなければ、個人は奴隷の恥を免れる者がなく、生存競争を知らなければ、国家は版図の色を変えないところがない今日二十世紀に生存する我が同胞は生存競争の要義を励精探究したまえ」[60]と述べており、西北学会においても「教育の盛衰は国家勝敗の原因」[61]という認識があった。このような立場から彼等は、全国各地に近代的な学校設立を推進し、

表 1-4　大韓帝国末期の学会

(1909 年)

学会名	設立	基盤地域	設立者・会長	目的	会員数	機関誌
畿湖興学会	1908	京畿道 忠清南北道	金允植 趙民熙	興学、畿湖学校の維持	305	「畿湖興学会月報」(1 - 12)
興士団			金允植 兪吉濬	国民教育普及方針の研究 教科書の発行、農林講習所開設	69	
敦義学会	1908	漢城	金重煥	私立学校（華東普通学校・養閨義塾）の維持費補助	300	
輔仁学会			金基元 羅壽淵	私立輔仁学校の設立維持	405	雑誌発刊
法学協会			朱定均 洪在棋	政治、法律、経済の学理討究	190	「西北学会月報」(1 - 19)
西北学会	1908	平安南北道 黄海道	呉相奎	教育学芸の普及発達 私立西北協成学校の維持	2,388	「嶠南教育会雑誌」(1 - 12)
嶠南教育会	1908	慶尚南北道	朴晶東 李謙来	教育の振興	468	「湖南学報」(1 - 9)
湖南学会	1907	全羅南北道	劉禧烈 尹柱瓚	湖南の教育発達	565	
関東学会	1907	江原道	朴起東 南宮檍	教育の振興 江陵郡支会、原州郡支会では私立学校計 5 校設立	378	
開城学会		京畿道（開城郡）	韓教序	京畿道開城郡の教育発展 成均館崧陽書院、私立崧陽学校の維持	109	
会寧四民学会		咸鏡北道（会寧郡）	姜俊圭 全済億	教育殖産の普及 会寧実業学校経費補助	317	
文化学会		咸鏡南道（安辺郡）	崔基弘 朴景洛	教育の普及統一 各私立学校奨学	124	
平北耶蘇教学会		平安北道（宣川郡）	金錫品 魏大模（米国人）	教会学校の振興	26	
大韓中央学会	1908		姜玧熙 李道宰	実業教育及び学術の普及	-	
咸南教育会		咸鏡南道（永興郡）	権永鎬	教育学芸の普及	-	

出典：馬越徹『韓国近代大学の成立と展開』名古屋大学出版社、1995、p.76。

私立学校を設立したが[62)]、そこで行われた教育の内容はおおむね精神的な側面に制限されていた。その理由は、民智開発と国権回復を理念としていたが、その理念を達成するための物質的な土台が微弱であったゆえに、主として愛国主義、国家精神を強調する傾向が強く、それによって個人の人権は忠君愛国の中へ埋没されていった。基本的に彼等は愚民観に基づき国権回復のためには、愚民を徹底に教育するべきであると強調していた。「文明開化論者」はこれを「国民教育」という次元でとらえていたが、彼等が義務教育制度の実施を主張し[63)]、全国的に学校を設立させようとしたのは、まさにこのような脈絡の上でのことである。

しかし、愚民観を徹底した彼らにとって「民衆は統治され、教化されるべき対象にすぎ」ず、「国権回復という大きな目標を達成し、窮極的に彼等が主導権を握った近代的な民族国家を建設するためには、彼らの理念に呼応する受動的な民衆だけが必要」であったのである[64)]。したがって、彼らは単に学校教育ばかりではなく、学校教育以外の教育、すなわち、より多くの民衆を啓蒙していく必要があったと思われる。

このように、学会において実力養成のために強調された領域の一つは教育であったが、いま一つの領域は殖産興業であった。殖産興業活動を通して資本主義的生産関係を発展させようとした議論は初期の開化派知識人によっても強調されていた。それは、従来の地主制は維持しつつ、その地主の資本を利用して近代的な産業資本を形成し、そのためには西洋の近代的な会社制度や発達した技術文明を受け入れて産業部門を発展させるべきであるということであった。このような議論は、甲午改革（1894～1896）以後、特に大韓帝国の成立（1897）を機に行った改革で本格的に現れるようになった。大韓帝国政府は、技術の教育を重視し、外国に留学生を派遣して紡織、製紙、印刷、養蚕技術などを習得させる一方で、国内では商工学校、砿務学校などの各種学校と工業伝習所などを設立した。また、政府自らが鉱山局・鉄道局等の機関を設置し、産業活動をも試み、このような政府の活動と並んで、民間産業も少しずつ発展していった[65)]。

このような殖産興業論は、大韓帝国末期の開化派知識人たちによっても活発

に議論・主張された。すなわち、彼らは「国富を増進させ、国民の衣食が足りてからこそ国権伸張を成し遂げることができる」[66]という立場であった。このような立場から学会では、当時の知識人によって西欧の近代経済学が紹介され、殖産興業の方策について多様な意見が提示された。また、学会では殖産興業を推進する組織も作られた。例えば、大韓協会では国内の実業状況と前進方法を調査研究するための実業部を設置し、農業、砿業、漁業、工業団体、交通運輸機関、実業団体、銀行の設立などに関する事項を調査研究するようにしていた[67]。西北学会でも農工商業の改良発達のために実業部を組織し、その運営のための基金を募集し、また各地方には支部を置いていた[68]。さらに、西北学会では農林講習所を設置し、農業経営のための教育をも実施した[69]。

以上のように、学会では、教育と殖産興業を通した近代化と実力養成を主張しており、窮極的にはその活動を通じて国権回復をめざしていたのである。それでは、このような趣旨で設立された各種の学会において社会教育はどのようにとらえられ、展開されていったかについて検討したい。

2）「学会」における社会教育概念の導入およびその性格

既述したように、これまで韓国では、一般に「通俗教育」は日本の社会教育の前身としてしか認識されず、また、「社会教育」という用語および概念も、「日韓併合」（1910）以後の日本植民地時代に朝鮮人を同化させるために、日本によって初めて導入されたといわれてきた。このような定説の根拠資料として主として取り上げられているのは、「大正7年道知事会議の際社会教育に関し、各道知事の意見を徴し注意を喚起し」[70]たという朝鮮総督府の記録や、1922年朝鮮総督府学務局が著した『学校を中心とする社会教育状況』などである。1919年に、幣原坦が『朝鮮教育論』で「教師と社会教育」[71]というタイトルで当時の朝鮮の社会教育について記述していることや、高橋濱吉[72]が『朝鮮教育研究会雑誌』で「社会教育を論ず」[73]という論文を3回にわたり連続掲載していることなどをみても、日本植民地時代に1920年を前後にして「社会教育」という用語が朝鮮で続々と登場し始めていたことがわかる。

しかし、前節で検討したように、大韓帝国末期における学部の学務局の業務に、「通俗教育に関する事項」が登場しており、それには日本との密接な関係

がみられた。このような史実に基づいてみれば、同時期における日本の「社会教育」の導入も考えられるが、当時、学部においては、「社会教育」という用語はみられない。ところが、「社会教育」という用語や概念は、当時の韓国知識人たちによって自主的に導入され、広く使われていたとみられる。それが確認できる代表的な史料として、大韓帝国末期に主権守護と国家保全のために当時の知識人が組織した愛国啓蒙団体である各種「学会」の機関誌が挙げられる。

　まず、これらの「学会」の機関誌の中でも最も早い時期に「社会教育」という用語が登場したのは、『大韓自強会月報』[74] 第1号（1906）に掲載された同会の日本人顧問であった大垣丈夫[75] の「教育の効果」という題目の次のような演説であった。

> 教育には家庭教育と学校教育と社会教育の区別があり、社会教育の中にも数種の分類があるが、すなわち、新聞を読んで内外の形勢を知り、世事の善悪を知ることがその一であり、演説を聞いて政治の得失を知り、事物の是非を知ることがその二であり、図書館の内外書籍を播読して古今成敗興亡の由来を知り、内外先哲の所説を覚えることがその三である。（中略）　これを要するに、幼者と少年は家庭教育と学校教育の二種に属し、丁年以上は多く社会教育の範囲に属するので、文明国では新聞の効能と演説の感化力を激称して国民教育に著大な効果があるとし、上下が勧奨するが、（中略）家庭教育と学校教育は10年ないし15年を経過しなければその効果が言えないが、社会教育の中、新聞と演説は即時人心を感動させ、国民の意思を左右するのに偉大顕著な効果があるといえるので、これは世界文明国の実験上、誰でも皆承認し、反対する者が嘗ていないのである。… [76]

　ここにみられるように、社会教育は、学校教育と家庭教育に分類されない第3の教育領域としてとらえられており、その教育対象は主として青年・成人であった。また、それは「国民教育」に効果が高いこととして語られている。この大垣の演説のほかに、同誌の第1号と第7号、第8号においても韓国人会員による社会教育の言及がみられるが[77]、具体的な説明は行われておらず、教育の種類を論じるにあたって学校教育、家庭教育、社会教育の分類法だけを述べている。また、在日韓国人留学生が組織した太極学会の『太極学報』第16号では、日本の利根川与作の『家庭教育法』[78] の翻訳が掲載されているが[79]、その中においても社会教育は学校教育以外の教育、とりわけ成人教育に該当する

ものとして記述されている。その内容は次のとおりである。

> 児童が小学校に入る前に施行する教育はもちろん、其の在学中と学校以外において行う教育はすなわち、家庭教育である。また、進んで中等教育の学校に入った後にでも感情猛烈な青年時代には恒常思想が堅固ではないため、すでに普通教育を終えると所謂成年時代に達して父兄の干渉が減少するので、より社会教育の必要を認める。この社会教育も多大に家庭教育の補助を必ず借りるのである[80]。

この翻訳文が載せられた『太極学報』には教育分類法だけにとどまらず、韓国における社会教育の必要性を主張している論文もみられる。それは、蔡奎丙が「社会教育」という題目で載せた次の論説である。

> …欧米各国では社会教育を熱心是図するが、欧米では其の教育機関が具備しており、また其の教育方法が完全である。新聞雑誌等を以って科学的知識と政治上得失と社会上公論を国民に教誨し、毎日曜日に諸先進家が各処に散在した教会及び学校内で講演会を開き、倫理上観念と公共的精神、国家的思想、文芸上精華などを国民に教え、自国同胞に其の個人的品性を善良にし、また其の国民的人格を高尚にし、自国の目的に適合した人物を養成する。現今我邦の状況を回顧すれば、二、三有志士が新聞雑誌を発刊し、社会教育に注意を怠らないけれども、まだ其の機関が準備されておらず、其の範囲が狭小であって多数の国民を指導し難そうである。熟考すれば、我邦のように教育がまだ十分でない国家にはもっと社会教育の必要があるのは他でもない。たとえ学校を拡張して教育を奨励しても三、四十歳以上の人は学校に入って正式な段階を経て学ぶのは不可能であるので、まず社会教育の方策でこれを一時救急するのが必要であるとし、我邦の諸先進家に告ぐ。政治家、軍人家、法律家、文学家、実業家を問わず、余力を利用して、文章や演説で無学な同胞兄弟を啓発すべきである。[81]

つまり、社会教育は、教育基盤が整っていない韓国においてこそ「無学の同胞兄弟を啓発」し、「自国の目的に適合した人物を養成」するために必要なことであり、その教育の主体は、政治家、軍人、法律家、文学家、実業家等のような「先進」、すなわち彼等自身のような開化派知識層・指導層であった。

このように社会教育の必要性を語っているのは、1908年1月に「西友学会」と「漢北学会」が合同されて新しく組織された「西北学会」の『西北学会月報』においてもみられる。1909年12月1日、同誌第1巻第18号に松南は、海山

第1章　大韓帝国末期（1906～1910）の社会教育の導入　*59*

朴先生の「仍旧就新論」を儒林同志に紹介しているが、その中には、「学校教育と社会教育が正路を共に得て全国青年に、一方では道徳上涵養を受得させ、一方では物質上研究を理解させれば、其の品行は謙慕した徳儀を発現させることができるであろう」[82]という一文がある。また、同号で「国民の普通知識」という題目で春夢子という人物も「我邦は学校教育と社会教育が成立していないので、国民の普通知識が未開である。そのため、今日人類の生活上維持方法を知らないので、このような状況に至ったのである」[83]と論じながら、国権喪失の危機を慨嘆している。この二つの論説でも明らかなように、当時、開化派知識人の間では、社会教育は家庭教育と学校教育に分類されない第3の教育概念として認識されており、その際、社会教育は、学校教育とともに国権擁護のための民衆啓蒙、すなわち「国民」教育の一手段としてとらえられたということができる。つまり、当時の開化派知識人は国権回復を目的とした愛国主義、国家精神を強調する教育を行ってきたが、このような傾向は、学校教育においてだけではなく、社会教育においても同様であったことがわかる。

　このように、社会教育は、日本の侵略意図が徐々に浮き彫りになっていた大韓帝国末期に、国権擁護という切迫した課題を目の前にした状況の下で「民衆」を「国民」あるいは「民族」という概念で結びつけ、彼等を啓蒙して自分たちの力で近代国民国家の形成を達成しようとする過程において導入された概念であるということができよう。『太極学報』第22号をみれば、「一般同胞よ、学校教育を拡張して大事業する英雄を養成し、社会教育を組織して大奮発する民族を結集するのだ」[84]と書かれており、社会教育は「民族統合」のために学校教育とともにその必要性が論じられている。また、太極学会と同じく日本で組織された大韓興学会の『大韓興学報』第6号に「我韓社会観」という論説が掲載されたが、ここでも社会教育は「全般国民の頑固暗弱な思想を革新」させて「団体的国民」を作り上げ、「神聖なる社会」、つまり近代国民（民族）国家を組織するための手段として描かれている。その具体的な内容は次のとおりである。

そもそも社会という者は吾人を離れては存在不能であり、吾人は社会を離れては生活できない。吾人は即ち社会を組成する元素であり、社会は即ち吾人の生活する機関である。（中略）文明を増進させ、国力を発揮させ、或は国粋を保全させ、国を安定させようとする者は必ず社会である。実際に社会を調理するには不完全な社会を破壊して完全な社会を組織し、或は腐敗した社会を改良して神聖な社会を作成するに在る。（中略）それでは病を治して神聖な社会を組織するためには将来何を始め、亦将来何を施すべきか。一曰く、社会自治制である。今この社会の秩序が頽廃し、個人が分立した時代にあたって国民が信頼する方向を失い、長夜彷徨し、奔投する所ないので、まずこの一般国民の良心公徳と正義大道を標準にして国民の啓発および統一を目的とした社会を組織し、韓半島に離散した朝鮮魂を喚起し自国思想を発揮させることで、国民の向背することを示す必要がある。（中略）二曰く、社会教育であるが、若し以上のような神聖な社会を組織させたいなら、各個人にして個人的地位を脱し、普通主義即ち団体主義で変わりゆく知識を啓発指導することである。これについては社会的教育学制を設け、初等教育および中等高等教育を施すのはもちろんであるけれども、我国の現状で順序的教育を短期間で普及させるのは到底可能でない。それ故、普通で全般国民の頑固暗弱した思想を革新する教育機関を設け、融和陶冶して国民の一致団結をさせることが尤も急務であると思惟するのである[85]。

　以上のように、当時、社会教育は「国民の啓発および統一を目的とした社会」＝国民国家を組織するにあたって、それに必要な思想や知識等を短期間で普及させるために求められていたと思われる。つまり、社会教育は、大韓帝国末期に日本による国権侵害に不安を感じていた開化派知識人が国権擁護の目的で、学校を設立し教育救国運動を遂行しようとしたが、実際の運営においては財政的困難があり、また制度上においても1908年の私立学校令の制定によって韓国人の私立学校の設立が難しくなってきたため、こうした教育普及の危機を克服し、また教育の対象を単に児童だけに局限せず、青年、労働者、成人等までに広げ、幅広い民衆啓蒙を通して国権を守るために着目した概念であったと思われる。

　大韓帝国末期、すなわち1905年の第2次「日韓協約」の締結以後、韓国に統監府が設置されることによって、当時の韓国はどの時期よりも教育の重要性が強調された時期であった。1906年1月7日、『大韓毎日申報』に載った「今日、大韓人士が国家を維持し、種族を保全する方針は、教育以外に他の策はな

いが、但し由来積痼した弊習に因って、教育が容易に振興出来ない者がいるので…国民教育を日新又新させ、国家を維持し、種族を保全したまえ」という記事からもみられるように、当時は「国家保全」のための「国民教育」の重要性が論じられた時期であり、また、その時の教育における主体は、「大韓人士」、つまり知識層として、結局民衆は彼らが主導する教育によって「国民」として生まれ変わるべき存在であった。このような状況において当時、学校の設立は最も大きな課題であったが、短期間により多くの民衆を教育させなければならなかった彼らにとって、学校教育だけでは力不足であった。それゆえ、学校教育以外の教育の必要性が浮かび上がるようになり、そうした状況の中で、「社会教育」概念が導入されたと考えられる。

　先述したように、「社会教育」の用語および概念は、日本において成立したものである。それは近代国家形成に必要な構成員の「国民」を形成していく過程で、学校教育との関係において創られた概念である。このような社会教育概念は、国権喪失の危機に置かれていた大韓帝国末期の開化派知識人によって韓国に導入され、民衆に対する教育および啓蒙のための教育概念として強調されたのである。

　ところが、その大半が官僚・儒者・地主などの両班出身であった開化派知識人の社会教育論には、基本的に愚民観が前提となっており、したがって彼等は、民衆を自分たちが主導する教育によって啓蒙され、統治される対象としてとらえていたということができる。すなわち、愛国啓蒙運動において論じられた「国民教育は、基本的には抗日精神＝ナショナリズムを中核とする民衆教化であり、民衆を国権回復へと奮い立たせ、ひいては朝鮮ブルジョアジーがヘゲモニーをにぎる民族国家を建設するためのイデオロギー的装置であった」[86]という指摘からもわかるように、「社会教育」概念もこうした「国民教育」の普及のための手段として、開化派知識人によって積極的に導入されたということができよう。

　このように、大韓帝国末期の開化派知識人が認識・導入した「社会教育」概念は、日本のそれに影響を受けたようにみられるが、その理由の一つは、「社会教育」という用語の使用だけではなく、社会教育を学校教育と家庭教育に分類

されない第 3 領域として分類する方法においても日本と同様であり、その当時、開化派知識人の間では学校教育、家庭教育、社会教育のように教育概念を領域別に分類することが、一般的だったと思われる。すなわち、こうした領域別教育分類法は、上述した各種の「学会」だけではなく、1908 年 1 月、京畿道と忠清南・北道を中心に組織された畿湖興学会[87]をはじめ、西友学会[88]、佐伯剛平を日本人顧問として置いていた[89]大東学会[90]等においても発見することができる。

　さらに、当時の新聞においてもこの分類法はみられるが、例えば、上述した大韓自強会の日本人顧問であった大垣丈夫の「教育の効果」という演説が『大韓自強会月報』(1906.7) よりも早い 1906 年 5 月 24 日の『皇城新聞』に掲載されており、1910 年 5 月 26 日の『大韓毎日申報』の論説「理想的教育制の考案」では「現今韓国は新教育を要する時代が到来して新教育制を要するが……（中略）教育とは、いわゆる社会教育、学校教育、家庭教育、普通、専門、実業、精神等という分類によって……（略）」という一文を発見することができ、こうした教育分類法は 1907 年 9 月 16 日付の『皇城新聞』にもみられる。そして、『皇城新聞』の 1907 年 9 月 2 日付には、僻地にあり、交通が不便な坡州郡に「社会教育」の必要から「新聞雑誌縦覧所」が設置されたという記事がみられ、また同紙の 1908 年 7 月 22 日付には「京城南部鋳洞の近くに日本人が自動人形の演劇場を設立し、昨日から開設して諸般奇異な美術が多くあるそうであるが、その趣旨は社会教育的美術に一大参考件として一般観覧者に提供するそうである」という記事がみられるが、これらの新聞記事からは新聞や雑誌、講演、人形劇のような活動が社会教育的活動としてとらえられていたことがうかがえる。

　ところが、このように当時の新聞や学会などにおいて頻繁に「社会教育」概念が使われているのに比べ、学部で行政用語として使われた「通俗教育」に関する記述は、管見の限り、ほとんどみあたらない。ただ、『大韓自強会月報』第 5 号の「論我教育界の時急方針」において沈宜性が通俗教育について少し論じているものの[91]、その内実が把握できるほどのものではない。すなわち、行政用語としては「通俗教育」が、民間の知識人の間では「社会教育」が主に使わ

れていたと思われる。これは、1921年まで行政用語としては「通俗教育」が用いられ、「社会教育」という用語は民間の通用語としての地位しか持っていなかった[92]日本と類似している。

「社会教育」が日本からの導入と思われるもう一つの理由は、韓国において最初に「社会教育」という用語を使ったとみられるのが日本人だからである。すなわち、各種の学会誌に掲載された論文のうち、最も早い時期に「社会教育」を言及しているとみられるのが、大韓自強会の日本人顧問であった大垣丈夫の演説である。また、在日韓国人留学生が組織した太極学会や大韓興学会等の機関誌においては、国内における他の学会より比較的早く「社会教育」に関する論説が登場していた。さらに、これらの留学生による学会が、韓国内の学会や新聞社などとの交流および情報交換があっただけではなく[93]、韓国内に地方支会を設立していた[94]点などから、日本の社会教育の影響は十分に推察することができよう。

しかし、韓国における社会教育には、日本の社会教育とは多少異なる性格もうかがえる。すなわち、大韓帝国末期には、まだ近代学校教育の経験が一般化しておらず、社会教育は近代学校教育の経験を普及するためにも必要であるという議論もあった[95]。つまり、韓国においては社会教育が、学校教育制度の建設や日本による学校教育制度の強制・導入と並行する形で導入され、学校教育普及のドライブとして用いられたという側面が強いといえる。これは、日本の社会教育が学校教育の経験がある程度普及し、かつ、学校の機会均等に基づく人材の選別と社会的上昇の機能が不全に陥ることによって、学校の補足・拡張・移行・代位およびその他等の形態をとって発展してきたとされる[96]こととは、多少の相違をみせているといえる。

（2）　社会教育的実践としての夜学活動

以上で、大韓帝国末期の開化派知識人たちは、国権擁護を志向し、民衆の意識啓蒙のために、学校教育以外の教育概念としての「社会教育」概念に着目していたことがわかった。当時の開化派知識人たちは、社会教育概念を実践するにあたって、新聞、雑誌等を発刊したり、講演会も開催したりしたが、民衆と

直接触れ合うことができる方法として教育施設の設立にも努力を注いでいた。すなわち、当時の開化派知識人は私立学校を設立し、学校教育の実践に努めていたが、その一方、多くの夜学を開設して教育を受けられない児童や労働者、婦人などの一般民衆にも教育活動を展開していた。

姜東鎮によると、韓国に初めて設立された夜学は、1907年に開設された馬山労働夜学といっているが[97]、これに対してキム・ギウンは1906年に設立された咸興郡川西面新中里の普成夜学が最初であると反論しており[98]、また、石川武敏も1921年9月20日付の『東亜日報』に陵洞夜学堂が15年前に設立されたという記事を根拠にしながら韓国における夜学の出現時期を改めた[99]。ところが、『皇城新聞』によれば、実際には1905年からも「懿法会夜学」[100]をはじめ、「日語官立学校夜学科」[101]、「皇城義塾私立夜学校」[102]、「普成学校夜学日語科」[103]、「私立日語専門永成夜学校」[104]などの夜学があったことがわかる[105]。また、その後は夜学の設立が徐々に増え、1905年から1910年までの『皇城新聞』に掲載された記事だけを整理しても、表1-5のように、225の夜学が設立されており、特に1908年から1909年にかけて夜学が急増していたことが注目される。この時期における夜学の急増は、1908年8月26日に「私立学校令」が制定され、私立学校の設立条件が厳しくなったことと無関係では

表1-5　1905～1910年の夜学設立状況

設立主体　年度	有志（個人）	私立学校	各種団体	官公立学校	地方官吏	その他および不明	計
1905	3	1	2	1	—	—	7
1906	6	3	3	1	2	—	15
1907	11	9	1	3	1	2	27
1908	36	22	5	—	3	1	67
1909	30	21	6	—	6	—	63
1910	13	13	7	—	9	4	46
計（%）	99（44%）	69（30.7%）	24（10.7%）	5（2.2%）	21（9.3%）	7（3.1%）	225（100%）

出典：『皇城新聞』1905年1月～1910年9月より作成。

ないと思われる。それは、当時、夜学の設立主体の 7 割以上が地方有志や私立学校であったことをみても推察できよう。

　当時の夜学に関する新聞記事をみると、その大半が広告や現状紹介にとどまっているが、その目的がはっきりと見て取れる記事もいくつかみられる。1908 年の『皇城新聞』には「嗚呼、近日各処に樵牧夜学と労働夜学が稍稍発現するが、此は我韓文化開進に最好消息である」[106]という一文とともに、その夜学の目的は「人民の智識と国家の文化」[107]を発達させ、「自主独立の精神と堅忍不抜の性質を鍛錬養成」[108]することであるという記事が載っている。また、『大韓毎日申報』に載せられた「現我韓人が外人の圧制を受けることは、普通学識があれば国民の資格を尋得し、国権回復に万一之助が効くといわれており、夜学科を設立し、熱心上学する」[109]という「三港の労働夜学」の近況報告や、「労働夜学を設置・開始して樵童牧竪に国民的精神を歌謡に作って教授するが、労働学員が四十名余りに達したそうである」[110]、「大抵昼耕夜読は古来所有であるが、全国同胞が此を模範して僅々孜々すれば、国家の幸福が莫大になると、その方法に対する称賛が絶えないそうである」[111]という白川郡の労働夜学校に関する記事などによれば、当時の夜学は国権擁護のために開設された側面が強かったことがわかる。

　このように、当時の知識人が学校教育以外の夜学を通して民衆の意識を啓蒙し、国権を回復しようと努力した姿は、大韓帝国末期の代表的な啓蒙運動家であった朴殷植（1859 〜 1925）[112]にもみられる。朴殷植はかつてから義務教育の実施を主張するとともに、すべての国民を新知識で教育するためには成人と貧民のための「夜学」を設置し、学校とともに併行させるべきだと主張した[113]。このような夜学に対する朴殷植の主張は、ソウル市内の「汲水商」に影響を及ぼし、朴殷植が会長をしていた「西北学会」に多くの汲水商が夜学の設置を要求してくる事例もあった。このような要求に対し、朴殷植は、同学会の機関誌『西北学会月報』[114]に「労働同胞の夜学」という論説を発表したが、その主旨は、生活維持にも精一杯の汲水商までが新知識と学問を習おうとすることに韓国民族の将来の希望があると述べ、労働同胞の夜学請願を高く評価し、一方、これに比べ、国が危うい時に新知識を習おうとしない両班の子弟を叱責しなが

ら、国民教育の必要性を力説している。次はその一節である。

> 今日我韓学界に第一の好消息が発現した。即ち我西北学会に汲水商の夜学請願が是である。思うに此汲水商諸氏は……その生活の困難と身世の凄涼が果何如哉。今日慨然奮発し、相互協議し、昼には労働し、夜には学ぶように、本学会に真心に求めた。これは、時局の情勢を観念したことであり、国民の義務を感じ、自家の成立を志願したことである。これは世界でも希なことである。いったい誰が歓迎の喝采をせず、熱心に持導せずにいられるのであろうか。
>
> 本記者がここで右の労働同胞の夜学する誠心をあげ、我々全国2千万同胞に一致勧告する。……その労働同胞が学問に従事するのに、若者が国民の責任を考えず、男児の士気を失い、学問をしてないのである。
>
> 嗚呼、我々2千万同胞よ。その汲水商の身分でも、このような開明目的と発達思想で学業に注意し、勤勉不怠する。凡我々同胞の中、目があり、耳があり、心地がある人なら、これについて感じ、同参する思想を持つだろう。我々全国社会に上流と中流と下流を拘らず、すべてが教育を受け、普通学問や普通知識が発達する日には、我々の自由を獲得することができよう。わが国の自立を克服することができる。嗚呼、その考えを深め、努力すべきである[115]。

この論説が発表された後、実際、朴殷植が活動していた「西北学会」では1908年、「汲水商夜学」を設立し、汲水商に対する教育を運営するようになった[116]。このように、当時の知識人たちは夜学を通して民衆の教育・啓蒙に取り組んでいた。ところが、このような取り組みの背景には、当時の韓国にはまだ学校教育がほとんど普及されていなかったという状況とともに、学校の新設および運営のための財政的・制度的困難という問題があったと思われる。「国家の文明啓発が、教育にあるということは、有志者がつねに言っていることである。ところが、国内の教育が今日にいたるまで発展できなかったのは、何故なのか。一つは、財政であるといえるが、実は、政府以下一般人民が誠実さを発揮しないことに起因するといえよう。しかし、最近官立学校は国庫金を使用するので困難がないが、各私立学校においては有志者の援助は限界があり、学校の用度は程域がなく僅々経過するのが殆どである」[117]という論説の一節から、当時の私立学校の経営上の困難さがうかがえる。同論説では、こうした状況の中で「我同胞」が「熱心に協同して子弟を教育することは人民の義務である」と述べながら、「教育の基礎を確立することを切望」し、「教育すれば、こ

の国権を回復」することができると信じていた[118]。

　また、当時は制度上においても、1908年に「私立学校令」が公布されることによって、私立学校の設立が難しくなったので、新教育を通した外部勢力の侵入危機の克服とともに、自国の近代国家としての成立を図るためには、経済的・制度的な制約が少ない新しい形態の教育が必要であった。それゆえ、当時の知識人たちは学校教育以外の教育概念、すなわち社会教育概念に注目し、それを実践に移していく過程で夜学に着目するようになったと思われる。当時、夜学を設立・運営していた学会には、『皇城新聞』に掲載された記事だけをみても、国民教育会をはじめ、西友学会、西北学会、大東学会、湖南学会、畿湖学会等がある[119]。

　夜学は、明治維新以後、日本政府が1872年「学制」を公布し、義務教育を推進する過程で、経済的貧困による中流以下の民衆における就学率の低調のために、各地方当局が就学を督励すると同時に、家庭の貧困によって昼間就学できない学齢児童や学齢超過者の教育的要求を収斂するために設置され始めた代表的な社会教育的活動である[120]。このような夜学は、統監政治下の韓国においても官公立学校や地方官僚によって行われていたが、地方有志および私立学校、学会などを中心にした夜学設置が大半を占めていた。

　大韓帝国末期に日本で活動した大韓興学会の機関誌に姜筌という会員が、「急進的社会改良策を内国志士諸公に望む」という論説で、「教育は即ち国家の精神を鼓吹し、人民の生活を援助する者で、全般国民の現世普通の常識が最も緊急であるが、……教育は普通常識を奨励し、失学壮年のために夜学校を拡大設置するのは如何なるものであるか」[121]と、夜学の設立を提案しているように、大韓帝国末期に設置・運営された夜学は、国権喪失という危機を乗り越えるための民衆啓蒙活動の一環として「民衆」に「国家意識」あるいは「国民（民族）意識」を鼓吹させ、国権回復を達成しようとする性格を持つ教育活動であったのである。このような活動は、開化派知識人が私立学校を設立し、国権回復運動に資するように努めた学校教育活動とともに行われた代表的な社会教育的活動であったということができる。大韓学会が、国権回復のための「我韓の急務」は「国民的精神を奮発すること」[122]、「国民的団合精神」[123]を培養

することにあると強調し、「物質的教育（工商政法及びその他百門科学のような新学問—引用者）が急務ではないというわけではないが、今日韓国は精神的教育時代である」[124]と、教育の重点を独立のための精神教育に置いているのも同じ趣旨である。つまり、大韓帝国末期の開化派知識人たちは、国権擁護と民衆啓蒙のために社会教育概念を導入し、その実践の一つとして夜学を利用していったと思われる。

　ところが、当時に行われた夜学の教育内容をみると、民族意識を高めるための内容として国文（ハングル）や漢文、歴史、政治などが教えられたところもあったが、大半の夜学では民衆の日常生活に役立つ内容が重要視されていたといえる。すなわち、多くの夜学では、主として国文（ハングル）をはじめ、日本語、算術、簿記等が教えられており、その他には農業、商業、英語、法律等も多く教えられていたのである。例えば、「平北碧瀧郡北面板中里の農家子弟は、愛国思想を発し、学問の必要を悟っていたものの、本業である農作の発展を図ることはできなかったのである。したがって、昼耕夜読を行うことにし、本里内の私塾に毎夜集会して、文字と算術を研究する者が5人いるが、金仁亨、金錫麟が義務として教授するそうである」[125]という記事にもみられるように、夜学は、愛国思想の鼓吹のための啓蒙的性格を持ちつつも、民衆の実生活における文明化・開発のための実用的性格をも内包していた。次の表1-6は、1905年から1910年までに『皇城新聞』に紹介された夜学の中で、教科目が明確に示された129校の夜学を整理したものであるが、実際、日本語が国漢文よりもはるかに多く教えられており、それ以外には、算術、簿記、英語、法律、農業、商業など、実際生活に有用な教科目が多く教えられていたのである。

表1-6　夜学の教科目（1905年～1910年）

教科目	国文	漢文	日本語	算術	簿記	歴史	地誌	商業	農（林）業	物理	英語	法律・政治	測量	その他
夜学数	24	19	76	50	19	8	7	7	8	5	20	22	3	7

出典：『皇城新聞』1905年1月～1910年9月より作成。

そして、夜学の主要なる対象は、農民や労働者自身とその子弟であった。それゆえ、当時には「労働夜学」や「農民夜学」という名称の夜学が多かった。例えば、黄海道長淵郡では「志士の張義澤氏等諸氏が該郡公立学校内に労働夜学を設立したが、開学から5〜6日目に学徒が約180名に至って」[126]おり、成川郡では鳳鳴学校の教師盧秉翼氏が「労働社会に教育が皆無であることを慨歎し、労働夜学校を自力で特設し、熱心に指導し、出席学生が40余名に達して」[127]いたのである。また、江陵郡長峴里では「崔燦九氏等が農人の子弟を教育するために各自の家に農人夜学校を組織設立し、学徒を募集・教授して」[128]おり、吉州郡では「泰成商会内に学校を附設し、商業界に従事する青年子弟を募集教育し、科目は国文、算術、史誌等と、商業に必要な書籍で教導して」[129]いた。このように、夜学の大半は当時の知識層や有志によって設立されていたが、労働者や農民自らの要求によって設立される場合もあった。すなわち、晋州郡では「当地の労働者たちが夜学講習所を発起して風雨の日も欠かさず熱心に登校し、教師金義源氏が名誉で教授し、開学してからまもなく学徒が60人に達し」[130]ていたのである。また、慈山郡の豊出第1・第2の両里では「青年農民たちが夜学校を組織し、三字経、初学階梯、算術等を教授したが、一ヶ所では学徒が入れず、三ヶ所に分けて」[131]教授していた。

このような夜学の教育内容において農業や商業などのような民衆の経済生活に関わる内容が多く盛り込まれていたのには、当時の開化派知識人が重視していた殖産興業運動の影響があったと思われる。学会の本部における殖産興業活動のための本来の活動は、殖産興業の必要性を強調する「教育=啓蒙」の次元のものであった。すなわち、啓蒙団体自らが資本を投資して産業を振興させようとする意志も持ってはいたものの、基本的には新聞や雑誌を通じて、殖産興業の原理を普及する教育・啓蒙活動をより重視していたのである[132]。

ところが、地方の地主や商人層を中心に設立された学会の地方支部では、その論理に基づいて実際的な実業活動を展開していた。例えば、大韓協会の場合、各支部に実業部を組織して教育や演説を通した啓蒙を行ったり[133]、農工商業の発達のための意見書を作ったり[134]、測量学校や農林模範場、夜学校を設置するなどの活動が行われた[135]。また、西北学会では、同会の農林講習所

で活動していた金鎮初が、当時の代表的な農業経済学者として日本留学から帰ってきて個人的に小学校を設立し、農会を組織したが、その農会は農法を改良して実業を発達させることを目的で、新聞・雑誌の閲覧所と国文夜学校も設置していた[136]。そして、学会の地方支部の会員であった多くの地主層や商工人によって近代的な会社や工場も設立された[137]。このように、学会に関わっていた当時の知識人および指導層の間では殖産興業が強調されており、それは学校や夜学の設立、新聞や雑誌の普及、演説会の開催などの教育・啓蒙活動を通して民衆に伝わっていたのである。

　以上で明らかなように、夜学は、開化派知識人が国権擁護という目的の下で民族（国民）教育と殖産興業を図るために設立された民衆啓蒙のための一つの場であったと思われる。その教育対象は、学校教育を受けることのできない数多くの子どもと、農民や労働者などで幅広く、その教育内容も識字教育から民族（国民）意識の昂揚、生計に役立つ農・商業関連の知識まで多様であった。つまり、大韓帝国末期における夜学は、民衆の国民化と殖産興業を通した国権擁護のために構築された学校教育を補完しつつ、その学校教育の経験を普及する役割をも担った代表的な社会教育の実践であったといえる。

注
1)　幣原坦は1900年官立中学校の教師として韓国政府に招かれ、日露戦争の結果、顧問政治が発足するや1905年2月学政参与官に就任し、「簡易」「実用」「速成」の3大原則に基づいて韓末の教育改革を指導、その後の植民地教育のための条件整備にあたった人物である。1906年統監府開庁とともに辞任、文部省視学官、東京帝国大学教授などを経て広島高等師範大学校長に在任中、総督府に招かれ12年ぶりに朝鮮を訪問するが、その時の視察をもとにまとめられたのが『朝鮮教育論』である。渡部学・阿部洋編著『日本植民地教育政策資料集成（朝鮮篇）』第25巻、龍渓書舎、1989、p.2。
【幣原坦略年譜】
　　1870年　大阪に生まれる
　　1893年　帝国大学文科大学（史学科）卒業・鹿児島高等中学校（造士館）教授
　　1898年　山梨県立中学校長
　　1900年　高等師範学校教授・大韓帝国政府の招聘（中学校の設立目的）により渡韓
　　1904年　文学博士の学位を授与される

1905 年　大韓帝国学部の学政参与官に就任
　　　1906 年　文部省視学官に就任
　　　1910 年　東京帝国大学教授兼任
　　　1913 年　広島高等師範学校長
　　　1920 年　文部省図書局長
　　　1925 年　「台湾大学」創設事務嘱託
　　　1928 年　台北帝国大学総長
　　　1942 年　興南練成院長
　　　1946 年　枢密顧問官
　　　1953 年　死去
　　馬越徹「漢城時代の幣原坦―日本人お雇い教師の先駆け―」『国立教育研究所紀要』第115 集、1988.3、p.146。
2)　1905 年から 1910 年まで日本が京城（ソウル）に設置した、統監を長官とする韓国支配機関。
3)　孫仁銖『韓国近代教育史 1885―1945』延世大学校出版部、1992、p.47。
4)　呉天錫著、渡部学・阿部洋共訳『韓国近代教育史』高麗書林、1979、p.125。
5)　井上薫「日本帝国主義の朝鮮における植民地教育体制形成と日本語普及政策―韓国統監府時代の日本語教育を通した官吏登用と日本人配置―」『北海道大学教育学部紀要』第58号、1992、pp.173 ～ 176。
6)　学部『韓国教育ノ現状』1910、p.31。
7)　学部『韓国教育』1909、pp.3 ～ 4。
8)　「教育ノ拡張」『東亜同文会報告』1906 年 3 月 26 日付（近代アジア教育史研究会編『近代日本のアジア教育認識・資料篇―明治後期教育雑誌所収中国・韓国・台湾関係記事―』第 4 巻、第一部韓国の部（4）、龍渓書舎、1999、p.401 に所収）。
9)　同上書、pp.4 ～ 5。
10)　呉天錫、前掲書、p.149。
11)　学部、前掲書、1909、p.10。
12)　書堂は、最も古い歴史を持つ一般民衆の教育機関として、開港以後近代教育機関が設立されるまでの、唯一の初等教育機関であり、かついずれも私設教育機関であった。書堂が本格的に発達したのは朝鮮時代であり、とりわけその教育的機能やその数において、社会的に重大な影響を及ぼすようになったのは、朝鮮中期以後である。当時の書堂は漢文を教え、郷校や四学（科挙試験の準備をするための京城にあった四つの学校）に入る準備をさせる一面とともに、純粋な童蒙教育の機能を持っていた。このような書堂教育の機能は 19 世紀末、近代的教育の展開とともに変化が起こるが、特に植民地時代に入ってから大きな変化が招かれる。すなわち、植民地時代初期には、すべての児童を受け入れる施設が整っ

ていなかったため、書堂に対し当局は、書堂の漸進的廃止や学校の代替という消極的な方針を基本としたが、1930年代に入ってからは書堂に対する取締をより厳しくしていったのである。盧榮澤『日帝下民衆教育運動史』探求堂、1980、p.79.;李明實「日本強占期社会教育史の基礎的研究―朝鮮総督府による施策の展開を中心に―」筑波大学大学院博士学位論文、1999、pp.37～39。

13) 呉天錫、前掲書、p.149（初出：韓国学部学務局『学事状況報告第6回要録』1910、pp.2～3）。

14) 同上書、p.183。

15) 朝鮮総督府『朝鮮ノ保護及併合』1918、p.378。

16) 通俗教育が導入されたとみられる大韓帝国末期にあたる当時の日本では、通俗教育以外に、社会教育概念も存在しており、その社会教育概念が韓国に導入された可能性もある。

17) 壬午軍乱（1882年）と甲申政変（1884年）以後、朝鮮社会を変革しようとする動きは農民戦争の形態で表出する一方、自力で農民軍を鎮圧することができなかった政権は、1894年4月、清に派兵を要請する。この際、機会を狙っていた日本もこれを口実に軍隊を派兵した。しかし、親日内閣を立てる構想下で、侵略してきた日本は、日本と清の撤兵を要求する朝鮮政府の要請を無視し、かえって内政改革の必要性を主張しつつ、干渉してきた。日本は農民軍が解散したにもかかわらず、清と一緒に内乱を鎮圧し朝鮮の内政改革が展開されるまで続けて軍隊を駐屯させることを提案したが、清がこれを断わると、日本は清と戦争をする口実を求める一方、朝鮮政府には内政改革案を提示し、施行するように強要し、ついには同年6月21日、朝鮮の既存政権を倒し、親日「甲午政権」を樹立させた。「甲午改革」は1894年6月から1896年2月まで、「東道西器系」開化派と親日開化派知識人等で構成された甲午政権によって、政治・経済・教育等社会全般にわたって近代制度を樹立した一連の改革運動をいう。甲午改革は日本の厳しい内政干渉と朝鮮人の反発の中で2年ももたないまま、幕を下ろしたが、その後、韓国における近代国家の建設運動に重要な位置を占めた。歴史学研究所『講座韓国近現代史』풀빛、2000、pp.45～49参照。

18) 孫仁銖、前掲書、p.27。

19) 高橋濱吉『朝鮮教育史考』帝国地方行政学会朝鮮本部、1927、p.200。

20) 同上書、pp.197～200。

21) ここで学部がいう「新教育」とは、旧来の教育、すなわち教育内容としては漢文を主に教え、教育方法としては「書堂」という私塾のような施設で「訓長」という一人の教師が教えていた形式とは異なり、「学校」という施設において、漢文だけではなく、修身や国語、日本語、理科などの様々な内容を韓国人だけではなく、日本人の教師もが教える新しい形態の教育である。ところが、当時一般的に韓国知識人が使っていた新教育ということばは、より広い意味で使われており、それは中国や日本等を通して入ってきた新しい形態の近代的教育であった。

22) 学部、前掲書、1909、pp.10〜11。
23) 同上書、p.11。
24) 古川宣子「朝鮮における普通学校の定着過程―1910年代を中心に―」教育史学会『日本の教育史学』第38集、1995、p.175（初出：学部『第二回官公立普通学校教監会議要録』1908、p.21および付録の p.15）。
25) 同上論文、pp.48〜54。
26) 学部、前掲書、1910、p.27。
27) 同上書、pp.23〜25。
28) 俵孫一「韓国教育の状況（下）」『朝鮮』1908年4月1日付（近代アジア教育史研究会編『近代日本のアジア教育認識・資料篇―明治後期教育雑誌所収中国・韓国・台湾関係記事―』第5巻、第一部韓国の部(5)、龍渓書舎、1999、p.274に所収）。
29) 「梅校의 学父兄会」『皇城新聞』1909年12月21日付。
30) 「経校学父兄会」『皇城新聞』1910年3月20日付。
31) 「学績展覧」『皇城新聞』1909年11月10日付；「三校展覧会」『皇城新聞』1909年11月13日付；「成績展覧会盛況」『皇城新聞』1909年11月14日付。
32) 学部、前掲書、1910、p.26。
33) 「韓国の一小学校実況」『教育時論』開発社、1908年3月5日付（近代アジア教育史研究会編『近代日本のアジア教育認識・資料篇―明治後期教育雑誌所収中国・韓国・台湾関係記事―』第1巻、第一部韓国の部(1)、龍渓書舎、1999、p.153に所収）。
34) 宮坂広作「明治期における社会教育概念の成立過程―社会教育イデオロギーの原形態―」『教育学研究』第33巻第4号、1966、pp.14〜15。
35) 1872年文部省が設立した書籍館は1880年に東京図書館に解消され、1897年の帝国図書館令の制定と1899年の図書館令の公布などを経ながら定着していった。博物館は創設直後の文部省に博物局が設置されるのを始めとして、その後文部省および内務省所管の2系通の博物館が存在し、内務省所管の博物館は続いて農商務省、宮内省へ移管されていった。文部省『学制百二十年史』ぎょうせい、1993、pp.49〜50。
36) 国立教育研究所『日本近代教育百年史』7(1)、1974、pp.381〜382。
37) 庵地保『通俗教育論』金港堂、1885、p.3。
38) 同書には、吉村寅太郎が書いた序文が載せられているが、その中の「行文平易引証的実にして下流の人と雖も解し得るもの甚だ少なきに似たり若し果して能く此書の通俗に行はるゝに至らは全国一般に普通教育の大切なることを知り皆競ふて子女を小学校に入学せしめ」るにいたるであろうと述べている一文からも通俗教育談話会の性格がうかがわれる。吉村寅太郎「通俗教育論序」、同上書、pp.6〜7。
39) 国民教育研究所、前掲書、pp.382〜383。
40) 同上書、p.383。

41) 同上書、pp.383；文部省、前掲書、p.51。
42) 東邦協会は、1891年に、副島種臣を中心に設立された団体で、主として「東洋諸邦及び南洋諸島に関する講究」を事業目的とし、報告を公刊し講談会を開いて、講究の結果を世人に示した団体である。ところが、この団体では、当時の有力な政治家や学者などが会員として活動していたが、その中には、伊藤博文、目賀田種太郎、斎藤実、宇垣一成、水野錬太郎など、以後韓国の侵略に深く関わった人物が多く、そして1894年の甲午改革をリードした朴泳孝や金允植も所属していた。この団体の設立趣旨をみれば、「国家の興亡は必すしも兵力の強弱に因るものにあらす、……西洋諸邦の実務を見るに、……頻に植民地を捜り、頻に貿易地を索め、西南諸州既に尽き、漸く我が東洋に及ふ、……此の時に当り東洋の先進を以て自任する日本帝国は近隣諸邦の近状を詳かにして実力を外部に張り、以て泰西諸邦と均衡を東洋に保つの計を講せさる可らす、……未開の地は以て導くへく、不幸の国は以て扶くへし、徒らに自ら貧者なるを怖れて袖手傍観するは是れ所謂る坐して亡を俟つの類にあらすや。……爰に『東邦協会』を興し東南洋の事物を講究する……」と示されているように、この団体は、純粋な学術団体というより、「国家膨張発展期の国策の背後における役割を果した」団体であったといえよう。安岡昭男「東邦協会についての基礎的研究」法政大学文学部『法政大学文学部紀要』第22号、1976、pp.61〜98参照。
43) 1897年に「大韓帝国」と国号を改称し、清国との宗属関係を解消した独立国家であることを示す前までには、「朝鮮王朝（李朝）」であった。
44) 「東邦協会と朝鮮教育」『教育報知』1894年8月25日付（近代アジア教育史研究会編『近代日本のアジア教育認識・資料篇—明治後期教育雑誌所収中国・韓国・台湾関係記事—』第1巻、第一部韓国の部（1）、龍渓書舎、1999、pp.264〜265に所収）。
45) 「朝鮮国を啓発するには先つ社会的教育法に依らさるへからす」『教育報知』1894年9月29日付（同上書、p.275に所収）。
46) 明治維新後の日本は、1868年11月、朝鮮政府に王政復古を告知してきた。しかし、その国書には日本の明治天皇を朝鮮国王の上位において、「皇」や「勅」の用語を使っており、朝鮮側は、それは従来の「交隣」関係を一方的に変更したものとしてその受理を拒否した。それを契機に、日本は、鎖国政策を固守してきた朝鮮を強制的に開放させるために、1875年9月20日に、朝鮮の江華島に日本軍艦雲揚号を侵入させた。江華島はソウルへの出入り口を扼する要塞として江華島と朝鮮本土間の水路は許可なく外国船が通過することを禁止しており、かつてフランスとアメリカ艦隊との激戦もあった。それを知っていたにもかかわらず、侵入してきた日本の雲揚号に対して朝鮮側は砲撃をし、日本はその反撃として永宗鎮に上陸して朝鮮兵を殺傷し、大小の銃砲を掠奪して長崎に引き揚げた。これが雲揚号事件である。日本政府はこの事件を絶好の口実として、1876年2月、一方的な不平等条約である江華島条約（朝日修好条規）を結んだ。その内容を概括すれば、朝鮮での日本人犯罪者に対する日本領事裁判権、釜山とその他二港の開港、日本商品に対する朝鮮関税権の

否認、朝鮮開港地における日本貨幣の流通などである。姜在彦『朝鮮近代史』平凡社、1998、pp.51〜56；歴史学研究所、前掲書、pp.34〜35；李進熙・姜在彦『日朝交流史』有斐閣、1995、pp.148〜152。

47) 18世紀末以降、西洋から流入されたキリスト教は、儒教的な社会秩序を根本的に脅かすものであった。それ故、保守的な儒者を中心とする従来の支配層は、既存の社会秩序を維持するために、正学（儒教）を守り、邪学（キリスト教）を斥けるという、いわゆる「斥邪衛正」を主張するようになったのである。金度亨『大韓帝国期의 政治思想研究』知識産業社、2000、p.225。

48) 同上書、pp.11〜24。

49) 開化派とは、従来の清国との事大的従属関係を断ち切って、近代的内政改革をめざした進歩的な政治勢力であった。開化派の大半は革新的青年官僚であり、その他に訳官や医者のような中人層（両班と常民との中間にあたる階層）インテリもいた。開化派は18世紀の実学思想を継承しながら、清国や日本を通じて資本主義諸国の大勢をつかみ、開放化を通して近代国家の建設をめざしていた。姜在彦、前掲書、pp.85〜88。

50) 1882年に起きた軍人暴動（壬午軍乱）を契機に、清と日本が激しく対立するようになり、また朝鮮の政界にも二つの勢力（守旧派と開化派）に分けられ、対立するようになった。そのなか、1884年12月に開化派が日本の援助を受け、王朝の内政を改革するために起こした政治的変乱が甲申政変である。すなわち、それは、当時の王妃（閔妃）を中心とする守旧的な閔氏政権を倒し、また清との従属関係を清算して国民主権国家の建設を指向した最初の近代的政治改革運動であった。しかし、清の武力干渉によって3日で終わってしまい、結果的には、守旧派を中心とする政権はよりいっそう保守的になり、朝鮮における清の勢力も強くなって朝鮮をめぐる清と日本の争奪戦も激化した。歴史学研究所、前掲書、pp.41〜44。

51) 上記の注15を参照。

52) 独立協会は、1896年7月、開化派の徐載弼の指導によって創立された。独立協会は、甲申政変や甲午改革の失敗の原因が民衆の支持を得られなかったところにあると反省し、独立協会の活動を大衆的運動として発展させる方法をとっていった。純ハングルの民間新聞として『独立新聞』を発刊し、清国に対する事大外交のシンボルであった「慕華館」を「独立館」に改修して大衆討論の場とした。ロシアや日本などの列強の侵略がより露骨になり、それに守旧勢力が妥協しようとすると、独立協会は1898年、万民共同会を開催し、青年、学生、市民を集めて、国の自主権を主張するなどの活動を広げた。このような独立協会運動は守旧派勢力によって約2年で終わったが、その開化思想が一部のエリートの思想の枠を越えて、大衆の中に浸透し、その覚醒を促したという点において、独立協会運動の意義は大きい。姜在彦、前掲書、pp.168〜173。

53) 金度亨、前掲書、pp.25〜26。

54） 学部『韓国教育ノ既往及現在』1910、p.19。
55） 孫仁銖『韓国開化教育研究』一志社、1980、p.118。
56） 조창현、「旧韓末学会의 教育活動에 관한 研究」延世大学校教育大学院修士学位論文、1983、p.27。
57） 孫仁銖、前掲書、1980、p.120。
58） 조창현、前掲論文、p.29。
59） 趙恒来『1900年代의 愛国啓蒙運動研究』亜細亜文化社、1993。
60） 尹孝定「生存의 競争」『大韓自強会月報』第11号、1907.5、p.7。
61） 張道斌「教育의 盛衰는 国家勝敗의 原因」『西北学会月報』第16号、1909.10、pp.9～10。
62） 孫仁銖、前掲書、1992、pp.31～32。
63） 尹孝定「本会会報」『大韓自強会月報』第3号、1906.9、pp.42～43；張膺震「我国々民教育의 振興策」『太極学報』第3号、1906.10、pp.7～14；姜曄「義務教育」『湖南学報』第7号、1908.12、pp.2～3；呂炳鉉「義務教育의 必要」『大韓協会会報』第2号、1908.5、pp.9～11 等が代表的な例である。
64） 金度亨、前掲書、pp.134～135。
65） 同上書、pp.138～142。
66） 張志淵「殖産興業의 必要」『大韓自強会月報』第1号、1906.7、pp.32～33。
67） 「大韓協会実業部規則」『大韓協会会報』第5号、1908.8、pp.63～64。
68） 「会事要録」『西北学会月報』第1巻第3号、1908.8、pp.45～47。
69） 李錫龍「祝賀西北学会内農林講習所」『西北学会月報』第1巻第16号、1909.10、pp.28～31；同誌、pp.61～62。
70） 朝鮮総督府学務局『朝鮮教育要覧』、1926、p.179。
71） 幣原坦『朝鮮教育論』六盟館、1919、pp.169～178。
72） 高橋濱吉は1887年6月岐阜県で高橋菊次郎の次男として生まれ、1913年広島高等師範学校英語科卒業後直ちに京城中学に赴任、以後総督府視学官を経て、長らく京城女子師範学校や京城師範学校などの校長を歴任した朝鮮教育界の代表的な人物の一人であった。代表的な著書としては『朝鮮教育史考』(1927)がある。『昭和人名辞典』第4巻（海外・満支・外地編）、日本図書センター、1987、p.63；渡部学・阿部洋編著、前掲書、p.4。
73） 高橋濱吉「社会教育を論ず（一）・（二）・（三）」朝鮮教育研究会『朝鮮教育研究会雑誌』第47・48・49号、1919。
74） 1906年3月に設立された大韓自強会の機関誌である『大韓自強会月報』は、1906年7月から1907年7月まで層13号まで発刊された後、廃刊されたが、他の学会とは異なり、最初から全国的な組織として始められており、その影響力は大きかったと思われる。
75） 大垣丈夫は1861年12月19日に日本の石川県金沢市西町で、大垣兵三郎の次男として

　　　　　　　　　　　　　第 1 章　大韓帝国末期（1906 ～ 1910）の社会教育の導入　77

生まれた。民権家であった父親の大垣兵三郎と石川県会の議員と衆議員を歴任した兄の兵次の影響で政治的雰囲気の強い家庭環境の中で育った。兄を手伝い、政治活動を始めたが、まもなく挫折を味わい、その後からは様々な新聞の主筆として言論活動を始めた。しかし、1902 年、博文館主を恐喝し、300 円を詐取した疑いで拘束される事件で、言論活動でも成功への道を失ってしまった。このような日本での挫折は彼に日本以外の国、すなわち、韓国での活動を模索するようにさせるきっかけとなったのである。大垣は韓国国民の教育と指導啓発のために努力し、日本の対韓政策を手伝い、国の御恩に報ずると覚悟して来朝したのである（池川英勝「大垣丈夫について－彼の前半期－」朝鮮学会『朝鮮学報』第 117 輯、1985.10、pp.65 ～ 84；김항구「大韓協会（1907 ～ 1910）研究」檀国大学校大学院博士学位論文、1993、pp.181 ～ 193 参照）。

　　大垣丈夫が韓国に来た時、その当時の代表的な民間新聞であった『大韓毎日申報』と『皇城新聞』には大垣丈夫に対する高い評価や彼の来韓を歓迎する記事－例えば、『大韓毎日申報』1906 年 2 月 24 日付での「賀大垣氏来韓」と、『皇城新聞』1906 年 2 月 27 日付での「感謝大垣君高義」－が載せられ、また、『大韓自強会月報』に載せられた彼の演説および論説は『皇城新聞』にも再び載せられたほど、当時彼に対する信頼と好感は非常に深かった。『皇城新聞』に載せられた大垣の演説および論説としては、同紙の 1906 年 2 月 26 日付の「告韓国諸君子書」、1906 年 5 月 1 日付と 5 月 2 日付の「大韓自強会趣旨」、1906 年 5 月 24 日付の「教育의 効果」、1906 年 6 月 19 日付の「韓国의 三大病을 論함」、1906 年 7 月 24 日付の「外国人의 誤解」、1906 年 8 月 21 日付の「義務教育의 本義」、1906 年 10 月 22 日付と 23 日付の「所感一則」、1907 年 2 月 21 日付の「韓国目下의 急務」、1907 年 4 月 25 日付と 4 月 26 日付の「本会의 将来」、1907 年 3 月 26 日付の「警告文」等がある。

　　大垣は、「教育の本来の目的」として、「教育とは人に事物の理を知らしめ、人生本来の義務と権利を覚らせ、自主向上の念を養成させ、衣食住の三つを完成させて、健全な国民として国家社会に立たせることにある」と説き、教育が国権の回復と独立のための基本条件であると強調している。池川英勝「大垣丈夫の研究－大韓自強会との関連を中心にして－」朝鮮学会『朝鮮学報』第 119・120 輯、1986.7、pp.549 ～ 551。

76）　大垣丈夫「教育의 効果」『大韓自強会月報』第 1 号、1906.7、pp.46 ～ 47。
77）　鄭雲復「家庭教育」『大韓自強会月報』第 1 号、1906.7、p.67；李鍾濬「教育論」『大韓自強会月報』第 7 号、1907.12、p.4；柳瑾訳述「教育学原理」『大韓自強会月報』第 8 号、1907.1、p.30
78）　利根川與作『家庭教育法』普及舎、1901.5。
79）　利根川與作の『家庭教育法』は、金壽哲によって翻訳され、『太極学報』の第 16 号（1907.12）から終刊号（1908.12）までにわたってほとんど毎月掲載されていた。
80）　金壽哲訳述「家庭教育法」『太極学報』第 16 号、1907.12、p.20。
81）　蔡奎丙「社会教育」『太極学報』第 1 号、1906.8、pp.23 ～ 24。

82）　松南「因海山朴先生仍旧就新論　告我儒林同志」『西北学会月報』第 18 号、1909.12、p.3。
83）　春夢子「国民의 普通知識」『西北学会月報』第 18 号、1909.12、p.6。
84）　中叟「有大奮発民族然後有大事業英雄」『太極学報』第 22 号、1908.6、p.12。
85）　李得季「我韓社会観」『大韓興学報』第 6 号、1909.10、pp.9 〜 13。
86）　尹健次『朝鮮近代教育の思想と運動』東京大学出版会、1982、pp.359 〜 360。
87）　「教育が家庭で行われる時はこれを家庭教育と称し、学校で行われる時はこれを学校教育と称し、さらに進んで、社会上に立ち、社会上自然の感化と萬般文物見聞から成る者を社会教育という。吾人が幼時に家庭で父母家長の保育を受け、この家庭教育の時期から漸次成長して学齢に達し、学校教育に入り、この学校の時期を経て社会上の人物として社会教育を受けることが普通の順序である。この三者が相互連絡して終始を成すのであるが、通常の教育事業、すなわち人為教育は家庭から始まって学校教育の終局に至ってその業を完成するのである」。李瀓鍾「学典」『畿湖興学会月報』第 10 号、1909.5、p.23。
88）　「我が韓国は、家庭教育と学校教育と社会教育を自強の宗旨にし、全国人民が各自勉励し、自強の効果を図るが、国権の墜落と民力の皆無を患えるのである。」安秉瓚「教育의 宗旨」『西友』第 5 号、1907.1、p.8。
89）　大韓帝国末期、「大韓自強会」のように日本人顧問あるいは賛成員をおいた団体は、「大韓自強会」の後身である「大韓協会」（賛成員：大垣丈夫、志賀祐五郎）と、「大同社」（顧問：入佐清静、高橋久司）、「大韓実業会」（顧問：高橋章之助、大垣丈夫）、「経済研究会」（顧問：日戸勝郎）等で、政治、社会、教育、実業の各団体に日本人が顧問あるいは賛成員として活動していたことがわかる。池川英勝「大韓帝国末期各団体にみられる日本人顧問について－佐伯剛平－」朝鮮学会『朝鮮学報』第 158 輯、1996.1、p.35、p.113。
90）　「家庭というのは学校以外に特有の教育所である。また、将来社会教育に対する補助機関である。」金文演「家庭教育의 必要」『大東学会月報』第 20 号、1909.9、p.7。
91）　沈宜性「論我教育界의 時急方針」『大韓自強会月報』第 5 号、1906.11、pp.9 〜 11。
92）　宮坂広作、前掲書、p.14。
93）　太極学会「特別緊急広告」、『皇城新聞』1907 年 1 月 23 日付；『大韓自強会月報』第 9 号、1907.3、p.45；「雑報　大韓自強会会長尹致昊氏寄函」太極学会『太極学報』第 4 号、1906.11、pp.51 〜 52。日本に組織された「太極学会」の賛成員には、韓国内の「大韓自強会」の評議員の尹孝定と「西北学会」の朴殷植や李甲などが入っている。『太極学報』第 4 号、p.54。
94）　金度亨、前掲書、2000、p.148。
95）　蔡奎丙、前掲書、p.24；李得季、前掲書、pp.12 〜 13。
96）　牧野篤・上田孝典・李正連・奥川明子「近代東北アジアにおける社会教育概念の伝播と受容に関する研究―中国・韓国・台湾を中心に／初歩的な考察―」『名古屋大学大学院教育

第 1 章　大韓帝国末期（1906 〜 1910）の社会教育の導入　79

発達科学研究科紀要（教育科学）』第 49 巻第 2 号、2003.3、p.159。なお、論文表題の「東北アジア」は「北東アジア」の誤植である。
97）　姜東鎮、「日帝支配下の労働夜学」『韓』34 号、1974、p.34
98）　김기웅「日帝下農民教育에 관한 研究（5）―『朝鮮農民誌』를 中心으로―」『新人間』第 442 号、1986、p.12、p.18。
99）　石川武敏、「1920 年代朝鮮における民族教育の一断面―夜学運動について―」北大史学会『北大史学』Vol.21、1981、p.48。
100）　『皇城新聞』1905 年 5 月 26 日付。
101）　『皇城新聞』1905 年 5 月 31 日付。
102）　『皇城新聞』1905 年 7 月 21 日付。
103）　『皇城新聞』1905 年 7 月 24 日付。
104）　『皇城新聞』1905 年 9 月 2 日付。
105）　日本の教育雑誌である『教育報知』（1895 年 12 月）には、当時の韓国釜山の「居留民」＝日本人のための「公立夜学校」に関する記事が載せられている。記事によれば、その夜学校は、主として韓国で商業を営む日本人やその子弟に対する「韓語」＝韓国語を教えるために公立小学校に併設されたものである。「釜山の状況」『教育報知』1895 年 12 月 3 日付（近代アジア教育史研究会編『近代日本のアジア教育認識・資料篇―明治後期教育雑誌所収中国・韓国・台湾関係記事―』（第一部韓国の部）第 1 巻、龍渓書舎、1999、pp.290 〜 291 に所収）。
106）　「遺家僮하야 入国文夜学校」『皇城新聞』1908 年 3 月 15 日付。
107）　同上。
108）　「勧勉労働同胞夜学」『皇城新聞』1908 年 2 月 20 日付。
109）　「三港의 労働夜学」『大韓毎日申報』1908 年 3 月 22 日付。
110）　『皇城新聞』1909 年 3 月 23 日付。
111）　『皇城新聞』1909 年 4 月 18 日付。
112）　朴殷植は、大韓帝国期から植民地時期にわたる啓蒙活動家、歴史家、独立運動家で、1859 年 9 月 30 日、黄海道で朴用浩の一人息子として生まれ、17 歳から父に正統派朱子学を学び、四書三経等を渉猟するなど、幼い時から文章力を認められた。独立協会に加わり、のち『皇城新聞』『大韓毎日申報』の主筆となった。西友学会（1906 年結成）とその後身の西北学会（1908 年結成）に参加して機関誌『西友』『西北学会月報』の主筆となり、1910 年西北学会副会長に就任した。教育事業にも関与し、経学院、漢城師範学校の教師、西北学会経営の師範速成科夜学校校長に就任した。金孝善『白岩朴殷植의 教育思想과 民族主義』大旺社、1989、pp.160 〜 167；木村誠・吉田光男・趙景達・馬淵貞利編集『朝鮮人物事典』大和書房、1995、pp.182 〜 183。
113）　孫仁銖、前掲書、1980、p.351。（初出：慎庸夏「朴殷植의 教育救国運動에 대하여」『韓

国学報』第 1 集、1975、pp.72 〜 74)。
114) 西北学会は 1908 年 2 月、西友学会と漢北学会が合同して作った学会として、既存の『西友』という機関誌が『西北学会月報』に改称され、刊行された。通巻のみはそのまま引き継ぎ、結局『西友』の通巻数は第 17 号までである。そして 1908 年 6 月から『西北学会月報』の第 1 号からの通巻が始まる。したがって、1908 年 2 月の『西北学会月報』第 15 号は学会名が変更されることによって表紙に改称され、刊行されたが、結局『西友』第 15 号とみた方がわかりやすい。
115) 朴殷植「労働同胞의 夜学」『西北学会月報』(本来、『西友』) 第 15 号、1908.2、pp.19 〜 20。
116) 「勧勉労働同胞夜学」『皇城新聞』1908 年 2 月 20 日付。
117) 「教育界의 現状」『皇城新聞』1908 年 1 月 15 日付。
118) 同上。
119) 『皇城新聞』1906 年 9 月 21 日付；1906 年 12 月 25 日付；1908 年 2 月 18 日付；1908 年 2 月 25 日付；1908 年 12 月 2 日付；1910 年 2 月 19 日付。
120) 長田三男「明治の小学夜学―学制期・教育令期を中心として―」『早稲田大学大学院文学研究科紀要』27、1981、pp.65 〜 95。
121) 姜筌「急進的社会改良策을 内国志士諸公에게 望함」『大韓興学報』第 13 号、1910.4、pp.15 〜 18。
122) 金甲淳「大声疾呼我国民的精神」『大韓学会月報』第 3 号、1908.4、p.19。
123) 李漢卿「団合은 国의 要素」、朴容喜「大呼国民의 団合精神」、呉政善「団合은 富強을 産하는 母」『大韓学会月報』第 1 号、1908.2、pp.20 〜 21、pp.22 〜 23、pp.30 〜 31。
124) 碧人에驥「教育界諸公의게 献하노라」『大韓学会月報』第 4 号、1908.5、p.12。
125) 「夜学可尚」『皇城新聞』1909 年 4 月 8 日付。
126) 「労動学의 盛況」『皇城新聞』1908 年 8 月 2 日付。
127) 「労働教喜信」『皇城新聞』1910 年 5 月 5 日付。
128) 「農人夜学」『皇城新聞』1908 年 9 月 27 日付。
129) 「業余夜学」『皇城新聞』1907 年 8 月 26 日付。
130) 「労働夜学講習」『皇城新聞』1908 年 11 月 1 日付。
131) 「農民夜学」『皇城新聞』1908 年 2 月 28 日付。
132) 金度亨、前掲書、p.143。
133) 「支会会録節略」『大韓協会会報』第 7 号、1908.10、p.59；「支会会録節略」『大韓協会会報』第 8 号、1908.11、p.62；「支会会録節略」『大韓協会会報』第 11 号、1909.2、p.50；「支会会録節略」『大韓協会会報』第 12 号、1909.3、p.55。
134) 「支会会録節略」『大韓協会会報』第 11 号、1909.2、p.52。
135) 「支会会録節略」『大韓協会会報』第 5 号、1908.8、p.59、p.60、p.62；「支会会録節

略」『大韓協会会報』第7号、1908.10、p.59；「支会会録節略」『大韓協会会報』第8号、1908.11、p.62；「支会会録節略」『大韓協会会報』第12号、1909.3、p.56。
136)　「論説」『西北学会月報』第1巻第5号、1908.10、pp.1〜2。
137)　金度亨、前掲書、pp.173〜175。

第2章

植民地朝鮮における社会教育施策の展開過程

第1節　植民地初期（1910〜1919）における社会教育施策

（1）「日韓併合」と植民地朝鮮教育の方針

　1910年8月29日、「大韓帝国」は「日韓併合条約」によって「朝鮮」という日本帝国主義の植民地に転落してしまう。ところが、植民地朝鮮は日本「内地」とは異なり、差別的な政策によって統治されていった。このような差別的な植民地政策は教育面で著しく現れる。日本は、1911年8月に第1次朝鮮教育令を公布して朝鮮人の教育は本令に従うことにしており、教育制度においても朝鮮人学校と日本人学校を各々異なる学校制度として並立させる複線型をとった。

　日本は基本的に朝鮮における高等教育機関を一切否認し、朝鮮人を日本人に同化させるための基礎教育にのみ力を注いだ。すなわち、これは、1908年統監府の学務書記官に任命され、その後学務課長を歴任した隈本繁吉[1]が書いた「教化意見書」の中の「初等教育以外ニナスベキ教育上ノ施設ハ彼等ノ生業ニ直接関係アルモノニ限リ以テ着実穏健ナル教養ヲ受ケシメ帝国統治ノ下ニ於テ幸福ナル生活ヲ亨楽セシムル方向ニ彼等ヲ指導スルヲ要ス。世ノ一部ノ同化論者ノ如クニ日本流ニ諸種ノ高等ナル学校ヲ興シテ文化ノ急激ナル発達ヲ企図スルガ如キハ従ニ彼等ヲシテ益生活難ニ陥ラシムルノミナラズ延イテ帝国ノ和平ヲ害スルニ至ルベキナリ」[2]という文言にもよく表れている。このような隈本の意見は、1911年に公布された「朝鮮教育令」にもそのまま反映されたが、その内容をみると次のとおりである。

朝鮮教育令
第1章　綱領
　　第1条　朝鮮ニ於ケル朝鮮人ノ教育ハ本令ニ依ル
　　第2条　教育ハ教育ニ関スル勅語ノ旨趣ニ基キ忠良ナル国民ヲ育成スルコトヲ本義トス
　　第3条　教育ハ時勢及民度ニ適合セシムルコトヲ期スヘシ
　　第4条　教育ハ之ヲ大別シテ普通教育、実業教育及専門教育トス
　　第5条　普通教育ハ普通ノ知識技能ヲ受ケ特ニ国民タルノ性格ヲ涵養シ国語ヲ普及スルコトヲ目的トス
　　第6条　実業教育ハ農業、商業、工業等ニ関スル知識技能ヲ受クルコトヲ目的トス
　　第7条　専門教育ハ高等ノ学術技芸ヲ受クルコトヲ目的トス
第2章　学校（以下省略）

　上記のように、朝鮮の教育に対する朝鮮総督府の基本方針は、時勢と民度に合わせた普通教育と実業教育を重点的に実施することによって、「忠良ナル国民ヲ育成」することであった[3]。したがって、このような方針の下で、普通教育の普及を最も優先する方針を立てるようになるが、官公立学校に対する朝鮮人の反応は大韓帝国末期と同様に依然としてよくなかった。すなわち、朝鮮人は公立学校を忌避し、まだ私立学校や書堂を好んでいたのである。表2-1の如

表2-1　植民地時代初期の初等教育機関への就学状況

学校年度	官立普通学校 機関数	官立普通学校 生徒数	公立普通学校 機関数	公立普通学校 生徒数	私立普通学校 機関数	私立普通学校 生徒数	私立各種学校 機関数	私立各種学校 生徒数	書堂 機関数	書堂 生徒数
1910	2	220	126	17,014	43	2,960	―	―	―	―
1911	2	315	234	27,450	70	4,453	1,467	57,532	16,540	141,604
1912	2	368	341	41,063	24	2,053	1,323	55,313	18,238	169,077
1913	2	385	366	47,066	20	1,872	1,285	57,514	20,268	195,689
1914	2	432	382	50,753	20	1,436	1,214	53,885	21,358	204,161
1915	2	467	410	58,757	17	1,489	1,090	51,724	23,441	229,550
1916	2	486	426	65,653	19	2,055	973	48,643	25,486	259,531
1917	2	476	435	73,157	24	3,613	827	43,643	24,294	264,835
1918	2	469	469	76,061	36	3,295	780	35,197	23,369	260,975
1919	2	419	535	76,918	33	4,819	698	34,975	24,030	275,920

出典：古川宣子「植民地朝鮮における初等教育－就学状況の分析を中心に－」日本史研究会編集『日本史研究』1993.5、pp.38～39参照（「―」は、数値不明）。

く、1911年の機関数をみると、書堂が最も多く全体の90.3%を占めている。次に多いのは私立各種学校で8.0%、官公私立普通学校は1.7%を占めるにすぎない。また、学生数においても書堂、私立各種学校、普通学校の順に多かった[4]。

このような状況に対処するための手段として総督府は「私立学校規則」を制定し、私立学校を統制していく一方、公立普通学校を中心とする社会教育を通じて公立普通学校の内容を知らせ、向学心を高揚させようとし、同時にこれを通して学校と家庭との連絡網を形成することによって、一般民衆に対する「国語」＝日本語の普及および民衆教化の促進を図っていった。

（2）「学校を中心とする社会教育」施策とその実態

上述したように、朝鮮総督府は当時、公立学校を忌避する多くの朝鮮民衆をはじめ、学校教育を受けることのできない大多数の民衆に着目し、社会教育にも注目をするようになるが、それは、学務課長の隈本繁吉が『教化意見書』の冒頭で「朝鮮民族ノ果シテ同化シ得ベキヤ否ヤヲ論究シ併セテ之ニ関連セル朝鮮民族教化ノ方針ニツキテノ私見ヲ陳述セル」[5]と述べ、全12章にわたる教化政策の構想を提示しているところによく示されている[6]。また、朝鮮総督府は、1911年、第1次朝鮮教育令を制定し、第2条に朝鮮人の「教育は教育に関する勅語の趣旨によつて忠良なる国民を育成することを本意とする」と規定し、教育において帝国臣民になることを強調する国民精神教育と、それに必要な基本条件である日本語教育を重視した。それは、学校教育にとどまらず、社会教育においても同様に求められた。すなわち、「学校以外ノ施設ニ於テ近時特ニ見ルヘキモノハ国語普及ニ対スル諸種ノ催シナリ此等ハ多ク地方公立学校教員中心トナリ附近篤志者ヲ集メ或ハ夜学会ヲ開キ或ハ講習会ヲ開キテ国語ヲ授ケ其学習一般ニ熱心ニシテ成績概シテ良好ナリ近時国語普及ハ頗ル長足ノ進歩ヲ為シ此等ノ施設力貢献スル所甚タ多キカ如シ」[7]という朝鮮総督府の報告に示されているように、朝鮮人に対する社会教育は、社会教化に学識経験を持つ官選の専任指導者や小学校教員を中心にして巡回講話会・講演会および各種会合の形式で地方民に対する教化事業に力を注いだ[8]。

このような植民地初期における朝鮮の社会教育の様相は、1911年4月から1921年2月まで学務課長を歴任した弓削幸太郎が、当時の社会教育について、「当時（植民地時代初期―引用者）の如く庶政完備しなかつた時代には之が為の特別の機関を置くことはできなかつたが主として公立普通学校が朝鮮人社会教育の中心として活動した。父兄会、母姉会、展覧会等は学校と家庭との連絡機関であると同時に社会教育機関として相当の効果があつたのである」[9]と述べている部分や、1916年1月4日、朝鮮総督府訓令第2号として定められた「教員心得」の中の「教師は同僚相和し進んで父兄郷党に親しみ之を教化するの覚悟あるべし。教育の事業たる関係する所大にして独力其の効果を挙げ難きものなれば教師は同僚互に親和一致し好意を以て忠告善導し優良なる校風を扶植し最善の訓化を生徒に及ぼさんことを期すべし其の他教師は父兄郷党と親睦提携し相呼応して教育の事業を成就せむことを計ると共に社会の先覚を以て自ら任じ之を教化誘導するの覚悟あるを要す」[10]という文言からも垣間見ることができる。

　ところが、朝鮮総督府が社会教育の沿革について述べているところを参考にすれば、植民地初期の朝鮮における社会教育は、「新政以来主として学校を中心として営まれ、民心の啓発思想の善導を図られたのであるが、当時朝鮮の事情は、学校教育の普及促進を図ることが焦眉の急務であつたので、勢ひ時勢及民度に適応すべき学校教育制度の確立並に之が施設に重点が置かれ、随つて社会教育方面の事業は等閑せらるゝに至つた」[11]のである。社会教育が正式な行政レベルでの本格的な議論は、1918年の道知事会議で社会教育に関して各道知事の意見を求め、注意を喚起させた時に始まる。それが行政的制度として出発したのは、1921年7月に総督の指示により、朝鮮総督府内務局に社会課が設置され、その翌年の1922年から、社会教育施設補助費が予算に計上され、本格的な社会教育活動を展開した時からであるといえる[12]。

　しかし、先述した「朝鮮に於ける社会教育は、新政以来主として学校を中心として営まれ、民心の啓発思想の善導を図られた」という一文のように、実際、植民地初期においても学校を中心とする社会教育施策が行われていたのである。それでは、当時、普通学校を中心に行われた社会教育の例をいくつか検

討してみたい。まず、平安北道の楊市公立普通学校の社会教育事業およびその沿革は次のとおりである。

　一　事業およびその沿革
（一）　大正三年以来極力之か振興に努め、其向上進歩を計り居るもの左の如し
　　（イ）　私立学校及書堂教員講習会
　　（ロ）　国語夜学会及生徒成績品展覧会並学芸会
　　（ハ）　家庭訪問及吉凶事の慶吊
　　（ニ）　祝祭日及其他の儀式日に参例者勧誘
　　（ホ）　運動場を開放し、一般人体育の奨励
　　（ヘ）　卒業生の保護者との聯絡
　　（ト）　授業料納入
　　（チ）　私立学校及書堂に対し、祝祭日の講話要綱の配布並国旗掲揚の奨励
　　（リ）　民族的偏見の除去
（二）　右の外更に大正四年度に施設せし事業左の如し
　　（イ）　大正四年四月父兄委員嘱託
　　（ロ）　同年十二月郡内、楊下、北中、府羅、府内の四面に於て通俗講話会開催
　　（ハ）　同年八月卒業生同窓会を開催し尚同年冬季より補習教育開始
　　（ニ）　卒業生に対しては勉めて各種の講習会に出席を勧誘す
　　（ホ）　父兄会、母姉会開催
（三）　其他の事項
　　（イ）　大正五年始めて運動会開催
　　（ロ）　大正八年以来は各部落に出張毎に成るへく、多くの人に接し時局に関する講話を為せり
　　（ハ）　同年夏虎列刺病猖獗を極めし際、学校医をして衛生講話を為さしめたり
　　（ニ）　教員の修養[13]

　また、平安南道の殷山公立普通学校においても1914年または1916年頃から通俗教育講話会、国語講習会、展覧会、夜学会等が行われていた[14]。そして、忠清南道の洪城公立普通学校でもかつてから運動会、卒業生講習会、父兄会および学芸会、夜学会、幻燈会を通した通俗講演会、生徒学芸品展覧会等が開設されていたとみられる[15]。1916年以前の資料が明確でない関係で1917年以後の資料に限ってみると、このような一連の事業は、主として「民衆を集め平易に上司の諭告訓示等を説明敷衍せんとす」[16]るための、あるいは「学校と

家庭との聯絡をとり気脈を通し以て相互の意志の疎通を図り生徒教養上の方法及主義方針を示して家庭教育の改善を促し延て社会教化に及はさしめ兼て生徒学習成績の一班を知らしめむとす」[17]るためのものであった。その他、全羅北道の井邑公立普通学校および平安南道の斧山公立普通学校などでも植民地初期から「教育普及並に民風改善の為め」[18]に社会教化事業を行っていたとみられる[19]。

このように、植民地初期における社会教育政策は、学校施設を利用し、また学校教師が主導する民衆教化的なものであったということができる。これは、大韓帝国末期から学校教師に強調されてきた事項として、1918年に幣原坦が著した『朝鮮教育論』の次のような一節をみれば、明らかである。

> 民心の啓培と関係を有するものは、教師と社会との接触である。而して過去の朝鮮に於ては、人間を教育することはあつたけれども、教師が社会教育にまで手を延ばしたとは云ひ得ないのであるが、新制教育となつて、此の方面にも行届いて来た。
> （中略）内地人教師は、朝鮮人教師を率ゐて、啻に学校内の児童の訓練のみならず、延いて社会の教育にまで指を染めることゝなつてゐる。
> 此の事は、教師にとつて随分の重荷であるけれども、朝鮮の如き新教化の浸潤を必要とする地方に於ては、小国民の陶冶と共に、多大の価値を有する。それ故、ずつと以前、即ち明治四十二年に、学部次官から各道書記官に示し、「普通学校教養に関する施設綱要」の中にも、「地方の善良なる向学心を誘致し、其の他学校関係者、並びに有志・父兄と往来して、意志の疎通を計り、地方民心の啓発・善導に力む」べきことを教官に要求している。而して合邦の後には、更に之を高唱して、成績を挙げしめむと期しつゝあることは、明治四十五年四月、普通学校講習会に於ける内務部長官の訓示、及び同七月の講習会に於ける学務局長の訓示等に見るも明らかである。
> 即ち内務部長官の訓示には「諸子の任務は、専念此の校の内容を充実し、其の教化を瀰漫せしめ、以て総督政治の本旨を全うするにあり」といい、学務局長の訓示には、「諸君の教化は、学校を中心とし、一郡一郷に及ばざるべからず。諸君は実に地方感化の中心として、適当なる地位と資格とを有するものといふべし」とある。
> （中略）尤も教師をして、学校内部の事業を放擲してまでも、社会教育に力を尽くさしめると云ふのでないことは勿論であるけれども、教育を学校の内部にのみ局限せずして、校門の外にまで、流れ出でしめむとするのが、朝鮮に於いて期待せらるゝ所である[20]。（傍点、原文のまま）

以上からもわかるように、学校教師は総督府の政治的目的のために児童を教える本業務の他に、学校関係者および地方有志、父兄と接し、一般民衆を啓発・善導すべき社会教育の業務までを担当するように強要されていた。このような状況は、その後にも続き、学校教師の二重負担になったのはもちろん、一方では社会教育の非専門職化に対する批判も出た[21]。

　このように、社会教育が教師を通して公立普通学校を中心に展開されていった最も大きな理由は、朝鮮民衆が依然として公立普通学校よりは私立学校や書堂を好んでいたので、それを阻止し、朝鮮民衆を公立普通学校へ誘導する必要があったからである。実際、三・一運動以前は、「就学奨励の為普通学校長が警察官の援助を受けて、戸別訪問をなし、半強制的督励を加へたにも拘らず、定員を得ることが出来ないといふ有様であつた」[22]。それゆえ、朝鮮総督府にとって公立学校教育の先進性および魅力を一般民衆に知らせる方法が何よりも重要であっただろう。

　学校を中心に行われた当時の社会教育事業の内容をみると、父兄会や家庭訪問のように、父兄を対象とした教化活動以外に、学芸会や展覧会、運動会等を開催し、父兄および一般民衆に生徒の成果および学校教育の内容を公開することによって、向学心を呼び起こすとともに公立学校に対する信頼度を高めようとしたことが一般的であったと思われる[23]。

　全羅南道の光州公立普通学校の場合、社会教育の対象を大きく三つに分けて事業を施行しているが、それは生徒の家庭に対すること、卒業生に対すること、一般社会に対することであった。その中でも特に注目される点は、「本校に於いて従来施行し相当なる効果を上げしと信する事項」[24]として、生徒の家庭に対して生徒の学芸会を開催し、父兄母姉に参観させることはもちろん、「学校外に於いて出張生徒学芸会を開催」[25]したことである。このような出張学芸会は「将来施設せんとする事項」[26]としても続けて挙げられている。このように、当時の社会教育の重要な業務の一つは、一般民衆、特に父兄の公立普通学校に対する好感度を高めることであった。これは、平安南道の楊市公立普通学校で私立学校教員講習会および書堂教員講習会を開催していただけではなく、生徒成績品展覧会を「毎年開催し、一般の縦覧に供し、向学心の向上を計

りたり、本会には習字、綴方（国文、鮮文両様）、図画、手工等を出品することと為し居たり、此の際は郡内各私立学校よりも、出品を為すこととなせしを以て、両者の比較研究に便ならしめ、普通学校を紹介するに尤も有効なる方法なりと」[27]（傍点、引用者）していたことからもわかる。すなわち、公立普通学校の成果を私立学校のものと比較させることによって、公立普通学校の優秀性を知らせ、宣伝効果を狙っていたのである。

つまり、この時期の社会教育は、通俗講演会、「国語（日本語）」講習会、卒業生講習会等のような事業を通して、朝鮮人の教化を図るとともに、上記の各学校の社会教育事業にもみられるように、展覧会や父兄会、学芸、運動会等のような、主として学校教育の成果および結果物をみせることで、公立普通学校に対する宣伝効果を図ったのである。言い換えれば、当時の社会教育は、学校に父母や一般民衆を呼び、学校教育の良さを知らせることによって、普通学校に対する民衆の否定的イメージを変え、公立学校への入学忌避現象を解消するための手段としても積極的に利用されたということができる。また、このような事業は、主として普通学校の教師[28]が中心になって担当したが、当時の教師が行った「社会教育」は、まさにかつての明治10年～20年代の日本の学校教師が父母大衆に対して行ったそれの植民地版であり[29]、大韓帝国末期に統監府の指示の下で韓国学部が行った通俗教育の延長であるということができる。

第2節　植民地中期（1919～1932）における社会教育施策

（1）　三・一運動の勃発と文化政治への転換

1910年に「韓国」を植民地化した日本は、朝鮮人を統制し、同化させるために武断政治を行い、朝鮮人を抑圧し、その文化を抹殺しようとした。このような奴隷的生活に対する朝鮮人の憤怒と日本に対する敵愾心は、結局第1次世界大戦後、米国のウィルソン大統領が提唱した民族自決主義を契機に、1919年3月1日には全国的な規模の独立運動が起った。このような思いにもよらなかった事態に直面した朝鮮総督府は、武力で朝鮮人を統治することができると

いう安易な考え方に大幅な修正を加える必要性を感じ、従来の武断政策を変更し、いわゆる「文化政治」[30]を標榜し始めたのである。日本は、朝鮮に対する植民地政策を修正する具体的な表現として1919年8月、総督府官制を改正し、「庶政一新」を声明する一方、同年の9月には武断派である長谷川好道を更迭し、穏健派として知られた斎藤実を総督に任命した[31]。

同月3日、総督府に登庁した斎藤は、朝鮮総督府および所属官署にいわゆる「文化政治」を標榜する趣旨を表明したが、その内容をみると、①総督武官制の撤廃、②憲兵警察政治の廃止、③総督府職員服制の廃止、④朝鮮人官吏の任用・待遇改善、⑤朝鮮固有文化とともに旧慣の尊重、⑥形式的政治の打破（特に行政処分の慎重を図る）、⑦事務の整理を簡捷させ、民衆の便益を図る、⑧言論、出版は取締りを緩和し、民意の暢達を図る、⑨教育、産業、交通、警察、衛生、社会救済の行政を刷新し、民衆の生活安定を図る、⑩地方自治政治の根本目的としての調査準備に着手することとなっている[32]。

このような文化政治へ転換するにあたって、総督府は何よりも教育の重要性を認識し、朝鮮の教育制度を修正する作業に突入した。すなわち「新学制は内鮮無差別を以て根本精神と為し、民度事情の許す限り内地の教育制度に準拠するの方針を採つたのであつて」[33]、旧学制とは次のような相異があった。①法令上においては内鮮人の区別を撤廃し、普通教育に限って国語（日本語）を常用する者と然らざる者との区別に止める、②学校の種類・系統・修業年限をほとんど内地と同一にする、③大学教育・師範教育を認める、④普通教育を除いてはすべて内地の学制をそのまま採用し、大学・専門・実業教育においては朝鮮の特殊性を完全に排除した[34]。このような新学制の実施によって、従来初等学校から専門学校にいたるまで11〜12年であった教育年限が、11〜16年または17年に延長されることになった。図2-1と図2-2をみると、植民地時代初期との差がみられる。

しかし、1927年12月に、斎藤実の後を受けて赴任した山梨半造総督は、朝鮮人の生活が非常に窮乏するようになり、学生の思想が民族的にあるいは自由主義に偏っていくのを心配し、再び既存の教育に修正を加えるようになった[35]。すなわち、山梨総督は4年の授業年限を常例とする普通学校の拡充案と実科を

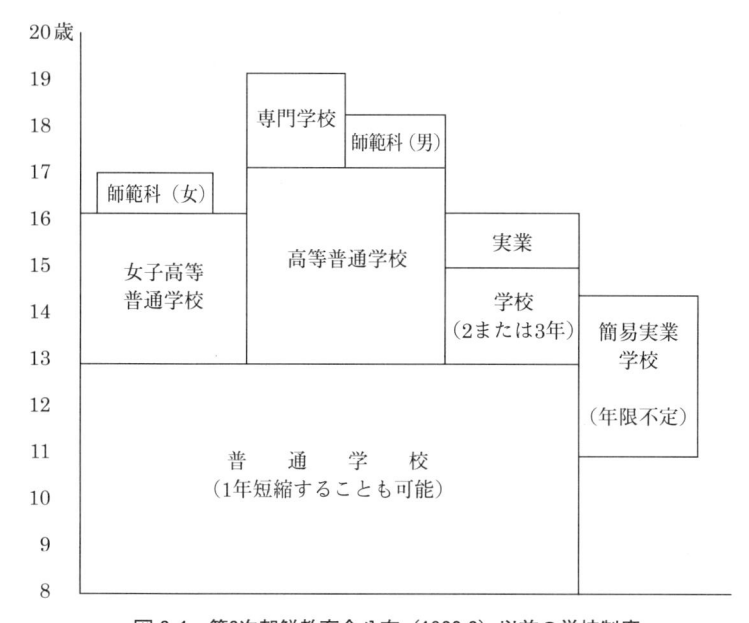

第2章　植民地朝鮮における社会教育施策の展開過程　91

図2-1　第2次朝鮮教育令公布（1922.2）以前の学校制度
（出典：呉天錫著、渡部学・阿部洋共訳『韓国近代教育史』高麗書林、1979、p.244）

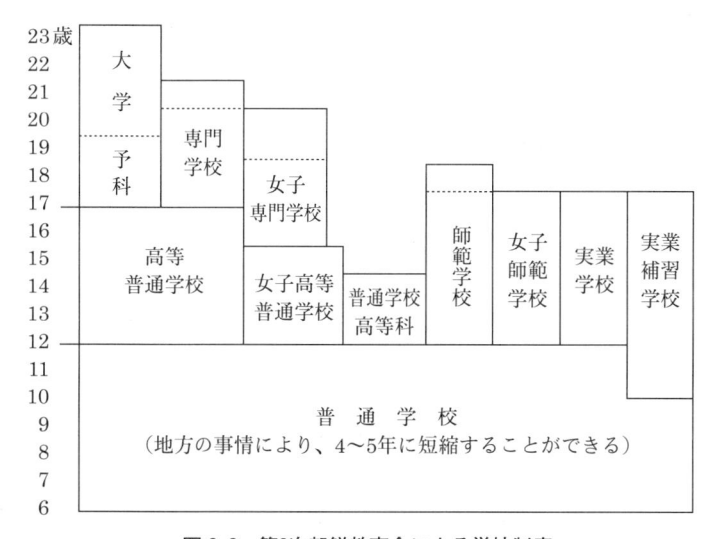

図2-2　第2次朝鮮教育令による学校制度
（出典：呉天錫、渡部学・阿部洋共訳『韓国近代教育史』高麗書林、1979、p.281）

重視する教科目の改正を提示した。1929年から1936年までの8年間に公立普通学校を毎年130余校ずつ新設し、合計1,074校を増設することにより、「一面一校」計画を完遂することを明らかにする一方、1929年6月には普通学校規則を改正して、従来選択科目であった職業科を必須科目とし、植民地時代初期である寺内総督時代（1910〜1916）の「実科訓練」主義にもどった[36]。それは、1930年代に「教育実際化」政策として現れる。

つまり、植民地時代中期の朝鮮の教育は、以上で検討したように、量的には相当な成長を遂げたが、量的膨張を遂げたのは初等教育のみで、中等教育の門は依然として狭かった。高等教育にいたっては、この傾向はいっそう著しくなり、日本人学生の優先政策が堅持された[37]。結局、日本の統治は「武断政治」から「文化政治」へその政治スローガンが変わっただけで、朝鮮の教育における基本方針―普通教育と実業教育本位の教育方針―の内実は依然として固守されていたのである。

（2）「学校を中心とする社会教育」施策の強化

「日韓併合」後、最初の10年間、朝鮮総督府学務課長の職にあって、長らく朝鮮教育行政の任に当たられた弓削幸太郎は、三・一運動の最大の原因は朝鮮青年に存在する「独立欲」とし[38]、それは「朝鮮人であるといふ考を削減せしめ」[39]ることによって解決できると述べながら、その方法として次の三つを挙げている。

「第一に、内鮮人（日本人と朝鮮人―引用者）間の経済関係を不利の関係に置き、教育を普及し、理性を発達せしむるのであります。……次には内鮮人間の感情の融和といふことである。……最後には我日本の実力であります」[40]。このような事項に関する実行方案の注意点として「第一は施政の趣旨の徹底を計ることである。……朝鮮人をして我統治の利益を知らしめねばならぬ、（中略）第二には日本の国情と世界の大勢と日本の世界に於ける地位を知らしめて日本の統治を受くることの止むを得ざることを観念せしめねばならぬ次に学生をして相応に自己と云ふことをも認めしめ即ち自覚せしめて苟も妄動せしめざる様に教育せねばならぬ。それから最も肝要なることは教育者は各階級の朝鮮

人に接触して互に理解して以て内鮮人の感情の融和を図らねばならぬ」[41]（傍点、原文のまま）と、弓削幸太郎は述べており、「是等の問題は重要な、至難な問題で、之が実行には非常なる努力と、忍耐と、そうして各方面に於ての協力とを要するのであります。之は唯学校教育のみならず、社会教育に於ても又朝鮮教育のみならず、内地の教育に於ても肝要とするのであります」[42]（傍点、引用者）と主張した。以上のように、三・一運動後、日本は、朝鮮統治において単純に武力的な抑圧よりは世界の情勢および日本の先進性を知らせ、これを自覚できる朝鮮人を教育していくことが、朝鮮の統治において重要であると考え、学校教育はもちろん社会教育にもいっそう力を注ぎ始めた。この時期には、「社会教育」という用語が教育施策でも一般的に使用されており、以前より強調されるようになった。その理由は、学校教育だけでは解決しがたい現実の教育状況にあったとみられる。

そこで、朝鮮総督府は、「学校を中心とする社会教育」施策を強化するが、その理由としては大きく二つがあげられる。一つは、1910年代初めとは異なり、1910年代後半に入ってからは朝鮮人の就学希望率が高まるが、この朝鮮人の教育熱を充足させることができない学校施設の不足問題があり、その問題を既存の学校を利用した社会教育を通して解決しようとしたからである。いま一つの理由は、全国的な規模で起こった三・一運動を契機に従来の武力による抑圧よりは、抵抗運動の再発を防ぐための一般民衆に対する思想善導の必要性を実感し、そのための体系的な民衆教化体制が求められたからである。

以下、順を追ってこれらの理由の背景を分析する。

三・一運動の原因において朝鮮人の独立欲が最も大きな原因ではあったものの、その他に、当時の統治、とりわけ教育政策に対する朝鮮人の不満が三・一運動につながる点も無視できなかったと思われる。

弓削幸太郎が、1919年3月1日の「万歳騒擾（三・一運動—引用者）」の要因について、次の5項目を挙げて分析しているところをみてみよう。第一に、一部の朝鮮人の独立欲であり、これは実に根本的な原因であると語っている。第二は、民族自決主義、その他国際間における各種の事件および最近思想の影響であり、第三は、総督政治に対する不平、第四には、内地人に対する反感、

第五には一般朝鮮人の無智と朝鮮の歴史的関係であると分析している[43]。弓削は、この中で特に注目すべきところは、第三の総督政治に対する不平であると述べているが、すなわち、「総督府政治に対する不平として朝鮮人の主張するところは多種多様で、中には矛盾したのもまた少なくな」[44]く、とりわけ、教育においては、「農民の多くは在来の書堂で沢山だ。普通学校に児童を受容せらるゝは迷惑だ。普通学校に於て漢文の教授が不十分だの国語（日本語—引用者）及農業科の如きは必要がないといふ如き不平を称へる。之に反し新智識階級や青年中には朝鮮に義務教育の制度を設けぬのは不都合だ。書堂を今日に於て尚ほ存置せしむるはけしからぬ。又漢文などを学科目として重んずるはいけない。宜しく外国語を盛んに教ふべし。学校の修業年限、程度の如きも現在は甚だ不十分だ。今少し高等なる教育をしなければ不都合であると云ふて居る」[45]と教育に対する朝鮮人の不満について記述している。このような一節からは、植民地朝鮮において普通学校に対して反感を持ち、主として漢文を教える書堂を好む農民もいたが、それとは正反対に、一部の新知識階級は書堂の存置に反対し、学校義務教育を主張するなど、教育において朝鮮人内に異見があったことがみられる。

　ところが、朝鮮総督府の教育政策に対する朝鮮人の両極端の不満は、三・一運動の失敗以後、実力養成が急務であるという認識と、一方、三・一運動の主要メンバーの大半が学校教育を受けた人々であった点によって朝鮮民衆の公立学校に対する不信が和らぐようにもなり、公立普通学校への急激な入学希望率をみせるようになった。表2-2にみられるように、1910年代初めとは異なり、1910年代半ば以後からは公立普通学校への入学志願者数が増え始め、三・一運動後には入学志願者数に対する入学可能の比率が低下していることがわかる。

　このような現象は、単に志願者数が入学者数を上回っていた状態というより、従来とは異なって、総督府側が選択的に志願者に対応できる段階に入ったということを示す[46]。すなわち、以前に学生募集のために授業料を免除したり、教材を配布したりしたことから、授業料の有料化が進み[47]、学校側が試験によって入学者を選抜する状況にいたったのである。

表 2-2　公立普通学校入学状況

年度	志願者数	入学者数	入学率（%）
1912	21,120	17,508	82.9
1913	18,083	15,600	86.3
1914	—	—	—
1915	24,124	20,889	86.6
1916	27,612	23,701	85.8
1917	34,371	28,103	81.8
1918	30,816	24,764	80.4
1919	25,829	22,328	86.5
1920	45,761	35,475	77.5
1921	78,139	50,388	64.5
1922	134,695	71,729	53.3
1923	123,144	80,510	65.4

出典：『朝鮮総督府官報』1912年12月7日、1913年10月29日、1915年11月23日、1916年9月26日、1917年9月25日、1920年1月6日、11月9日、1921年11月17日、1922年12月14日、1923年12月17日（「－」は、数値不明）。

　しかし、このような入学志願者の選抜現象の出現とは異なり、総督府の学校増設に対する態度は、非常に消極的であった。すなわち、総督府は1918年12月にいわゆる「3面1校制」を樹立し、1919年から1926年までの8か年の計画を立てていたが、三・一運動後の1920年1月に、実施期間を1922年までに短縮する方針に変え、4か年計画で短縮実施し、さらに、その後には別に普通学校増設政策を施行しなかったのである[48]。その原因には、財政的な困難もあったようであるが[49]、基本的に朝鮮総督府は、朝鮮教育政策においては依然として「普通教育」と「実業教育」に重点を置き、学校教育増設の規模においても拡大しつづけず、ある程度の水準に限定させようとする姿勢をとっていたからである。

　ところが、朝鮮総督府は、このような学校増設に対する微温的な対応とは正反対に、私立学校に対しては三・一運動の主導勢力ととらえ、私立学校に対する統制をより厳しくしていった。それゆえ、公立学校への入学競争は、次第に深刻になり、ついには朝鮮民衆の学校増設に対する要求が1920年代から起こ

り始めたのである。

　例えば、平安北道の亀城郡芦洞面では、「教育機関が遠距離であるために、四百人余名の児童が教育を受けることができないことを一般が慨嘆し、最近同面内の有志諸氏と現在面長の張星日氏の発議で学校期成会先日9日に該面事務所に組織」[50]し、咸鏡南道の高原郡でも、郡当局が、文化発展地である郡内面、下錬面、上山面の三面に普通学校を設立するという道の方針を破り、山間地方に学校を設立すると内定したことに対して、「郡内面、下錬面、上山面の三つの面民有志一同は、去る二十一日に当地天道教宗理院内に公立普通学校運動期成会準備会を開催し」[51]、郡当局の決定に抗議した。その他にも、京畿道碧蹄郡の城南面や咸鏡南道三水郡の自西面、江原道通川郡の鶴三面、平安南道徳川郡の蚕上面、慶尚北道軍威軍の友保面、慶尚南道昌寧郡の高岩面等、全国各地において、普通学校期成会の組織や設立運動、認可運動等が起こった[52]。

　1933年、釜山では釜山府公立普通学校父兄会連合会の代表10余名が直接道知事等と会見し、「普通学校の増設」を要望している。その際、「住民は無学文盲の者といえども子女教育を父兄の責務と知り住むに家なく食うに食なき赤貧者といえども子女教育のために支出する学費は当然の義務と心得毎年新学年到来するや我が子の入学に奔走し殆ど寝食を忘れて校門を叩くは誰か涙なくしてこれを見んや―希望者の半数も入学し能はざる普通学校の此の惨憺たる状況は―為政当局の誠意ある対策を要望する所以たり」という『陳情書』を提出しており、「国費又は道費を以って当地に普通学校を増設」するように要望している[53]。

　一方、朝鮮民衆は、自らの寄附金で普通学校を設立した。次に挙げるのは平安北道亀城郡において面民の寄附金で普通学校を設立したという報道記事である。

　　　平北亀城郡蘆洞面では近来住民の間で向学熱が勃興し、6年前から面内に普通学校を設立しようとしたが、財政の窮乏で実現されずに、今日に至ったわけだが、一般の向学心は遂年熾盛してきており、幸いに今年は近年希有の豊年であるので、普通学校の設立は、面民の寄付だけでも実現できる可能性があるので、蘆洞、梨峴、面山の三個面長が協議した結果、多年の宿願を実現させるために、該三面の中央地帯

である蘆洞に校舎敷地を定め、同当局に設立認可を申請したというが、同校新設に要する予算1万6千円は前記三面民の寄付で充当するという。該当校設立で1千余戸の三面児童は学ぶ道を得るようになったと [54]。

　このように、学校設立の要求が急増することによって、朝鮮総督府は、こうした朝鮮人の教育熱の一部を、既存の学校を利用する社会教育政策により本格的に取り組むことで、解決しようとした。その代表的な例としては、慶尚北道の慶州公立普通学校に関する次の記録が挙げられる。すなわち、「慶州公立普通学校に於ては大正十年四月入学せしむへき生徒六十五人を募集せしに志願者は二百五十三人に達し大多数は入学の目的を達すること能はす其の中約四十人は慶州面所在の私立啓南学校に入学せしも尚多数の入学不能者あるを以て何等かの方法を講し之か就学難を緩和し救済するは地方教化上必要の事項たるを認め大正十年四月当該学校の附帯事業として『慶州国語講習会』を設置し講習期間を一個年として教科目は普通学校に準し慶州普通学校の備品を使用して授業を開始して」[55]（傍点、引用者）いた。また、咸鏡南道の高原公立普通学校では1921年7月4日まで40日間毎日3時間ずつ「不就学児童講習会」を開き、「修身、国語（日本語—引用者）、朝鮮語及漢文、算術」（普通学校第1学年第1学期教育課程を基準とする）を教え[56]、咸鏡北道の清津公立普通学校でも「清津の補習夜学会」を1921年3月に設置し、「（普通学校入学—引用者）年齢超過児童を収容し普通学校使用教科書に拠り主として国語（日本語—引用者）の学習をなさしめ尚ほ修身、算術、朝鮮語漢文、理科、唱歌、体操」を教えていた[57]。

　一方、総督府が「学校を中心とする社会教育」施策を強化するようになった要因には、上記のような朝鮮人の教育熱および学校施設の不足による入学難という問題のほかに、三・一運動のような抵抗運動の再発を防ぐための精神教化の必要という意識があった。すなわち、総督府にとって「忠良ナル国民ヲ育成スル」ための学校教育の拡充も依然として重要な課題ではあったが、総督政治を理解させ、朝鮮情勢を安定させるためには、父兄や青年のような一般民衆に対する教化が非常に求められた。これは、三・一運動勃発の2年後に学務課長に赴任してきた松村松盛が、朝鮮には「世界の大勢を理解せず総督政治に悦服

しない者もあり、又動もすれば種々の流言蜚語に迷はされて猜疑不安の中に漂ふて居るやうな者もあるやうに思ふ、之等の人々に対しては特に教化の方法を講じなければならぬ」[58)]と述べている部分からうかがうことができる。このような総督政治に対する理解のために、朝鮮総督府は次のような「小学校及普通学校を中心とする社会教育」施策を行っていた。

一．校地校舎及設備の開放利用
二．簡易図書館及文庫等の開設
三．講話会、講演会、講習会及各種の会合
　イ．国語講習会
　ロ．不就学児童講習会
　ハ．婦人講習会
　ニ．掲示板の設置及印刷物配付
　ホ．学芸会、展覧会、品評会、父兄会、母姉会等の開設
　ヘ．青年会、婦人会等教化団体の指導
　ト．美風良俗の助長 [59)]

実際、平安北道にある楚山公立普通学校においても、三・一運動勃発以後、その運動の原因を民衆の低い文化水準と分析し、民衆を教化するための方法として社会教育の必要が痛感されるようになった。次は、同校が民衆の社会教化のために、学校施設開放と通俗講演会の開催等の事業を実施するようにした趣旨である。

　　大正八年に勃発した朝鮮における騒擾（三・一運動―引用者）の原因は種々あらんも一般人民の文化の程度低く時勢に暗いことも確かにその一原因たと信します、即ち騒擾した者の大多数は何の為に騒くのか一向解からないて唯附加雷同した事は事実てあります、それて現在の朝鮮に於ては一般人民に社会教育を施して文化の向上を計ること、時勢を知らせること、迷夢から醒ます事か何より必要なことと思ひ学校かその社会教化の中心となる事は最も適切て且つ便利たと考え亦左様することか朝鮮に於ける学校教育者の当然の責務たと考え且つは社会教育を盛んならしむる事か学校教育を盛んならしめる所と信し大正八年より色々の施設を為して努力して居ります、尤も大正八年の前ても朝鮮ては社会教化の必要か内地の夫れ以上てあるとは考えて相当努めた積りてありますか騒擾後は痛切にその必要を感し努力する決心をしました [60)]。

また、京畿道の北内公立普通学校では「大正八年十月現在（私立学校から―引用者）公立普通学校に変更せられたり然るに私立学校時代より民衆教化の必要を認めたる面内先覚者は学校を中心として北内面青年会、労働夜学会等の社会教育機関の勃興を見るに至りしか（中略）従来よりの各種の会を廃止し是等を一括包容せる北内面教育振興会を組織し各幹部は一致協力民衆教化に努むることとなり本年（1921年―引用者）2月是か発会式を挙げ爾来会則により各種の事業を遂行し大に社会教育のため努力しつつ」[61]（傍点、引用者）あった。さらに、咸鏡北道では1920年から城津公立普通学校をはじめ、慶興公立普通学校、清津公立普通学校等で通俗講演（講話）会、夜学会、展覧会、運動会、学校開放、父兄会、読書会等の活動で本格的な社会教育を実施し[62]、平安南道の三和公立普通学校でも大正九年から同校職員を各部落に出張させ夜間幻灯、蓄音機、掛図、絵画を利用した通俗講話会を実施させることによって、「勧業、衛生、修養等に関する講話をなし社会民心の向上発展を図ると共に普通教育の必要を周知」[63]させようとしていたのである。このように、三・一運動以後、通俗講演（講話）会を通して父兄と学校との連絡を図り、同時に地方改良（教化）を図ろうとしたのは、平安南道の順安公立普通学校と、慶尚南道の昌寧公立普通学校でもみられる[64]。

　以上のように、1920年代には三・一運動を契機にして高まった朝鮮民衆の教育要求に応えつつ、かつ治安維持のための民衆教化を図るために、それに合わせた新しい施策が、主として普通学校を媒介に実施されていたのである。表2-3にみられるように、1920年代には、1910年代に比べて「国語講習会」や「夜学会」が多く開設されており、また1910年代と同様に父兄会や講演・講話会、学芸会、展覧会などのような事業が継続されていたが、その目的は就学督励ではなく、主として地方民衆に対する精神教化であり、そのために卒業生を中心とする青年会や教化団体のようなより体系的な団体が多く組織されていたのである。

表 2-3　学校を中心とする社会教育状況

道名	学校名	三・一運動以前からの実施内容	三・一運動以後からの実施内容
慶畿道	櫻井公立尋常小学校		母姉講座
	水原公立普通学校		女子夜学会
	陽川公立普通学校		正風会
	北内公立普通学校		北内面教育振興会
	汶山公立普通学校		醇厚会
忠清北道	清州公立尋常高等小学校	保護者会、児童学芸会、運動会、忠臣義士会、高齢者慰安会等	清州学校組合懇話会（社会教化の機関）
	永同公立普通学校	敬老会、家庭訪問附部落小講演会、保護者会、浴場の設備	同左／青年講習会（中心人物の育成）、卒業生指導、幼時具楽部の創設（内鮮融和）、部落巡回講話、部落懇談会
忠清南道	洪城公立普通学校	尚歯運動会、卒業生講習会、父兄会と学芸会、洪城夜学会、生徒学芸品展覧会	同左／幻灯会附通俗講演会、生徒学芸品展覧会、浦蠅等
	江景公立尋常高等小学校	江景通俗講演会	同左
全羅北道	群山公立尋常高等小学校	群山教育会	同左
	砺山公立尋常小学校		青年会、通俗講演会（和光会）、教育文庫
	井邑公立普通学校	国語夜学会、父兄会、校地校舎の開放、地方教育談話会、学芸会、展覧会	同左／母姉会、校地拡張及び開放、学校公園の公開、（朝）鮮語教授
全羅南道	木浦公立尋常高等小学校	木浦青年会、小学校同窓会、母姉会、講話会、展覧会、運動会、学芸会、家庭訪問	同左
	光州公立普通学校	父兄会、母姉会、学芸会、卒業生夜学会、同窓会、国語講習会、学校外出張生徒学芸会、通俗教育講話会、図書閲覧、運動会、運動場開放等	同左／学校新聞及び通俗読物の発行および一般人学術講演会、教育活動写真会、展覧会、卒業生演劇会、地方改良、国民体操、父兄との連絡等
慶尚北道	東村公立尋常小学校	御大典記念文庫	同左
	慶州公立普通学校		慶州国語講習会
慶尚南道	昌寧公立普通学校		巡回幻灯講話
	南旨公立普通学校		沐浴奨励会、南旨読書会
	彦陽公立普通学校		農産物品評会および学芸品展覧会、通俗講話会
	徳頭公立尋常小学校	徳頭青年会（夜学会、競争試作、道路修繕、新聞雑誌の講読、談話会、文芸部会、茶話会等）	同左
黄海道	沙里院公立普通学校	父兄会、母姉会、家庭訪問、学芸会、運動会、演奏会、展覧会、国語講習会、卒業生指導、窮民の慰問・恤兵、講演会および伽会、式日の参列奨励と国旗の掲揚、本府施政の宣伝、運動場の解放、尚歯会、試食会等	同左
	長淵公立普通学校		巡回講話（保護者会、学校招集、卒業生同窓会）

第 2 章　植民地朝鮮における社会教育施策の展開過程　*101*

平安南道	兎山公立普通学校		兎山青年会組織（夜学、運動会）
	北院公立普通学校		青年会組織（自衛団の組織および実行、講演会、新聞雑誌縦覧所、運動部等）、敬老会、部落講演会、内鮮人融和的会合等
	順安公立普通学校		地方改良巡回通俗講演会
	漢川公立普通学校		社会風紀矯正、社会公衆衛生、公益事業、民心指導、公衆体育、社会的知識の増進のための講話会、談話会増加
	斧山公立普通学校	奨善漢学契	同左
	三和公立普通学校		部落別通俗講話会、三和信用青年会
	殷山公立普通学校	通俗教育講話会、国語講習会、展覧会、夜学会	同左／私立学校および書堂との連絡
平安北道	義州公立普通学校	父兄会、生産品品評会、通俗講演会、講習会、宣伝教化、家庭訪問等	同左
	熙川公立普通学校		日曜宣伝、婦人見学団、熙川修養会、各種趣味会、国民記念会
	楊市公立普通学校	私立学校および書堂教員講習会、国語夜学会および生徒成績品展覧会、学芸会、家庭訪問、運動場開放、一般人体育の奨励、卒業生の保護者との連絡等	同左／各部落巡回講話会、衛生講話会、教員の修養
	楚山公立普通学校		学校校舎運動場を社会教化のために解放（国語講習会、国語夜学会、書堂および私立学校教師講習会、通俗講演会、農産品品評会、学芸会、父兄会、母姉会）通俗講演会開催
江原道	横城公立普通学校		横城婦人講習会
	楊口公立普通学校		楊口青年会（卒業生を中心として組織し、思想善導、勤勉修養の励行）
	三陟公立普通学校		書堂教師の指導
	原州公立普通学校		一日会（卒業生思想善導を利用、地方風俗改良を図る）
	金城公立普通学校		父兄会（社会教化、地方教育改善）
咸鏡南道	咸興公立普通学校	学術講習会（不就学子弟）	同左（鞠躬薫化教育）
	新高山公立普通学校		主婦講習会
	高原公立普通学校		不就学児童講習会
	元山公立普通学校		父兄会（内鮮人融和、父兄啓発）
	豊山公立普通学校		部落講演会（地方教化の目的）
咸鏡北道	城津公立普通学校		通俗講演会、運動場開放、運動会、敬老会、夜学会、新聞雑誌同覧所、教育成績品展覧会
	慶興公立普通学校		運動会、学芸会、展覧会、父兄会、通俗講話会（通俗改良目的）、奨励会、読書会
	清津公立普通学校		清津の補習夜学会（朝鮮人子女啓発目的）

出典：朝鮮総督府学務局『学校を中心とする社会教育状況』、1922 より作成。

その他に、朝鮮総督府は、統治開始の時から、実業補習学校を通して実業教育にも努めてきており、また1920年代後半からは「卒業生指導」という「朝鮮独特」の施策を設置した。さらに1930年代には農村振興運動政策が振興されることによって、農民訓練所等を設置するなど、実業教育と関連した施策を行っていった。このような施策については、次章において詳しく検討したい。

（3） 社会教育の行政的制度化のための動き

前記したように、植民統治の開始以来、朝鮮民衆に対する多様な社会教育施策を活発に行われてきたのに対し、朝鮮総督府の官制に社会教育の名称が現れたのは、比較的遅かった。1932年2月13日の学務局社会課教化系の所掌事務に「社会事業と社会教化に関する事務」が明記されたのが最初である。それ以前には、学務局学務課に図書館等に関する事務が記載されている程度である。

ところが、朝鮮総督府は実質的には社会教育に関する多様な施策を運営してきた。まず1921年7月、内務局に社会課を設置し、その翌年から社会教育施設補助費を国庫予算に計上した[65]。また1926年には「社会教育御奨励の思召を以て」「下賜せられたる拾七万円」として恩賜記念科学館を設立し、社会教育事業に一段の進展を図った[66]。さらに1928年10月26日には「朝鮮総督府視学官及朝鮮総督府視学委員学事視察規程」を制定し、「社会教育其ノ他教育学芸ニ関スル諸施設ノ状況」を視察内容として規定したのである[67]。

また、忠清南道は社会教化事業の基礎的調査研究に従事するために、1920年8月に「社会教化事業調査委員会」を設置し、地方課長の道理事官を委員長とし、通属2名（学務課長、地方課長）、道視学2名、社会教化事業嘱託1名を委員に任命しており[68]、京城府は1922年5月6日に「社会教化に関する調査及び審議を目的」に「社会教化委員会」を設置しているなど、各地方においても総督府の施策に応じつつ、社会教育事業のための制度化などの独自の動きが行われていたのである[69]。

そして、1923年4月、朝鮮総督府の一機関として位置付けられた「朝鮮教育会」[70]においては、その主要事業として社会教育に関する事項を設置してお

り、朝鮮総督府に社会教育に関する建議や答申を行っていたことがわかる。次は 1923 年 4 月に制定された「朝鮮教育会規則」の中、同会の主要事業に関する条項であるが、その中には社会教育に関する事項が規定されている。

> 第 4 条　本会ニ於テ施行スヘキ主要ノ事業左ノ如シ
> 　一　教育ニ関スル意見ノ発表
> 　二　教育及学芸ニ関スル事項ノ研究
> 　三　教育上須要事項ノ調査
> 　四　教育ニ関スル雑誌ノ発行及教育上有益ナル図書ノ刊行
> 　五　教育上功績アル者ノ表彰
> 　六　教育学術ニ関スル講演会又ハ講習会ノ開設
> 　七　社会教育ニ関スル施設又ハ之カ指導奨励
> 　八　朝鮮教育事情ノ紹介
> 　九　教育関係者共済ノ施設又ハ其ノ奨励
> 　十　学事視察又ハ研究ノ為会員ノ派遣
> 　十一　其ノ他本会ノ目的ヲ達スル為必要ナル事項

全国に支会を置いていた朝鮮教育会の第 5 回の総会（1927 年）においては、各地方支会から社会教育の行政的基盤構築に対する建議が出され、その翌年には、朝鮮総督府の諮問に対して答申をしている。すなわち、第 5 回総会において京畿道、慶尚南道、咸鏡北道、全羅南道等の支会から「社会教育の振興徹底を計る為之が機関を学務行政系統に統一せられんこと」が建議されたが、その「建議の要旨」をみれば、次のとおりである。

> 熟々朝鮮に於ける社会状態を観察するに其の社会は内鮮両民族により形成せらるゝ為歴史、風俗、習慣を異にずるか故に之を融和親善せしめ以て内鮮一家の実を挙げんには格段の努力を要す又朝鮮人側のみに就て観るも所謂階級観念今猶厳にして一般に労働を賤みつゝあり更に世界的風潮たる自由平等の思想の影響を受け又一方彼の衡平運動の台頭するあり惹て小作争議労働運動等の勃興となり思想方面の問題に接解するの機会決して尠からす之を以て民衆の思想を善導する社会教育は内地に比し一層緊要にして之を忽にせんか遂には収拾し得さるに至ること明かなり。
> 然るに各道の現状を見るに地方課に社会主事又は嘱託を置き主として社会改良事務に鞅掌せしめつゝありと雖も社会教育方面には積極的指導を行ふこと困難なる立

場にあり又学務課に於ては学校の増設に伴ひ諸般の学事行政事務繁激を極むるに拘らず視学の定員の如き大正十年と何等の変更なく為に社会教育に迄力を用ふること到底不可能なるは頗る遺憾に堪へざる所なり。

又本府に於ても内務局に社会課の設けあるも、こは主として所謂社会改良事業を掌るのみにして学務局に之に関する特設の機関なきは教育行政上の一大欠陥なりと謂はざるべからず。

されば社会教育の機関を学務行政系統に統一し本府学務局に社会教育課を設け各道学務課に社会教育係を置き以て従来の社会事業と社会教育とを分離せしめて社会教育は専ら学務系統機関に於て管掌せしめ学校を中心とせる社会教化を徹底的に実行せしむるため相等要員を増置し一日も早く社会教育の目的を達し或は青少年及処女の指導訓練に努め或は成人教育の実施を策する等所謂国民資質の向上に資し以て学校教育の効果を一層挙揚せんことを期するにあり[71]。

社会教育に関するこのような建議が出された翌年1928年の第6回の総会では、朝鮮総督府からの「朝鮮ノ現状ニ鑑ミ社会教育振興上今後施設スヘキ事項」という諮問に対し、各道が意見を出し、それを基に答申を出した。その内容は次のとおりである。

　総督府諮問案に対する答申
　一．制度上に就て
　　青年団社会体育其他社会教育に関する一切の事務を統一して之を学務系統の所管となし左記の通機関を設置すること
　　（一）朝鮮総督府学務局に社会教育課を設置すること
　　（二）各道学務課に社会教育に従事する専任職員を置くこと
　　（三）各府郡島に社会教育に従事する職員を置くこと
　　（四）各面に社会教育委員を置くこと
　二．指導者養成に就て
　　（一）京城大学に社会教育に関する講座を設置すること
　　（二）教育養成機関に社会教育に関する学科目を増設すること
　　（三）社会教育に関する講習会を開催すること
　　（四）指導者の参考に資すべき図書を刊行すること
　三．方法に就て
　　（一）各種の教化団体の普及を計ること
　　（二）社会教育上適切なる読物を刊行すること（国語及諺文）
　　（三）講習会講演会の普及視察見学の奨励を計ること

（四）　民衆娯楽の浄化俗謡の淳化を計ること
　（五）　学校の設備を社会教育に利用し得べき様なすこと
　（六）　工場会社等に於ける教育的施設を奨励指導すること[72]

　前記の答申の内容は、すべてではないものの、後日少しずつ実践に移されていった。その中でも比較的早く実行されたのは、「社会教育に関する講習会の開催」である。1928年10月に朝鮮における社会教育の担当者育成のための「社会教育講習会」が開かれたのである。この講習会は、朝鮮教育会が大日本連合青年団と連合主催したもので、各道知事の推薦によって選抜された同会の会員48名を対象に10月23日から29日までの一週間、社会教育の理論と実際に関する講演をはじめ、行事（朗誦遙拝等）や唱歌、体操等のような心身修練、さらには朝鮮における社会教育の実際についての意見交換や会員の研究発表なども行われた[73]。また、次節で検討するが、1936年には学務局には社会教育課が新設されるようになる。

　以上のように、1920年代後半に入ってからは朝鮮教育会を中心に社会教育の行政的制度構築への動きがあり、これに朝鮮総督府も社会教育振興に関する諮問を求めるなどの対応をみせていたことがわかる。社会教育に関する総督府の諮問は、1929年度の施政20年記念の一事業として同年9月から10月にかけて開催される朝鮮博覧会を機に、朝鮮教育会が主催した「全国教育大会」においても行われた。

　全国教育大会は、朝鮮博覧会の会期中に開催される各種大会の中で、「最も大規模」の大会であり、「最も有意義なもの」といわれたほど、朝鮮の教育関係者はもちろん、日本、台湾、樺太、関東州、南満州等の各地の教育関係者も多数招請した、朝鮮においては「前例の無い事であり、内地においても余り多くの例をもっていない」行事だったのである[74]。この大会は、京城で1929年9月29日から10月2日までの4日間、保育部会、初等教育部会、中等教育部会、女子中等教育部会、専門教育部会、実業教育部会、師範教育部会、社会教育部会、体育衛生部会、教育行政部会等、全部で10部会に分かれて行われた。参加者総数2,021名のうち、1,208名の64.7％が初等教育部に参加しており、社会教育部会には103名が参加し、参加者数では4番目に多かった[75]。社

会教育部会では、朝鮮総督府からの諮問「農村開発ノ為ノ社会教育上施設スベキ最重要ナル事項如何」に対する答申を議決した。その内容は、次のとおりである。

　　答申
　一．農民ノ善導
　　　一．現行農務行政機関ト教育機関トノ連絡ヲ密接ニシ農民ノ善導ヲ期スルコト
　　　二．適切ナル指導員ヲ地方ニ出張セシメ農事改良農村開発ニ関スル講習会展覧会ヲ開キ実地指導ヲナスノ機会ヲ多カラシムルコト
　　　三．農業学校・農業補習学校及初等学校ノ卒業者ニ対シテハ特別ノ保護指導方法ヲ講ジ可成実務ニ服セシメ地方農事ノ指導者タラシムル様善導スルコト
　　　四．学校ヲ中心トスル農村青年会、婦人会等ヲ起シ適当ノ保護指導ヲナスコト
　　　五．農村開発上必要ナル「フィルム」ヲ作製シ活動写真ヲ利用シテ農民ノ指導開発ヲナスコト
　　　六．社会教育行政機関ノ整備ヲ期スルコト
　　　　社会教育ヲ統制主宰スル機関ノ設ナキ行政監督官庁ニ於テハ速ニ之ヲ設ケ社会教育ノ統一促進ヲ計ルコト[76]

1930年代に行われた社会教育行政機構の整備の決定的な要因には、満州事変以来の日本政治の戦時体制化への突入ということがあったが、上述したように、すでに1920年代後半から各地方官庁および朝鮮教育会を中心に社会教育行政機関の整備のための働きかけや基礎・基盤造成の作業があったと思われる。

第3節　植民地後期（1932～1945）における社会教育施策

（1）戦時体制準備と皇国臣民化のための教育政策

1920年代末から全世界に拡散されていた経済恐慌は、日本の経済にも影響を及ぼし、日本国民の政党政治、財閥に対する不満と不信感が拡散されていった。このような状況の中で、日本の政治は徐々に軍部による影響が増していき、対外への侵略が始まった[77]。その第一の試みが1931年9月の満州事変であり、その後1937年7月の日中戦争へ拡大された。しかし、予想とは異なり

戦争が長期化することによって、日本は戦争に必要な膨大な兵力と物資の供給に大きな困難を有するようになり、この難局を打開するために日本は国民を総動員した増産運動を起こす一方、うちつづく敗戦により厭戦思想が台頭しつつある国民に対して精神的武装を強化すべく一大精神運動を展開したのである。このような政策は植民地の朝鮮でも例外ではなかった。1936年、南次郎が総督に新しく就任すると、三・一運動以後比較的穏健だった植民政策は、再び弾圧政策にもどり、朝鮮は完全に兵站基地と化するようになった。物資収奪と兵員および労働力の動員、そして思想的に徹底した日本人化政策が始まったのである。すなわち、朝鮮人の日本人化を積極的に推進するために、国民精神総動員運動が展開され、創氏制度の設定および神社参拝の強要などの皇国臣民化が一層強化され、戦争準備のための志願兵制度の実施と労務者の徴用等が推進された[78]。

このような戦時体制への突入によって、教育政策も大きく変化したが、この時の教育政策の最も特徴的な点は、日本化教育の徹底および教育の戦時体制化であった[79]。すなわち、このような戦時体制に対処するための教育政策の転換は、当時の朝鮮総督府の学務局学務課長であった八木信雄が、日本の「新東亜建設の理念が茲に存する以上、教育、文化の力に俟つべきこと誠に至大である。(中略)朝鮮は大陸前進の兵站基地として軍事、経済上の任務を完全に遂行するのみならず、思想、文化の方面に於いても大陸進出の基地的任務を遂行しなければならぬのであつて、根本より其の実を挙ぐる為には統一せられたる教育方針に依る皇国臣民の教育に俟たねければならない」[80] と表明した意見で把握することができる。つまり、当時の教育の目的は皇国臣民を養成するための教育として、この目的の実現のためには「国体明徴、内鮮一体、忍苦鍛錬ノ三大教育方針ヲ徹下シテ国民タル志操・信念ノ練成ヲ基幹ト為サザルベカラズ」[81] という皇国臣民教育の綱領が提示されたのである。

このような綱領を土台に1938年3月、第3次朝鮮教育令が公布され、これによって小学校規定、中学校規定、師範学校規定なども改正された。南総督が第3次朝鮮教育令の諭告で「抑々朝鮮統治ノ目標ハ斯域同胞ヲシテ真個皇国臣民タルノ本質ニ徹セシメ内鮮一体、倶ニ治平ノ慶ニ頼リ、東亜ノ事ニ処スルニ

在リ」[82]と述べている改正教育令の根本精神に基づき、小学校規定と中学校規定の第1条には各々「小学校は国民道徳の涵養と国民生活の必須的な普通の知能を持たせることによって、忠良なる皇国臣民を育成するにある」と、また「(中学校は―引用者)国民道徳を涵養することによつて、忠良有為の皇国臣民を養成するにある」と、その目的が規定された。

　このような目的の下で改正された第3次朝鮮教育令の特徴は、第一に、従来の朝鮮人を対象にした普通学校、高等普通学校および女子高等普通学校等の名称が、日本人のための学校の名称に統一され、各々小学校、中学校、高等学校および高等女学校に改正された点であり、第二に、教育目的を支える教育内容として、日本語、日本史、修身、体育等の教科が強化されることによって、朝鮮人の日本人化教育が一層強化された点であるといえる。第三に、日本語教育の強化に比べ、朝鮮語の科目は正科から随意科に落とすなど、朝鮮語抑制策が推進された。最後に、公立中学校の数は増やしながらも私立中学校の設立に対してはその基準をより厳しくしていった[83]。その後、私立学校に対する統制は、設立の抑制のみではなく、既存の学校の閉鎖を助長するなど、より強化していった。

　以上のように、植民地時代後期に入り、日本が戦時体制へ突入し始める頃には、朝鮮の教育政策も、漸次その戦時体制を支援するための手段として転落し、もっぱら「皇国臣民を育成」するための制度的整備を構築していくこととなった。このような制度的整備は当然社会教育分野でも起こり、本格的な社会教育の制度化がこの時期に推進された。

(2)　社会教育行政機構の整備および主要な社会教育政策

　「朝鮮における社会教育は、新政（総督政治―引用者）以来主として学校を中心として営まれ、民心の啓発思想の善導を図られたのであるが、当時朝鮮の事情は、学校教育の普及促進を図ることが焦眉の急務であつたので、勢ひ時勢及民度に適応すべき学校教育制度の確立並びに之が施設に重点が置かれ、随つて社会教育方面の事業は閑却せらゝに至つた」[84]と、朝鮮総督府学務局社会教育課が書いているように、植民地時代朝鮮の社会教育は、以前から学校教育

の周辺的な存在にすぎなかった。したがって、社会教育の独自的な事業はもちろん、その行政的位置も曖昧で、朝鮮で「社会教育」という言葉が使われてから1932年に「従前内務局に属せる社会課を学務局に移し、社会事業と社会教育教化に関する事務とを一括して学務局社会課の主管とするに至」[85]るまでは、社会教育関連の事業は、内務局と学務局両方に分けて行われた。すなわち、「社会教化に関する機構が初めて形成されたのは大正十年」[86]として、朝鮮総督府内務局に社会課が設置され、そこでは「社会事業と社会教化との両方面の事務を取り扱つて居た」[87]のである。ところが、「農村振興運動」とともに社会課業務が精神教化に重点が置かれるようになり、1932年2月13日、総督府事務分掌規定改定時に、総督府は従来内務局傘下の社会課を学務局に移し、学務局の宗教課を社会課へ吸収・統合した。こうした社会課の学務局への移転によって社会課の業務は社会事業と社会教育事業、宗教業務など非常に多様となり、それゆえ、結果的に学務局は教育、学芸に関連する事務だけではなく、学務行政と直接的に関係のない業務まで管掌するようになったのである。例えば、寺有貴重品保存、住持就職認可、勤労労働組合、労働者移動紹介、鉱山労働者募集などがあげられる[88]。以下は、1932年に新たに規定された学務局社会課の管掌事務の項目である。

1. 社会事業に関する事項
2. 済生院と感化院に関する事項
3. 社会教育に関する事項
4. 青少年と青年訓練所に関する事項
5. 図書館と博物館に関する事項
6. 経学院と明倫学院に関する事項
7. 郷校財産に関する事項
8. 宗教と祭事に関する事項
9. 寺院に関する事項
10. 宝物古跡名勝天然記念物等の調査と保存に関する事項

ところが、1936年には、「時勢の進展に伴ひ政務が増大して来たこと〻、斯業に関する施設を刷新拡充するの必要が起つて来た」[89]という理由で、社会課

に属せる事務を二分して、社会課は内務局に移管して主に社会事業の事務を処理し、社会教化に関する事務は、学務局に社会教育課を新設して取り扱うようになった[90]。

このように朝鮮における社会教育に関する行政的業務は、1936年に社会教育課が設置される前までには社会事業と一緒に扱われてきたが、満州事変以来日本政治の戦時体制化への突入のため、国民の精神教育が重要になるにつれ、学校教育の改正とともに、社会教育（教化）の制度的整備[91]が積極的に図られるようになった。これは、1940年10月に朝鮮総督府が出した『施政30年史』の中の「現下非常時局に処する国家体制の強化は、弥ゝ社会教育に憑依するの甚大なるものがある。本府は満洲建国後に於ける産業・経済其の他管下一般の社会実相に鑑み、特に社会教育機構の充実を必要とし、昭和十一年十月、朝鮮総督府事務分掌規程を改正して、社会教育の一課を新設するに至つた。之に依つて爾来、社会教化一般・地方改良・体育・宗教乃至文化部面等々を一括し、以て所期の目的を遂行しつゝあるが、殊に支那事変長期建設下に於ける現在に於いては、之に対処する諸般の施設を講じ、東亜新秩序建設の前進基地たるに遺憾なきを期しつゝある」[92]という一文に示されているように、社会教育課は結局戦時体制の支援のために設置されたということができる。

次の図2-3は、植民地時代朝鮮における社会教育と社会教化事業に関する事務を担当した部署の変遷を整理したものである。

図2-3にみられるように、三・一運動後、社会教化の必要から1921年に、内務局に社会課が新設されたが、その主要業務は社会事業に関する業務が多く、社会教育に関する業務が規定されるのは、1932年に社会課が学務局に移転されてからである。その後、1936年に社会課が再び内務局に移され、学務局に社会教育課が新設されることによって、ようやく社会教育に関する行政的体系が整備されるようになった。1937年7月現在の社会教育課の所管事務およびその機構は、次のとおりである[93]。

1. 社会教育課の所管事務
    一．社会教化に関する事項
        (1) 国民精神の作興に関する事項
        (2) 思想善導に関する事項
        (3) 少年団及青年訓練所に関する事項
        (4) 婦人の教養に関する事項
        (5) 啓蒙教化に関する事項
        (6) 図書館及博物館に関する事項
        (7) 経学院及明倫学院に関する事項
        (8) 生活改善に関する事項
    二．地方改良に関する事項
    三．社会体育に関する事項
    四．郷校及郷校財産に関する事項
    五．宗教及殿陵享祀に関する事項
    六．宝物、古跡、名勝、天然記念物の調査及保存に関する事項
    七．教化団体に関する事項
2. 社会教育教化の機構

所属局名	課名	課内係別	分掌事務
学務局	社会教育課	庶務係	庶務、予算、会計
		教化係	教化、図書館、生活改善
		地方改良係	地方改良
		体育係	体育、体育団体、
		宗教係	宗教、殿陵、享祀
		体育係	一般体育
		古跡係	宝物、古跡、名勝、天然記念物調査保存
		金剛山探勝施設調査係	金剛山探勝施設調査

　既述したように、以上のような社会教育の行政機構整備は、戦時体制の構築のための「皇国臣民の育成」という目的の下で行われ、これ以降の社会教育は、これまでの学校教育の普及や補足としての社会教育ではなく、その対象を主として成人や青年に移し、本格的な戦争準備のための社会教育体制に入ったのである。

　成人教育においては、まず「国民精神の作興」をその根本方策とし、具体的な方策としては、「皇国臣民ノ誓詞」を制定・普及し、また「愛国日（興亜奉公日）の制定実施」、「生活新体制の確立」、「巡回講演」、「社会教化功労者の表彰及び社会教化施設に対する補助金の交付」、「教化団体聯合会」の設立および補

<1910年>

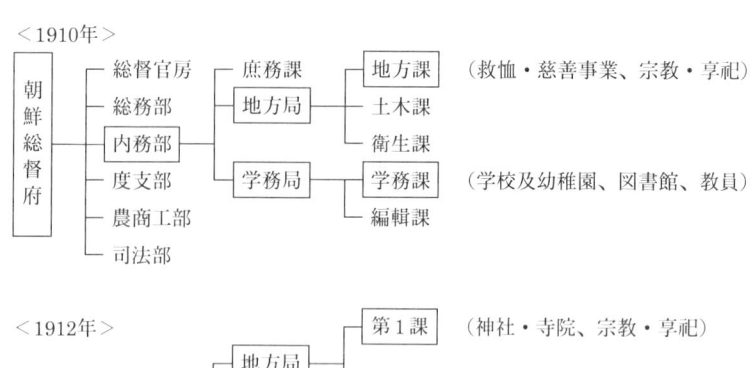

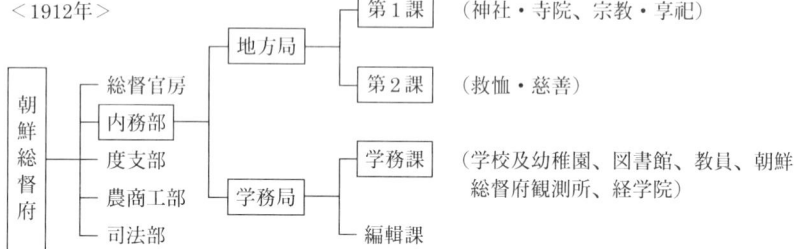

- 朝鮮総督府
  - 総督官房
  - 総務部
  - 内務部
    - 庶務課
    - 地方局
      - 地方課 （救恤・慈善事業、宗教・享祀）
      - 土木課
      - 衛生課
    - 学務局
      - 学務課 （学校及幼稚園、図書館、教員）
      - 編輯課
  - 度支部
  - 農商工部
  - 司法部

<1912年>

- 朝鮮総督府
  - 総督官房
  - 内務部
    - 地方局
      - 第1課 （神社・寺院、宗教・享祀）
      - 第2課 （救恤・慈善）
    - 学務局
      - 学務課 （学校及幼稚園、図書館、教員、朝鮮総督府観測所、経学院）
      - 編輯課
  - 度支部
  - 農商工部
  - 司法部

<1919年>

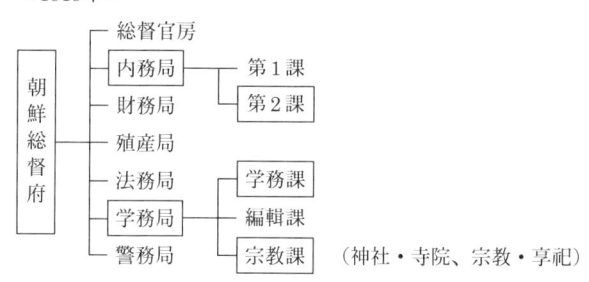

- 朝鮮総督府
  - 総督官房
  - 内務局
    - 第1課
    - 第2課
  - 財務局
  - 殖産局
  - 法務局
  - 学務局
    - 学務課
    - 編輯課
    - 宗教課 （神社・寺院、宗教・享祀）
  - 警務局

<1921年>

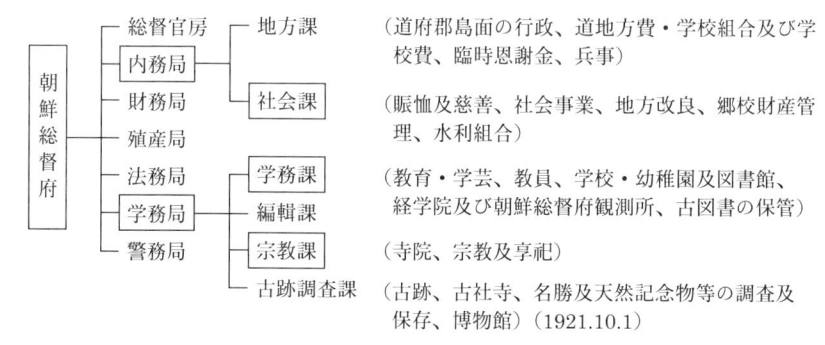

- 朝鮮総督府
  - 総督官房
  - 内務局
    - 地方課 （道府郡島面の行政、道地方費・学校組合及び学校費、臨時恩謝金、兵事）
    - 社会課 （賑恤及慈善、社会事業、地方改良、郷校財産管理、水利組合）
  - 財務局
  - 殖産局
  - 法務局
  - 学務局
    - 学務課 （教育・学芸、教員、学校・幼稚園及図書館、経学院及び朝鮮総督府観測所、古図書の保管）
    - 編輯課
    - 宗教課 （寺院、宗教及享祀）
    - 古跡調査課 （古跡、古社寺、名勝及天然記念物等の調査及保存、博物館）（1921.10.1）
  - 警務局

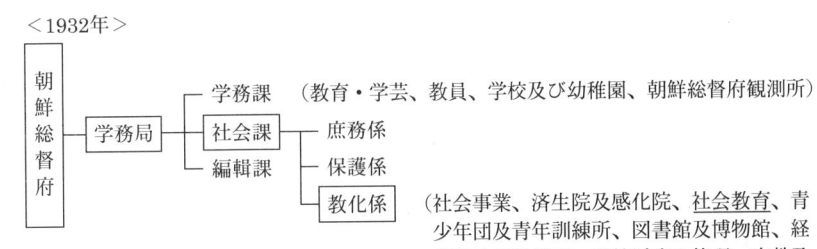

第 2 章　植民地朝鮮における社会教育施策の展開過程　113

＜1932年＞

朝鮮総督府 ─ 学務局 ─┬─ 学務課　（教育・学芸、教員、学校及び幼稚園、朝鮮総督府観測所）
　　　　　　　　　　├─ 社会課 ─┬─ 庶務係
　　　　　　　　　　│　　　　　├─ 保護係
　　　　　　　　　　│　　　　　└─ 教化係　（社会事業、済生院及感化院、<u>社会教育</u>、青少年団及青年訓練所、図書館及博物館、経学院及明倫学院、郷校財産の管理、宗教及享祀、寺院、宝物・古跡名勝天然記念物等の調査及保存）
　　　　　　　　　　└─ 編輯課

＜1936年＞

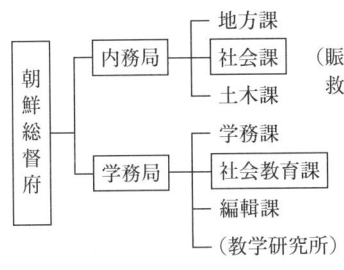

朝鮮総督府 ─┬─ 内務局 ─┬─ 地方課
　　　　　　│　　　　　├─ 社会課　（賑恤及び救済、罹災救助、児童保護、労働保護、失業救済及び防止、済生院及び感化院、其の他社会事業）
　　　　　　│　　　　　└─ 土木課
　　　　　　└─ 学務局 ─┬─ 学務課
　　　　　　　　　　　　├─ 社会教育課　（社会教育及社会教化、青少年団及青年訓練所、図書館及博物館、経学院及明倫学院、郷校財産、宗教及享祀、寺院、宝物・古跡名勝天然記念物等の調査及保存）
　　　　　　　　　　　　├─ 編輯課
　　　　　　　　　　　　└─（教学研究所）

＜1943年＞

朝鮮総督府 ─┬─ 総督官房
　　　　　　├─ 財務局
　　　　　　├─ 鉱工局
　　　　　　├─ 農商局
　　　　　　├─ 法務局
　　　　　　├─ 学務局 ─┬─ 学務課　（教育・学芸、教員、学校及び幼稚園、観測所、教職員共済組合、宝物・古跡・名勝・天然記念物等の調査及び保存）
　　　　　　│　　　　　├─ 練成課　（青少年の訓練、陸軍兵志願者訓練、青年特別訓練、指導者練成、国民練成及び国民勤労教育、体位向上、社会教育及び社会教化、宗教及び経学）
　　　　　　│　　　　　├─ 編修課　（教科用図書、初等教育に関する教員用参考図書の認定及推薦、国語の調査、諸学校用放送・映画及音盤、諸学校用歌詞及び楽譜、略歴出版及分布）
　　　　　　│　　　　　├─ 社会課　（軍事保護、救護及び救療、住宅、社会福利、済生院及び感化院、其他社会事業）
　　　　　　│　　　　　└─ 中堅青年修練所
　　　　　　├─ 警務局
　　　　　　└─ 厚生局

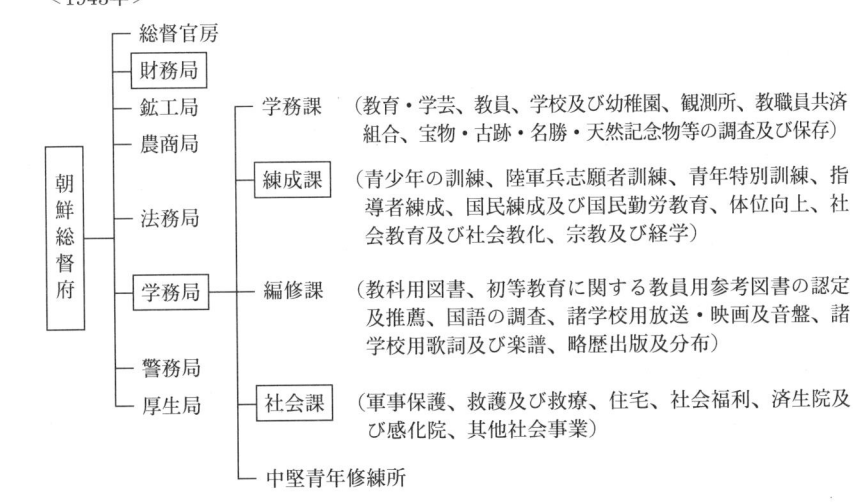

図 2-3　社会教育教化事業の担当部署一覧
（出典：李明實「日本強占期社会教育史の基礎的研究―朝鮮総督府による施策の展開を中心に―」筑波大学大学院博士学位論文、1999、p.167から引用）

助等を図ったのである[94]。そして、青年教育においては当時の「時局の進展に伴い」、既存の青年団の設立に対する阻止や厳重たる取締り方針から「青年団の組織並指導要綱」を明示しその対象を全青少年に拡大させていく方針へ変わっていったのである。当時の青年団の組織における「組織基準」を挙げれば、「（一）国民総訓練の趣旨に則り全青少年を団員とす但し現に学校教育を受くる者を除く（二）学校に於ける訓練と共に国防国家体制の総合的効果を獲得する為男女青少年を通じて一貫したる訓練体制を樹立す（三）青年訓練所、青年団の不離一体性を確保す（四）組織については豊富なる抱擁性と厳正なる規律統制とを主眼とす」[95]の4項目である。

その他にも、地方改良に関する施策や国民体育を振興させる運動等を実施し、「皇国臣民の育成」のための地方隅々にまでわたる一括した統制や最大限の戦力増強を図ったのである[96]。

1940年以降には戦時体制がより強化され、青年団をはじめとする諸教化団体を指導統制し、思想善導する必要が高まった。1943年3月に第4次朝鮮教育令を発布し、同年12月に事務分掌規程を改正しながら、学務局の機構も再び整理され、既存の社会教育課は練成課に改編された。練成課の業務は、①青少年の訓練に関する事項、②陸軍兵志願者訓練に関する事項、③青年特別練成に関する事項、④指導者練成に関する事項、⑤国民練成および国民勤労教育に関する事項、⑥体位向上に関する事項、⑦社会教育および社会教化に関する事項、⑧宗教および経学に関する事項などであり、社会教育に関する業務は練成課に吸収され、戦時体制準備のための役割を担当した。一方、内務局の社会課が再び学務局に移転されたが、その際の社会課の業務の中、注目すべきことは、救護および救療、住宅、社会福祉等のような社会事業外に「軍事保護に関する事項」が規定されたことである。これは、社会教育課が練成課に吸収されたことと同じ文脈に位置付くものといえよう。

このように、社会教化および社会教育に関する業務が内務局と学務局を頻繁に往来しながら再編されていったのは、植民地朝鮮における「学務行政が教育的次元ではなく、植民統治行政運営の次元で進められていた」[97]ことに起因すると思われる。それは植民地期の歴代学務局長および学務課長の経歴からも推

察できるが、表2-4に示されているように、歴代学務局長および学務課長のうち、専門教育家や教育専門行政官僚出身は非常に少なく、一般行政および治安関係の行政官僚出身が多数を占めていることがわかる。例えば、1921年2月12日から翌年の10月3日までに朝鮮総督府の学務課長の職にあった松村松盛は、その在任中に「内務省版の社会教育の手引書であった」[98]といわれる『民衆之教化』を著したが、その中で、「教育行政は内務行政の一部」であるから、「社会教育について直接主要なる関係を有するのは内務行政を担当する官庁」である[99]と述べている部分は、この意味で注目すべき部分であると思われる。

表2-4 歴代の朝鮮総督府学務局長・課長の経歴

学務局・課長（在任期間）	朝鮮における経歴	日本・その他における経歴
学務局長 関屋貞三郎 (1910.10.1～1919.8.20)	1910年中枢院書記官長	1899年7月東京帝大法科卒業, 11月高等文官試験合格, 1900年台湾総督府参事官, 1902年大蔵省参事官, 1903年内務大臣秘書官, 1904年台湾総督府秘書官, 1906年関東都督府民政部長, 佐賀・鹿児島各県内務部長, 1925年各府県知事, 1928年大使大輔次官
柴田善三郎 (1919.8.20～1922.10.16)		東京帝大法科卒業, 高等文官試験合格, 和歌山県事務官, 各府県警察部長, 内務部長, 1924年各府県知事, 1932年内閣書記官長, 静岡県知事
長野幹 (1924.10.16～1924.12.1)	中枢院書記官長	石川・富山・佐賀各県事務官, 内務参事官, 1911年から広島・福岡・神奈川各県内務部長, 三重県知事, 秋田県知事, 鹿児島県知事
李軫鎬 (1924.12.12～1929.1.19)	1882年武科及第, 1886年錦陵公院卒業, 1887年茂朱力副都體察隊左部班任命, 1894年9月義州府第2塚長, 1907年10月中枢院副参議, 平安南道知事, 1910年10月慶尚北道知事, 全羅北道知事, 1934年1月中枢院顧問, 中枢院副議長, 1943年10月中枢院顧問	
学務局長 松浦鎮次郎 (1929.2.1～1929.10.9)	1927年京城帝国大学2代学長, 1928年臨時教育審議委員会会員	東京帝大卒業, 高等文官試験合格, 東京府参事官, 文部秘書官, 文部大臣秘書官, 文部省宗務局長, 文部次官, 各種学事調査官普通学務局長, 1929年九州帝国大学学長
武部欽一 (1929.10.9～1931.6.27)	内務局長, 中枢院書記官長	1908年7月東京帝大法科卒業, 山口県事務官, 茨城県属, 1911年文官高等試験合格, 督学官, 1922年文部宗教局長, 1924年文部省実業学務局長, 1927年文部省普通学務局長, 1931年12月長野県知事
牛島省三 (1931.6.27～1931.9.23)		1910年東京帝大法科卒業, 1911年文官高等試験, 兵庫県警視, 1916年熊本県理事官, 1919年以降熊本県, 兵庫県警察部長, 1924年石川県内務部長, 以後長野県, 大阪府内務部長, 1928年茨城県知事, 1929年警察部長, 1929年茨城県知事
林茂樹 (1931.9.23～1933.8.4)	1912年12月総督府試補, 1913年12月総督府司計科事務, 1919年8月司計課員1921年4月総督府専売局庶務課長, 1925年4月総督府鉄道局経理課長, 1929年全羅北道知事, 12月慶尚南道知事	1912年7月東京帝大法科卒業, 1912年11月高等文官試験
渡邊豊日子 (1933.8.4～1936.8.4)	1919年12月朝鮮総督府事務官, 内務局, 1921年2月監察官, 7月内務局地方課長, 1922年5月殖産局農務課長兼土地改良部長, 1929年1月山林部長, 1930年12月慶尚南道知事	1912年7月東京帝大法科卒業, 1912年11月高等文官試験合格, 1914年1月内務属, 1915年7月宮城県理事官, 1918年7月愛知県理事官
富永文一 (1936.5.21～1937.7.3)	1916年6月総督府試補, 1918年1月黄海道事務官, 総督府事務官, 1923年8月警察官吏, 1925年中枢院事務官, 1926年11月総督府保安課長, 1929年内務局地方課長, 1931年10月忠清北道知事, 1937年7月朝鮮総督府理事官	1915年東京帝大法科卒業, 1916年5月東京帝大法科卒業
塩原時三郎 (1937.7.3～1941.3.26)	第3次朝鮮教育令改正, 義務教育制度実施審議, 通信院総裁	
眞崎長年 (1941.3.26～1942.10.23)	1922年6月朝鮮総督府属として来朝, 1922年9月江原道学務課長, 1923年11月江原道地方課長, 1924年10月平安南道地方課長, 1927年7月黄海道財務部長, 1929年1月忠清北道警察部長, 1929年11月慶尚北道警察部長, 1933年1月学務課長	1917年1月人戸省属, 1921年10月文官高等試験合格
大野謙一 (1942.10.23～1944.8.17)		

第 2 章　植民地朝鮮における社会教育施策の展開過程　117

学務課長	武永憲樹 (1944.8.17〜)		
	隈本繁吉 (1910.10.1〜1911.2.1)	1908 年 3 月韓国学部書記官、学部外国語学校長、朝鮮総督府事務官	1897 年東京帝大文科史学科卒業、文部省図書審査官視学官、福井中学校長、東京高等師範学校教授、台湾総督府、国語学校長、学務部長、図書館長、高等商業学校長、大阪高等学校長、1905 年逓草専売局長、1907 年千葉県警視、鹿児島県警務官
	弓削幸太郎 (1911.4.11〜1921.2.12)	1911 年朝鮮総督府視学官、1921 年鉄道部長	1904 年高等文官試験合格、1905 年逓草専売局長、1907 年千葉県警視、鹿児島県警務官
	松村松盛 (1921.2.12〜1922.10.3)	1919 年 8 月朝鮮総督府道事務官全羅北道警察部長、1922 年 10 月総督府房秘書官および秘書課長、1925 年 12 月外事課長、1929 年 12 月殖産局長	1914 年和歌山県那賀郡長、1916 年同理事官、1918 年福岡県事務官
	半井清 (1922.10.3〜1923.5.4)	総督官房文書課長、学務局宗教課長、庶務部事務官	
	荻原彦三 (1923.5.19〜1924.12.6)	1918 年 1 月総督府参事官、1923 年 3 月総督府事務官兼文書課長、12 月殖産局水産課長、1925 年 9 月文書課長、1927 年 3 月殖産局土地改良課長、1929 年 11 月文書課長、1935 年咸鏡南道知事、1935 年拓務省管理局長	1915 年 10 月高等文官試験合格、1916 年 5 月東京帝大法科卒業
務	平井三男 (1924.12.6〜1926.2.24)	度支部専売課長	
	福士末之助 (1928.2.24〜1929.11.8)	1927 年 12 月総督府秘書官 1928 年総督府視学官兼秘書官 1929 年 12 月京城帝国大学予科教授兼視学官	1904 年 3 月東京高等師範学校卒業、4 月東京市深川高等小学校訓導校長、1913 年 4 月東京高等師範学校教諭、1915 年 3 月静岡県浜松師範学校長、1916 年 3 月大阪市主事兼学事課長、1920 年 4 月大阪市教育部長、1924 年 10 月長崎県師範学校長、1925 年 12 月東京高等師範学校教授、1926 年 6 月文部事務官、1927 年普通学務局事務官
	神尾弐春 (1929.11.8〜1933.1.19)	1925 年朝鮮総督府事務官、全羅南道警務部長、1927 年 7 月総督府事務官、内務社会課長	1918 年 7 月東京帝大法科卒業、1918 年福岡県属、1919 年内務属、1920 年 3 月山口県大津郡長、1921 年 3 月山口県理事官、1924 年 10 月東京府理事官、1924 年 12 月地方事務官
課	大野謙一 (1933.1.19〜1936)	上述の学務局長の部分を参照	
長	高尾甚造 (1936〜1939.1)	1924 年 5 月江原道学務課長、1925 年江原道視学官、1927 年 2 月黄海道地方課長、1928 年 3 月総督府事務官、学務局学務課勤務、1928 年 9 月京城法学専門学校講師、1929 年朝鮮総督府警務局保安課長兼任、10 月外事課重知局事務官兼任、1939 年慶尚北道知事	1922 年 3 月東京大法学部政治科卒業
	八木信雄 (1939〜1940.8)		
	倉島至 (1940.9〜1941)		
	本多武夫 (1941〜)	1932 年忠清北道・咸鏡南道・京畿道各学務課長、京城総務監督局経理部長、総督府事務官、農林局検政課勤務、忠清北道・平安北道を警察部長、総督府官、警務局、図書課長等	1929 年 4 月九州帝大法文学部法科卒業、7 月拓務省朝鮮部属

出典：大野謙一『朝鮮教育問題管見』1936, p.459；『職員録』1910 年〜1945、内閣印刷局；李明實「朝鮮総督府における社会教育史の基礎的研究─朝鮮総督府による施策の展開を中心に─」筑波大学大学院博士学位論文、1999, p.207；이방원「朝鮮総督府学務局の機構変遷과朝鮮独立運動史研究」第 6 集、1992、pp.58〜59、p.66 より作成。

注
1) 隈本繁吉は、1873 年に福岡に生まれ、1897 年に東京帝国大学文科大学史学科を卒業し、以降、文部省図書審査官・文部省視学官・福井県立福井中学校長・東京高等師範学校教授などの職を歴任した後、1908 年 3 月、朝鮮政府の招聘に応じ、学部の書記官として来韓しており、官立漢城外国語学校長をも兼任していた。1910 年 8 月 29 日に日韓併合条約が公布され、朝鮮総督府が設置された後、1911 年 2 月に台湾総督府に転任するまで、朝鮮総督府の内務部学務局学務課長として勤めた。1919 年まで台湾総督府の各職を務め、1920 年帰国してから高松高等商業学校長、大阪高等学校長、第 6 高等学校長などの職を歴任し、1952 年に没した。阿部洋「隈本繁吉略歴」『韓』第 7 巻第 9・10 合併号、1973、pp.297～299；李明實「日本強占期社会教育史の基礎的研究―朝鮮総督府による施策の展開を中心に―」筑波大学大学院博士学位論文、1999、p.29。
2) 隈本繁吉『教化意見書』(1910) 渡部学・阿部洋編『日本植民地教育政策史料集成（朝鮮篇）』第 69 巻、龍渓書舎、pp.39～40。
3) 植民地初期の朝鮮における教育方針は、隈本繁吉の『教化意見書』にもよく表れている。その内容を簡単に要約すると、以下のようである。

> 朝鮮民族ノ教育ニ於テ施設スベキモノハ……当分主トシテ初等教育及職業教育ノミニテ足ルコト明ナルベシ。……
>
> 第一　初等教育ハ主トシテ日本語ヲ普及セシムル機関トナシ急進ニ走ルコトヲ避ケテ専ラ旧慣ノ上ニ民度ニ相応セル簡単ナル施設ヲナシ其学科ノ如ギモナルベク数ヲ減シテ単純ナルモノトナシ内地流ノ分科主義ヲ避ケザルベカラズ。而シテ其内容ハ極メテ実際的ノモノヲ採リ農業ヲ主トシテ商工業ニ関スル実科教材ヲ多クシ……結局自労ニヨリテ安穏ニ自活スル順良ナル帝国ノ臣民ヲ教養スルコトニ留意スベキナリ。
>
> 第二　職業教育ハ初等教育ヲ継承シテ之ヲ完成セシムル所以ナリ。……今後日本帝国ノ統治ニ対シテ最モ障碍ヲナスモノハ恐クハ此民族ノ自覚心ニアラン。サレバ今後教育ノ施設ニ於テハ最モ此点ニ留意シテ彼等（朝鮮民衆―引用者）ヲシテ民族的自覚心ヲ覚醒セシメザルコトヲ努ムルコトハ極メテ緊要ナルコトナリト云フベシ。……世ノ一部ノ同化論者ノ如クニ日本流ニ諸種ノ高等ナル学校ヲ興シテ文化ノ急激ナル発展ヲ企図スルガ如キハ徒ニ彼等ヲシテ益生活難ニ陥ラシムルノミナラズ延イテ帝国ノ和平ヲ害スルニ至ルベキナリ。

隈本繁吉、前掲書、pp.35～40。
4) 古川宣子「植民地期朝鮮における初等教育―就学状況の分析を中心に―」日本史研究会編『日本史研究』1993.5、pp.39～40。
5) 隈本繁吉、前掲書、p.1。
6) その目次は次のとおりである。

　　　　第一章　　日本ハ世界ニ無比ナル帝国ナリ
　　　　第二章　　日本民族ノ忠義心
　　　　第三章　　日本民族ノ同化力

第四章　同化ノ意義
第五章　世界ニ於ケル同化政策
第六章　琉球ト台湾トハ同化ノ適例ニアラズ
第七章　朝鮮民族ノ同化
第八章　朝鮮民族ノ順良化
第九章　雑婚政策
第十章　日本民族ト朝鮮民族トノ生存関係
第十一章　日本民族教育ト朝鮮民族教育トノ差異
第十二章　朝鮮民族教育ノ範囲

　同上書、pp.1 〜 2。

7)　「朝鮮教育ノ概要」『朝鮮総督府月報』1912.11（近代アジア教育史研究会編『近代日本のアジア教育認識・資料篇―明治後期教育雑誌所収中国・韓国・台湾関係記事―』（第一部韓国の部）第 6 巻、龍渓書舎、1999、p.110 所収）。

8)　金道洙、「우리나라의 近代社會教育政策과 活動形態의 展開過程―日帝統治時代를 中心으로―」檀国大学校教育大学院『教育論叢』創刊号、1985、p.33。

9)　弓削幸太郎『朝鮮の教育』自由討究社、1923、pp.201 〜 202。

10)　同上書、p.130。

11)　朝鮮総督府学務局社会教育課『朝鮮社会教育要覧』1941、p.13。

12)　同上。

13)　朝鮮総督府学務局『学校を中心とする社会教育状況』1922、pp.197 〜 199。

14)　殷山公立普通学校の事業の沿革および現況は、次のとおりである。

　　一　事業及其の沿革
　　　1　通俗教育講話会―大正五年度より実施今日に至る
　　　2　国語講習会―大正三年度より実施大正七年にて中止
　　　3　展覧会―大正三年より実施今日に至る
　　　4　夜学会―大正三年より実施一時中絶せしか大正九年より復興す
　　　5　私立学校及書堂との連絡―大正九年度より実施今日に至る
　　二　事業の状況
　　　1　通俗教育講話会―毎年春秋二季に蓄音機生成績品等を携帯し各部落を巡回し教育、産業、其他につき講話をなす
　　　2　国語講習会―実施当時は甚盛にして各部落共学校職員或は中等学校普通学校卒業生を教師とし学習をなし居りしか騒擾後各部落共一斉に中止するに至れり
　　　3　展覧会―大抵毎年一回位学芸品展覧会を開催し一般父兄の観覧をなさしむ
　　　4　夜学会―学校の事業として毎年邑内に夜学会を開き附近部落よりも出席を勧誘し其成績の見るへきものありしか大正九年より青年会の事業として開設することとなれり
　　　5　私立学校及書堂との連絡―毎年校長の視察指導をなし来れるも書堂は其数多く総ての書堂を

普く視察をなすことは困難なるを以て大正九年度より祝祭日学校記念日学芸会其他の場合に案内をなし努めて其接触を計りつつあり

　6　其他父兄会、学芸会、家庭訪問等の機会を捉へ一般社会教化に資すべく努めつつあり（傍点、引用者）

　同上書、pp.186〜188。
15)　同上書、pp.87〜98。
16)　同上書、p.94。
17)　同上書、p.91。
18)　同上書、p.184。
19)　同上書、pp.130〜134、pp.184〜185。
20)　幣原坦、『朝鮮教育論』六盟館、1919、pp.169〜171。
21)　金三斗「初等学校に於ける社会的教育の指導」『文教の朝鮮』1928年9月号、p.107。
22)　帝国地方行政学会『朝鮮統治秘話』、1937、p.286。
23)　代表的な学校として、忠清南道の洪城公立普通学校、全羅北道の井邑公立普通学校、平安南道の北院公立普通学校、殷山公立普通学校、平安北道の義州公立普通学校、楊市公立普通学校、全羅南道の光州公立普通学校、黄海道の沙里院公立普通学校などを挙げることができる。朝鮮総督府学務局、前掲書、1922、pp.95〜96、p.134、pp.138〜143、pp.155〜156、pp.178〜179、p.187、pp.190〜191、p.200。
24)　同上書、p.138。
25)　同上書、p.139。
26)　同上書、p.142。
27)　同上書、p.200。
28)　併合以後の普通学校の校長には「合邦以前と違って、皆内地人（日本人―引用者）を以て之に任じている。而して五学級以上の所では、校長の外、更に一人の内地人教師を配当してある。中には四学級の所でも、此の配当の中に加はってゐることもないではない。而して是等の内地人教師は、朝鮮人教師を率ゐて、営に、学校内の児童の訓練のみならず、延いて社会の教育にまで指を染めることゝなってゐる。」幣原坦、前掲書、pp.169〜179。
29)　宮坂広作『近代日本社会教育政策史』国土社、1966、p.108。
30)　「文化政治」という言葉は、三・一運動後に総督に就任して従来の武断政治に大きく改正を行った斎藤実の施政方針に基づき、使われるようになった。これに関しては学務課長（1933〜1936年）と学務局長（1942〜1944年）を歴任した大野謙一が次のように述べているところから看取できる。

　　　第三代斎藤総督の施政方針が世上文化政治の名を以て呼ばれて居ることは、世間周知の事実である。初代寺内総督の施政方針を武断政治と云い、斎藤総督の施政方針を文化政治と呼ぶことが、果して當を得たものであるか否かは疑なきを得ないところであるが、帝国の半島統治上新に文化政治なる呼称が用ひらるゝに至つたのは、今期の官制改正に依て従来朝鮮総督が専ら武官中より任用せらるゝの制な

りしを改めてその制限を撤廃し、憲兵警察制度が普通警察制度に改められたこと、並びに斎藤総督が就任の劈頭部下に与へられた前掲訓示中に「文化的制度の革新に依り朝鮮人を指導提撕して以て其の幸福利益の増進を図り将来文化の発達と民力の充実とに応じ政治上社会上の待遇に於ても内地と同一の取扱を為すべき究極の目的を達せんことを庶幾す」云々「民生民風を啓発し以て文明政治の基礎を確立せんとす」云々と述べられたことに基因するものと推測せられるのである。(傍点は、原文のまま)
大野謙一『朝鮮教育問題管見』1936、pp.103〜104。
31）呉天錫著、渡部学・阿部洋共訳『韓国近代教育史』高麗書林、1979、pp.272〜273。
32）車錫基『韓国民族主義教育의研究』進明文化社、1982、pp.244〜246（初出：田保橋潔『朝鮮統治史論稿』下巻、朝鮮総督府中樞院、1940、pp.202〜203）。
33）大野謙一、前掲書、p.133。
34）同上書、pp.135〜136。
35）李萬珪『朝鮮教育史Ⅱ』거름、1988、p.193。
36）呉天錫、前掲書、p.283。
37）同上書、p.315。
38）弓削幸太郎、前掲書、p.242。
39）同上書、p.243。
40）同上書、pp.243〜245。
41）同上書、pp.245〜246。
42）同上書、p.246。
43）同上書、pp.234〜242。
44）同上書、pp.237〜238。
45）同上書、p.238。
46）古川宣子「朝鮮における普通学校の定着過程―1910年代を中心に―」日本教育史学会『日本の教育史学』第38集、1995、pp.182〜183。
47）古川宣子は、前掲書において、1915年2月段階で総督府が各道長官宛てに送った「公立普通学校授業料ニ関スル件」という通牒の中に含まれた1915年2月現在の公立普通学校授業料徴収状況に対する調査資料を次の表のように整理した上で、1911年朝鮮教育令が公布された直後に出された普通学校規則第32条「普通学校ニオイテハ道長官ノ認可ヲ受ケ授業料ヲ徴収スルコトヲ得」と、後に公布された公立学校費用令第2条「公立普通学校ノ設立維持ニ関スル費用ハ臨時恩賜金利子、郷校財産収入、基本財産収入、授業料、寄附金、国庫補助金及地方費補助金ヲ以テ之ヲ支弁ス」に基づいて、学父兄から授業料を徴収するようになっていたことを明らかにし、授業料などに対する父兄の負担が全国一律ではなかったが、徐々に増えつつあったことを指摘している。

すなわち、韓祐熙によれば、「1922年2月4日に第2次朝鮮教育令が公布され、同令の第23条によれば、授業料等に対しては朝鮮総督が決めるところによるとなり、続いて公布された普通学校規程第81条には『公立普通学校ニ於テハ道知事ノ認可ヲ受ケ1月1円以内

表 2-5　公立普通学校授業料（1915 年 2 月 8 日現在）

（単位：校）

道	徴収校							非徴収校	総計
	5 銭	7 銭	8 銭	10 銭	15 銭	20 銭	小計		
京畿道	38	0	0	5	0	8	51	0	51
忠清北道	18	0	0	0	0	0	18	0	18
忠清南道	0	0	0	35	1	0	36	0	36
全羅北道	14	2	0	0	0	0	16	14	30
全羅南道	0	0	0	4	0	0	4	25	29
慶尚北道	0	0	0	25	0	1	26	19	45
慶尚南道	0	0	0	8	0	0	8	24	32
黄海道	10	0	0	11	0	0	21	0	21
平安南道	0	0	0	22	1	11	34	0	34
平安北道	10	0	0	6	0	0	16	15	31
江原道	0	0	0	25	0	0	25	0	25
咸鏡南道	1	0	7	4	0	0	12	3	15
咸鏡北道	5	0	0	1	0	0	6	9	15
合計	96	2	7	146	2	20	273	109	382

出典：古川宣子、前掲書、p.178。

ノ授業料ヲ徴収スルコトヲ得。特別ノ事情アルトキハ当該学校費ノ賦課金ヲ負担セサル者ノ児童ニ限リ道知事ノ認可ヲ受ケ前項ノ制限ヲ超エタル授業料ヲ徴収スルコトヲ得但シ朝鮮学校費令施行規則第 21 条規定ニ依リ賦課金ヲ免除セラレタル者ニ付テハ此ノ限ニ在ラス』として毎月 1 円の限度内で授業料を受けることができるようにし、朝鮮学校費令による賦課金を出していない場合は、これを超過して徴収するように規定されていた」。1922 年、「授業料は京城府の場合、10 銭が上がり 50 銭になり、1924 年には 80 銭に引き上げられた。地方の場合にも多少の差異はあるが、1922～1928 年の間、授業料は 50 銭～1 円程度の範囲内で徴収したことが推量できる」。また、普通学校に入るためにはまた修身、日本語、朝鮮語、算術教科書を購入しなければならず、1921 年の場合、教科書代が全部で 62 銭になった。韓祐熙著・佐野通夫訳「日帝植民統治下の朝鮮人の教育熱に関する研究」四国学院大学『論集』第 81 号、1992、pp.123～124。

48)　呉成哲『植民地初等教育의 形成』教育科学社、2000、p.85。

49)　姜再鎬は、1910 年代後半に、朝鮮総督府は帝国政府から財政自立を迫られ、長期にわたって多額の投資が求められる普通学校の設立には積極的ではなかったという指摘をした。すなわち、姜再鎬は、「総督府所帯は、朝鮮半島から取り立てる国税のみをもって賄いきれず、当分、帝国一般会計からの繰入金による補充に頼ることになった。しかし、日露戦争以降の厳しい財政事情が続くなかで、台湾総督府特別会計の財政自立を目の前にしながら設

けられた朝鮮総督府特別会計は、当初から1年も早く財政自立を成就するよう強く求められた。そこで、総督府開庁10年目の大正8（1919）年度からの財政自立に向けて行財政整理を行っていくことになった当局にとって、長期にわたる相当の財政支出増を要する朝鮮人初等学校教育の振興等は、二の次にされざるを得なかったのであろう」と、総督府の初等教育の拡張事業における不振の一要因を財政的な困難と分析している。姜再鎬『植民地朝鮮の地方制度』東京大学出版会、2001、p.249。

50) 『東亜日報』1926年1月17日付。
51) 『東亜日報』1926年1月20日付。
52) 『東亜日報』1925年6月16日付；1926年2月5日付；1926年2月15日付；1926年2月21日付；1928年3月26日付
53) 古川宣子「植民地期朝鮮における初等教育―就学状況の分析を中心に―」日本史研究会編集『日本史研究』1993.5、pp.50〜51（初出：『釜山日報』1933年12月9日付夕刊）。
54) 「満六千円予算으로 普通学校를 設立―蘆洞、梨峴、面山三面에서―」『東亜日報』1925年12月7日付。
55) 朝鮮総督府学務局、前掲書、1922、pp.147〜148。
56) 同上書、pp.227〜228。
57) 同上書、p.240。
58) 松村松盛、「学校を中心とせる社会教化」『朝鮮』第77号、1921年6月、pp.99〜100。
59) 西村緑也「第八章社会教育」『朝鮮教育大観』朝鮮教育大観社、1931、pp.1〜4。
60) 朝鮮総督府学務局、前掲書、p.207。
61) 同上書、p.40。
62) 同上書、pp.233〜248。
63) 同上書、p.185。
64) 同上書、p.151、p.179。
65) 朝鮮総督府学務局社会教育課、前掲書、1941、p.13。
66) 同上書；「恩賜記念科学館設置に関する事項」『文教の朝鮮』1927年5月号、p.24。
67) 視学官の学事視察事項は「朝鮮総督府視学官及朝鮮総督府視学委員学事視察規程」の第1条に確認することができる。

 第一条　視学官学事視察ヲ命ゼラレタルトキハ左ノ事項ニ就キ視察スベシ
  一　教育行政ノ状況
  二　学校教育ノ状況
  三　国語普及ノ状況及其ノ施設
  四　学校衛生ノ状況
  五　学校経済ノ状況
  六　学校ト其ノ所在地トノ関係
  七　書堂及私設学術講習会ノ状況

　　　　八　社会教育其ノ他教育学芸ニ関スル諸私設ノ状況
　　　　九　学事関係職員執務ノ状況
　　　　十　特ニ指命ヲ承ケタル事項
　　　　十一　前各号ノ外必要ト認ムル事項
68) 忠清南道庁「社会教化事業一班」『朝鮮教育』第6巻第6号、1920.3、p.195。
69) 愼英弘『近代朝鮮社会事業史研究』緑蔭書房、1984、pp.26～29。
70) 朝鮮教育会に関する詳細な内容は、拙稿「植民地下の朝鮮教育会における社会教育観とその活動―『文教の朝鮮』における記述を中心に―」名古屋大学大学院教育発達科学研究科社会・生涯教育学研究室『社会教育研究年報』第16号、2002、p.99～108参照。
71) 「第五回朝鮮教育会総会概況」『文教の朝鮮』1927年8月号、p.44。
72) 「第六回朝鮮教育会総会概況」『文教の朝鮮』1928年8月号、p.60。
73) 「社会教育講習会概況」『文教の朝鮮』1928年11月号、pp.63～67。
74) 高橋濱吉「全国教育大会の開催に就きて」『文教の朝鮮』1929年4月号、pp.2～3。
75) 「全国教育大会」『文教の朝鮮』1929年11月号、pp.20～29。
76) 同上論文、pp.119～120。
77) 박진우外共著『日本近現代史』좋은날、1999、pp.247～248。
78) 呉天錫、前掲書、pp.324～330。
79) 同上書、p.331。
80) 八木信雄『学制改革と義務教育の問題』京城：録旗聯盟、1939、pp.56～57。
81) 朝鮮総督府『施政30年史』1940、p.780（初出：南次郎「第3次朝鮮教育令諭告」1938年3月4日）。

　八木信雄は、朝鮮教育の三大綱領を次のように説明している。
　一　**国体明徴**：我国の教育は、万世一系の皇統を絶対不動の中心とする国体観念を全国民に対し確乎不抜に培はねばならぬのである。我が天皇は国家肇造の神々の神裔として現人神にましまし、皇祖の神勅を奉じて神聖不可侵の統治権を総攬し給ひ、臣民の宗本家の家長として、畏くも我等同胞を子の如くに愛撫し給うのである。皇威の振張するところ、国運の隆昌があり、皇室の弥栄に栄えますところ、国民の慶福があり、純忠至誠皇運を扶翼し奉るところに、我等祖先の遺風顕彰の孝道がある。君臣一体、忠孝一本の我が国体こそ実に万邦無比万古不易の大理想であり、これを益々明徴にし、これを愈々鞏固ならしめることこそ皇国臣民教育の根本目的でなければならない。……
　　皇国臣民教育の理想は国民の総てをして国家全体の昌栄に奉仕せしめ、国民の総てが我を没して忠を尽し、私を滅して公に奉ずるやうに陶冶せられるにある。……
　　一言にして謂はゞ、正しき国体観念は皇国臣民教育の指導精神であり、同時に究極理想でなければならぬ。実に浅薄なる反国体思想の横行は、教学刷新を要求せしめた直接の動因の一であるが、この意味に於て正しい日本精神の体得は、皇国臣民教育の具体的目標である。我が国の教育は、その目的も、その内容も、その方法も、国体精神の体得という見地より規定されなくて

はならない。

二．内鮮一体：内鮮一体に於いて最も大切なものは信愛協力である。内鮮互に敬愛し合ひ、互に信頼し合って初めて、茲に円満なる内鮮一体の世界が完うされるのである。共に喜び共に憂へ、互に一体と感ずる愛に依て、内鮮一体は初めて可能である。愛こそは内鮮一体の第一の根柢である。……この意味に於て寛容、信愛の情の養成は皇国臣民教育の一大眼目である。それと共に内鮮共に協力して事に当るという生活態度が大切である。……国体の本義を弁へ、我が国民生活の本質をしく理解し、個人の幸福よりも全体の幸福を第一義とし、小我を捨てゝ大我に生き、内鮮人共に自己を国家社会に没入し、ひたすら全体のために献身奉仕し、国家の発達、社会の進歩のうちに自己の真の喜びを見出さなければならぬ。

かくの如く内鮮一体の主たる徴表は、……信愛協力にあるのであるが、その最も深い根拠は献身の精神にある。……内鮮一体は利害に依て結ばれた団結ではない。利害関係に基く結合はまた利害関係に依て離散する。内鮮関係は深く歴史に根を下した真の一体である。……即ち内鮮は悠久な昔からの歴史的共同体であって、両者分離して生くべき存在ではなかったのである。……内鮮人は……真に融合合体しなければならぬ。

それが為には内鮮人共に皇国臣民として純真な国家的精神を以て、国家の目的に協力しなければならぬ。そして個人的な利益を犠牲としても国家の将来の発展のために尽さなければならぬ。……内鮮一体といふも、……根本は犠牲の精神に徹せざる限り未だ十分でない。……されば犠牲の精神は内鮮一体の基調というべく、国家への献身、殉国の精神の涵養こそは皇国臣民教育の究極目標である。

三．忍苦鍛錬：忍苦鍛錬とは苟もしない真剣な態度で、自らの魂を打ち込み、難行と苦行とを積んで、新しい天地の開拓に努めることである。……燃ゆる愛国心を胸に潜め、常に一死君国に奉ずる覚悟を以て、自己の精力と熱血とを傾注し、如何なる困苦喚苦にも堅忍持久、何処までも所期の目的を貫徹せずんば止まざる実践的態度を忍苦鍛錬の語を以て示すのである。

皇国臣民教育の最高の任務は、献身報国の精神に燃え、これが実現に対する能力ある真に忠良にして有為なる国民の育成である。……我々の目の前には、国民の正に果すべき重大な具体的使命が横って居るのである。それは言う迄もなく東亜新秩序の長期建設という未曾有の大事業である。……我が皇国臣民教育はかかる国家の大業に喜んで献身奉仕する、有能なる国民の練成をその最高の使命とする。

かゝる使命を完遂するに足る有為の皇国臣民とは、忠義の精神に徹し、併せて強い実践力即ち実行力を具えた者でなければならない。……在来の教育は実行力の鍛錬を忽にし、性格のしつかりしない薄志弱行の徒を多数に養ひ上げ来った。今後の教育は忍苦鍛錬によって意志力と持久力とを鞏固に練成し、善良で強力な実行力を有し、新興日本の中堅国民としての十分なる力を備へ、我国の使命を強力に実現せしめ得る人物を造り上げなければならない。忍苦鍛錬とは鉄の如き実行力を有する日本人練成の方法であり、これが皇国臣民教育の真髄である。

八木信雄、前掲書、pp.12〜23。

82）朝鮮総督府、前掲書、1940、p.780。

83）孫仁銖、前掲書、1992、pp.244～247。
84）朝鮮総督府学務局社会教育課、前掲書、1941、p.13。
85）同上。
86）朝鮮総督府学務局社会教育課『朝鮮社会教化要覧』、1937、p.19。
87）同上。
88）이명화「朝鮮総督府 学務局의 機構変遷과 機能」『韓国独立運動史研究』第6集、1992、p.78。
89）朝鮮総督府学務局社会教育課、前掲書、1937、p.19。
90）同上。
91）かつて1927年から朝鮮教育会は、総督府の社会教育に関する諮問案に対して、総督府学務局内の社会教育課の設置と各道学務課内の社会教育係の設置および社会教育主事の配置、社会教育施設の奨励等のような社会教育行政上の振興のための答申および建議をしてきたことがある。朝鮮教育会「第5会朝鮮教育会総会概況」『文教の朝鮮』1927年8月号、pp.36～44；「第6回朝鮮教育会総会概況」『文教の朝鮮』1928年8月号、pp.42～60；「第7回朝鮮教育会代議員会」『文教の朝鮮』1929年8月号、p.97；「全国教育大会」『文教の朝鮮』1929年11月号、pp.119～123。
92）朝鮮総督府、前掲書、1940、p.808。
93）朝鮮総督府学務局社会教育課、前掲書、1937、pp.20～21。
94）同上書、pp.15～26。
95）同上書、pp.27～28。
96）同上書、pp.45～53、pp.60～68参照。
97）이명화、前掲論文、p.58。
98）小川利夫・新海英行編『近代日本社会教育論の探究―基本文献資料と視点』大空社、1992、p.138。
99）松村松盛『民衆之教化』帝国地方行政学会（東京・朝鮮本部）、1922、pp.25～29。

第3章

実業教育関連の社会教育施策の展開およびその目的

第1節 実業補習学校の設置・運営およびその変容

　これまで植民地時代の朝鮮教育に関する研究において、実業教育政策に関する研究はほとんどないといっても過言ではない。しかし、大韓帝国末期（統監府時代）から植民地時代にいたるまで実業教育は、初等教育とともに重要視され続けてきた事項として植民地期の教育政策を把握するにあたって欠かせない領域であると思われる。

　韓国における実業学校に関する最初の施策は、1899年6月24日に制定された「商工学校官制」である。その後、1904年6月に「農商工学校官制」が制定されたが、1906年、日本による統監政治が本格的に始められた後に、農商工部所管の「農林学校官制」と「工業伝習所官制」が制定され、1907年に農商工学校の農科は官立農林学校に、工科は官立工業伝習所に、商科は善隣商業学校に改編された[1]。1909年4月26日には「実業学校令」が制定され、本格的な実業教育政策が実施されるようになった。学部はまもなくこの実業学校令に基づいて、同年の4月にはもともと日本人が私立として経営していた開成学校を献納され、公立釜山実業学校に改編し、5月には官立仁川日語学校を組織変更して官立仁川実業学校として改編した[2]。また、政府補助下で平壌、大邱、全州、咸興に農業教育を施す道立実業学校を設立し、さらに道立または郡立として光州、晋州、定州、春川、群山、済州等に農学校を設けた。そして、商業教育においては学部が校地校舎を寄附し、毎年補助をしていた財団法人善隣商業学校があり、その他に農商工部主管の下に京城の工業伝習所と水原の農

表 3-1　大韓帝国末期の実業教育施設の状況

学校名	学科	授業年限	生徒数（人）
官立仁川実業学校	商業	3年	160
道立平壌農学校	農林業及び測量	本科2年、速成科1年	本科50、速成科31
道立咸興農業学校	同上	2年	未詳
公立釜山実業学校	商業	3年	87
公立大邱農林学校	農林業及び測量	本科2年、速成科1年	本科50、速成科31
公立全州農林学校	同上	同上	50
公立晋州実業学校	同上	3年	未詳
公立光州農林学校	同上	本科3年、速成科1年	未詳
公立春川実業学校	農林業	2年	27
公立群山普通学校併設公立群山実業学校	同上	2年	40
公立定州実業学校	同上	2年	未詳
公立済州農林学校	同上	3年	未詳
財団法人私立善隣商業学校	商業	本科3年、専修科2年	本科125、専修125

出典：学部『韓国教育ノ現状』1910、pp.32～33。

林学校等があった[3]。上の表3-1は、1910年4月末現在12校の実業教育施設の状況を表したものである。

「教育ノ骨子ハ韓国ノ富ヲ増加シ文明ノ開発ヲ為スニ存スル以上生産ノ増進ニ重キヲ置カサル可ラス要スルニ今日ニ於ケル急務中ノ急務ハ教育ニアルハ勿論ニシテ就中余輩カ声ヲ大ニシテ絶叫セント欲スルハ実業教育ヲ奨励シ之ヲ普及セシムルコト」[4]という1910年の学部の記述をみれば、「日韓併合」以前から日本が韓国において実業教育を重視していたことが看取されるが、現実においては実業教育に対する韓国民衆の理解がまだ十分でなく、また伝来の教育が「文」中心主義であった点もあって、民衆の実業学校に対する反応はあまり積極的ではなかったと考えられる。そのような現象は、「日韓併合」以後の植民地初期にも続いていたとみられるが、それは次の文言で確認することができる。

実業教育の尊重が寺内総督時代（1910〜1916 ―引用者）に於ける重要なる教育方針の一つであったことは既に再三述べたところであるが、農業学校及び簡易農業学校（1922年以後からは、実業補習学校―引用者）に対しては特に委員会を設けて伯独特の方針に依る教科書をも編纂せしむる等、教育内容の充実に付て格別の考慮を払ひ、一面地方勧業機関との聯繋に付ても意を用ひ、産業教育をして実際産業より遊離するの弊を矯めんことを期したのである。実業教育は学制の上に於て将又その運用の上に於て斯くの如く最善を尽くされたのであるが、朝鮮民衆の技術を軽んじ実業を卑しむ永年の習俗は容易に払拭し難きものあり、生徒を得ること極めて困難であつて授業料を徴収せざるは勿論、学用品を貸与し食費までも給与したのである [5]。

　すなわち、朝鮮総督府は統治初期から実業教育を普及しようとしたが、最初は「実業学校や簡易実業学校が学生を多くひきつけることはできな」[6]く、それゆえ、朝鮮総督府は、授業料免除および教材の無料配付などを通して実業学校への入学を奨励し、さらに植民地初期から普通学校はもちろん、高等普通学校および女子高等普通学校の教育課程に、実業関連の教科を取り入れていくようになったのである。

　まず、普通学校の場合をみると、教育課程に「農業初歩」と「商業初歩」という教科を随意科として設け、「道長官の認可を受けて学校長が随意定むる」[7]ようにしていたが、実際には、「農業初歩の如きは教育令実施後日ならずして殆どの農村学校に之れが実施を見」[8]るほど、多くの学校では実業関連の教育が行われていた。このような公立学校における実業教育の重視化は、統治当局の方針が強く反映されたものである。例えば、1914年8月に開かれた公立小学校・普通学校教員講習所の修了式において、寺内総督は教員の注意すべき三つの事項について訓示を行ったが、その中の一つが実業教育の奨励であった。その内容をみれば、次のとおりである。

　　一．実業教育ヲ奨励シ学術ノ偏倚ヲ戒メ国民ヲシテ各其ノ所ニ案ンセシメサルヘカラス
　　国各風俗ヲ異ニシテ習慣ヲ同ウセス従テ之レカ教育ノ任ニ当ルモノハ須ラク豊富ナル学識ト卓越セル識見トヲ以テ其ノ手段ヲ講スルノ必要アルハ勿論ナリト雖目下ノ情勢ニ於テ内鮮児童ノ教育ニ当リ特ニ努力スヘキハ実業教育ニシテ之レニ依リ我国

現時ノ弊風ヲ矯正シ国運ノ進歩発展ニ資セサル可ラス今回ノ講習ニ於テ特ニ実業ニ関スル科目ヲ選定シ実習ニ努メシメタル意亦茲ニ存ス諸子ハ須ラク児童ヲシテ作業ヲ悦ヒ勤労ヲ尊ブ習慣ヲ助長シ以テ着実穏健自ラ労働シテ産ヲ作リ家ヲ富マセ国ヲ強メ各自常ニ其ノ分ニ安ンシテ聖恩ニ報スルノ国民タル様育成スルコトヲ期スヘシ[9]

　次に高等普通学校においては、その「教科目ハ主トシテ其ノ生活ノ実際ニ適切ナランメムコトヲ期シテ之ヲ定メタリ就中農商業ノ実業科及手工科ヲ必須ノ科目ト為シタルハ著実ニシテ勤労ヲ尚フノ気風ヲ養成セムカ為」[10]（傍点、原文）であり、女子高等普通学校においては「高等普通学校ト相同シキモ理科・家事・裁縫及手芸等ノ科目ニ比較的多数ノ教授時間ヲ配当」[11]するようにしていたのである。

　また、1930年代に入ってからは中等学校への入学競争が深刻化し、就職しようとする青年が増えるにつれ、普通学校教科課程に「職業科」という教科を新たに必修科目として導入して中等学校への入学競争を冷却化しようとした。この普通学校の教科課程における職業科の教育内容は、単位学校別に構成することができ、また、各普通学校が位置している地域の産業構成において最も大きな比重を占めているものを職業科の内容にするのが基本方針であったため、都市地域にある一部の普通学校を除いて大半の学校では職業科が農業中心に構成されたといってもよい[12]。このような農業中心の職業教育は、普通学校の卒業生を対象にも行われた。これについては次節において詳しく検討するが、簡約すれば、1920年代後半、農村経済の疲弊が深刻になり、普通学校の卒業後、農村を脱け出し、中等学校への進学を通して近代的部門への就業を希望する青年が増えることになり、それによる諸問題、すなわち、脱農村現象と中等教育への入学難を解決するために、統治当局は「卒業生指導」という施策を実施した。しかし、このような普通学校レベルにおける実業教育が活発であったためか、表3-2にみられるように、植民地朝鮮において実業補習学校は毎年徐々に増加してはいたが、「内地」ほどの普及をみることはなかった[13]。

　韓国における実業補習学校に関する最初の施策は、1910年4月に制定された「実業補習学校規程」であった。その目的は、「簡易なる方法によつて実業に従事するに必要な教育を施すこと」にあり、「普通学校・実業学校またはその他

第3章　実業教育関連の社会教育施策の展開およびその目的　*131*

表 3-2　実業補習学校の学校数・学級数・職員数・生徒数

学校名	年度	学校数	学級数	職員数 内地人	職員数 朝鮮人	職員数 計	生徒数 内地人	生徒数 朝鮮人	生徒数 計
実業補習学校	1910	4	—	—	—	—	—	—	93
簡易実業学校	1911	17	20	—	—	51	—	—	476
	1912	38	50	84	55	139	57	893	950
	1913	64	78	132	96	228	46	1,215	1,261
	1914	63	75	119	99	218	44	1,310	1,354
	1915	70	82	139	95	234	27	1,540	1,567
	1916	77	97	175	111	286	222	1,506	1,728
	1917	79	103	191	99	290	432	1,579	2,011
	1918	75	99	193	73	266	228	1,361	1,589
	1919	72	98	182	80	262	424	956	1,380
	1920	46	79	111	36	147	272	788	1,060
	1921	32	58	92	35	127	220	1,047	1,267
実業補習学校	1922	24	41	79	33	112	112	889	1,001
	1923	22	41	86	27	113	129	759	888
	1924	21	41	88	26	114	165	583	748
	1925	23	48	95	31	129	157	684	841
	1926	33	61	115	42	157	144	1,109	1,253
	1927	47	91	—	—	106	239	2,364	2,603
	1928	63	122	—	—	153	280	3,151	3,431
	1929	69	138	—	—	172	360	3,142	3,502
	1930	83	163	142	66	208	486	3,520	4,006
	1931	86	173	162	59	221	451	3,395	3,846
	1932	94	190	157	74	231	426	3,563	3,989
	1933	97	191	158	72	230	474	3,861	4,335
	1934	92	185	162	78	240	524	4,037	4,561
	1935	98	195	153	84	237	608	4,255	4,863
	1936	115	198	198	99	297	808	5,074	5,882
	1937	125	220	239	150	389	897	5,428	6,325
	1938	132	216	240	157	397	1,015	6,269	7,284
	1939	137	223	271	134	405	1,054	6,479	7,533
	1940	140	248	—	—	582	1,044	8,291	9,335
	1941	123	241	—	—	522	624	8,614	9,238
	1942	137	252	—	—	585	763	9,936	10,699
	1943	142	262	—	—	464	461	11,153	11,614

出典：1910年度の統計は大野謙一『朝鮮教育問題管見』1936、p.8；1911年度の統計は『大正元年朝鮮総督府統計要覧』；1912年度〜1939年度の統計は『昭和元年朝鮮総督府統計年報』・『昭和十年朝鮮総督府統計年報』・『昭和十四年朝鮮総督府統計年報』；1940年度〜1943年度の統計は『朝鮮諸学校一覧』1941年度〜1944年度より作成（「—」は、数値不明）。

の学校に附設することができ」た。そして入学資格は、特別に定めていなかった。この規程によって設置された代表的な学校は、漢城府の公立水下洞実業補習学校、公立渼洞実業補習学校、公立於義洞実業補習学校等がある[14]。これらの実業補習学校は「日韓併合」以後、まもなく制定された「朝鮮教育令」によってその名称が「簡易実業学校」に変更されたが、その目的および設置基準においては以前の実業補習学校のそれを継承していた。しかし、1922年の第2次朝鮮教育令によってこの簡易実業学校は廃止され、その一部が再び「実業補習学校」へ改組されることによって、実業補習学校への入学資格が従来の簡易実業学校のそれより引き上げられた。すなわち、従来の簡易実業学校では入学資格を問わず、「実地業務ニ従事スル子弟又ハ其ノ他ノ者ニシテ就学ノ希望アラバ普通学校ノ卒業者タルト否トヲ問ハス総テ入学スルコトヲ許シ」[15]ていたが、1922年に改正された「実業学校規程」では、「実業補習学校ニ入学スルコトヲ得ル者ハ前期ニ在リテハ、年齢十年以上ニシテ尋常小学校若ハ普通学校ノ第四学年修了程度以上ノ者、後期ニ在リテハ其ノ前期ノ課程ヲ卒ヘタル者又ハ年齢十二年以上ニシテ尋常小学校卒業程度以上ノ学力ヲ有スルヘシ」[16]と規定していたのである。それゆえなのか、表3-2にみられるように、1910年代に増えつづけていた学校数が、1920年代初、急激に減少している。その後、実業補習学校は1924年を最低に、再び毎年増加していった。ところが、実業補習学校の普及率が非常に高かった日本「内地」のそれに比べると、その差は著しく大きかった。

しかし、1935年4月、「内地」において「青年学校令」を公布し、実業補習学校と青年訓練所を統合することによって、事実上、日本においては実業補習学校が廃止されたのに対し、朝鮮では実業補習学校と青年訓練所を別々に維持させた。すなわち、岡久雄によれば、「朝鮮に於ては実業補習学校と青年訓練所の両者はその設置の須要性と、之が発達の形式は内地の事情とは趣を異にするもの著しく、両者を統合することは必ずしも朝鮮の実情に適応しない計りでなく、且実業補習学校の設営に就いては別に独自の方針に依つて之が発達を図るのが講ぜられつゝあつた際でもあり、実業補習学校の制度は仍ほ之を存置するの必要があつたので、実業学校令中実業補習学校の制度の削除に伴つて朝鮮

教育令に於ては新たに『実業補習教育ニ関シテハ朝鮮総督府ノ定ムル所』によることにせられ」[17]、1935年4月に「実業補習学校規程」[18] を制定して、朝鮮においては実業補習学校を残存させたのである[19]。

ところが、その究極的目的は、1930年代に始まったいわゆる「農村振興運動」に伴い、実業補習学校を各地方の中堅青年教養機関とするためであったと思われる。それは、1936年当時、学務課長の職にいた高尾甚造が次のように述べているところから確認できる。

> 実業教育は実業学校令に依るのである。即ち実業に従事する者に須要なる知識技能を授くるを以て目的とし兼ねて徳性の涵養に力むることを要旨としてゐる。而して此の教育は内鮮人共学の制度であるから、斯の種の学校教育は全く内地のそれと同様であるが、ただ少しく異なる点は、朝鮮特殊の事情からして職業学校の入学資格を低下し、修業年限四年又は五年の普通学校者を入学せしむることゝしたこと、内地に於て実業補習学校の制度は青年学校の制度に変つたのであるけれども、朝鮮に於ては尚未だ初等普通教育の普及が学齢児童の三分ノ一にも到達してゐない今日の実情から見て、全面的に斯の種の補習教育施設を拡充して行くことが時期尚早であるといふ所から当分内地の例に依ることなく、旧来の実業補習学校を存置し、而も其の最大多数を占むる農業補習教育に於ては、其の修業年限を一年に短縮し得るの制度と為し、専ら総督府の地方農山漁村振興政策に順応して、是等部落に於ける中堅青年教養機関とするの方針を採つてゐる等の点に在る[20]。

すなわち、実業補習学校の授業年限は一般的に2年ないし3年を標準とするが、農業補習学校においては1年以内に短縮することができるようにしており、入学資格においても農業補習学校は「農村中堅人物の養成を緊密とする特殊なる必要に基くものであるから必然に之（農業補習学校―引用者）に入学せしむべき者としては初等学校卒業後農業に従事し相当年齢に達したる者が適格者として定められ、教授内容も之に即応せんとするものに限」[21] ることができるようにし、また「全員寄宿制に依る短期濃厚訓練の方法を用ひる」[22] ようにするため、「昭和十年朝鮮総督府令を以て補習学校の規定を改正し、生徒の寄宿舎収容、修業年限の短縮、入学者の選定、教科目の配合等に一大変革を加へ」[23]、「改組せられたる農業補習学校は其の組織を農民訓練所の如くに改め、農村中心人物の教養訓練に専念することゝなつた」[24] のである。実際、下記の

表 3-3 の 1936 年および 1939 年の公立実業補習学校の統計にみられるように、実業補習学校には農業補習学校が 70% 以上を占めており、また他の補習学校より、農業補習学校の方が全国にわたって広く設置されていた。

表 3-3　公立実業補習学校の分布状況

年度	道名	農業補習学校	商業補習学校	工業補習学校	その他の補習学校	計
1936	京畿道	6	3	0	1	10
	忠清北道	3	0	0	0	3
	忠清南道	11	1	1	2	15
	全羅北道	2	1	1	1	5
	全羅南道	7	1	1	2	11
	慶尚北道	6	1	2	0	9
	慶尚南道	10	0	1	0	11
	黄海道	5	0	1	1	7
	平安南道	9	4	1	0	14
	平安北道	4	0	0	1	5
	江原道	5	0	0	1	6
	咸鏡南道	6	1	0	0	7
	咸鏡北道	2	1	1	0	4
	計（%）	76（71.0）	13（12.2）	9（8.4）	9（8.4）	107（100.0）
1939	京畿道	8	2	1	1	12
	忠清北道	5	0	0	0	5
	忠清南道	10	0	1	2	13
	全羅北道	7	1	1	1	10
	全羅南道	14	1	1	2	18
	慶尚北道	6	1	1	0	8
	慶尚南道	14	0	0	1	15
	黄海道	5	0	1	1	7
	平安南道	11	5	1	1	18
	平安北道	4	0	0	2	6
	江原道	8	0	0	1	9
	咸鏡南道	5	0	0	0	5
	咸鏡北道	3	1	1	0	5
	計（%）	100（76.3）	11（8.4）	8（6.1）	12（9.2）	131（100.0）

出典：『昭和十一年朝鮮総督府統計年報』、『昭和十四年朝鮮総督府統計年報』より作成。

このように、朝鮮における実業補習学校は1930年代半ば以降、後に検討する「卒業生指導」施策および「農民訓練所」の設置・普及とともに農村振興運動の一環として農村において中核を担う人物の養成のために、その制度に大きく修正が加えられながら存続していったのである。1935年に改正された実業補習学校規程の第1条「実業補習学校ハ国民生活ニ須要ナル職業ニ関スル知識技能ヲ得シメ特ニ国民道徳ノ涵養ニ力メ以テ忠良有為ナル皇国臣民ヲ養成スルヲ目的トス」と、第13条「実業補習学校ノ学科目ハ修身及公民科、国語、職業トス」にみるように、1930年代後半に実業教育を標榜しながら改編・存続していった朝鮮の実業補習学校は、本格化した戦時体制下で「皇国臣民」の養成を最終目的とした思想統制の色合いを濃く持つものであったといえよう。

第2節 「卒業生指導」施策の実施とその意図

「卒業生指導」は、植民地期当時に、「公立普通学校の卒業生に対し学校が勤労的訓練を与へる」[25]ものとして、「朝鮮が日本に対してのみならず、世界に誇り得る一つの施設」[26]といわれていた。実際、この卒業生指導は、教育視察のために来朝した「内地人」によって、疲弊している農村の問題を打開するための最適の施策と高く評価されることもあった[27]。

当時、「卒業生指導」の目的は、「即地、即人、即家的に卒業生を指導陶冶し、卒業生の農事改善を通じて、一家の営農を改善し、卒業生の勤労を通じて全家勤労に及ぼし、指導生の完成によって一家の完全を計」[28]ることとされており、さらにこの施策には「普通学校卒業生を不断に指導して修身斉家興業治産の実を挙げ進んで地方開発の中堅たらしむる事」[29]も期されていた。

すでに、1922、3年頃からも卒業生指導を実施し、相当の実績を挙げつつある篤志家もいたが、「本（卒業生指導―引用者）施設が広く全鮮的に施設さるゝに至つたのは、昭和二年京畿道の一部に於て之が実施を見、一般に紹介さるゝに至つてからである」[30]。すなわち、1927年に京畿道の知事米田甚太郎と内務部長井上清の指導・督励の下で、同道の農務課長八尋生男、学務課長高橋敏、視学官の森武彦等がその立案計画を立て、道内の普通学校10校を指定し、

その卒業生110余名に指導を開始した[31]。その後、徐々にその数が増え、1929年に普通学校に職業科が設置されるようになってからは全国的に広がっていった[32]。その全国的拡大の背景には、前章でも取り上げた「全国教育大会」があったと思われる。1929年9月29日から10月2日まで4日間にわたって京城で開かれた同大会の「社会教育部会」では、朝鮮総督府からの諮問の「農村開発ノ為ノ社会教育上施設スベキ最重要ナル事項如何」に対して答申を議決したが、その答申には「農業学校・農業補習学校及初等学校ノ卒業者ニ対シテハ特別ノ保護指導方法ヲ講ジ可成実務ニ服セシメ地方農事ノ指導者タラシムル様善導スルコト」が盛り込まれていた。また、その部会には、「卒業生指導」を早くから実施し、積極的な取り組みをみせていた京畿道の安山普通学校長の林虎藏も出席していた[33]。表3-4にみられるように、その施設数が短期間にわたって急増しており、施設の設置開始から6年後の1933年には公立普通学校の約5割以上の学校に同施設が設置されていたことなどからも、この時期に総督府が卒業生指導に非常に積極的に臨んでいたことがうかがえる。

指導期間は1年から8年までさまざまであったが、表3-5にみられるようにおおむね3年が最も多く、5年、8年の順に多かった。また、指導科目においては、農業、工業、商業、水産、家事等が教えられていたが、表3-6の如く、農業に関する科目を教えている施設が著しく多かった。

表3-4 卒業生指導施設数および指導生・指導教師数

年度	公立普通学校数	指導施設数 計	道指定	郡指定	その他	指導生数 計	男	女	指導教師数
1927	1,343	11	9	0	2	—	—	—	—
1928	1,428	43	29	8	6	—	—	—	—
1929	1,505	107	53	19	35	—	—	—	—
1930	1,644	305	194	25	86	—	—	—	—
1931	1,779	638	302	60	276	—	—	—	—
1932	1,896	947	354	93	500	9,217	9,055	162	5,936
1933	2,020	1,156	444	150	562	10,855	10,614	241	6,198
1934	2,133	1,326	523	140	663	11,687	11,487	200	6,476
1935	2,274	1,402	—	—	—	12,982	12,746	246	6,911

出典：公立普通学校数は『昭和十年朝鮮総督府統計年報』；1927年～1934年度の統計は朝鮮総督府『調査月報』1933年4月、1934年5月、1935年4月；1935年度の統計は大野謙一『朝鮮教育問題管見』1936、p.242より作成（「－」は数値不明）。

第 3 章　実業教育関連の社会教育施策の展開およびその目的　137

表 3-5　卒業生指導施設の指導期間

指導期間＼年度	1932	1933	1934
1 年	14	7	12
2 年	14	15	9
3 年	577	596	383
4 年	13	17	11
5 年	184	236	439
6 年	39	1	52
7 年	36	62	53
8 年	62	196	82
3〜5 年	0	5	211
2〜3 年	0	4	71
3〜4 年	0	3	0
2〜5 年	0	7	0
2〜6 年	0	0	1
1〜5 年	0	6	0
7ヶ月	0	0	1
不定	8	1	1
計	947	1,156	1,326

出典：朝鮮総督府『調査月報』1933 年 4 月、1934 年 5 月、1935 年 4 月より作成。

表 3-6　卒業生指導施設における指導科目

科目＼年度	1932	1933	1934
農業	919	1,105	1,254
商業	5	6	2
工業	4	18	4
水産	3	11	2
農業・商業	4	0	1
農業・工業	2	5	9
農業・商業・水産	3	0	0
農業・水産	0	0	9
農商・商業・裁縫	0	0	1
商業・工業	0	0	2
公民	1	3	0
公民・農業・畜産	0	0	30
家事・裁縫・手芸	6	6	6
職業	0	2	0
その他	0	0	6
計	947	1,156	1,326

出典：朝鮮総督府『調査月報』1933 年 4 月、1934 年 5 月、1935 年 4 月より作成。

指導方法は、各道によって少し異なっていたが、一般的に個人指導と共同指導に分けられて行われた。全羅北道の場合をみてみると、「個人指導は家庭を巡回し臨地指導を行ひ、指導施設中最も主力を注ぐべき点にして各個人及其の家庭の情況を究め、之に適合したる農事経営を行はしむるものとす。共同指導は同じうする者に対し、又は一般的に指導を行ふ必要ある事項に付、学校其の他に召集して行ふものとす」[34]となっている。その他に、「営農日記を作製せしめ毎日の実習作業の状況一家の収支並其の日に於ける重大なる出来事感想質疑等を記載せしめ」[35]る日誌記録指導や「個人指導を終りたるものを以て組合を組織し自治的に公民的訓練と其の職業向進とを図らんとする」[36]総合的自治指導なども行われていた。このような「朝鮮独特」[37]の施策が展開された背景には、1920年代後半における民族運動全般の昂揚と、第1次、第2次にわたる「産米増殖計画」[38]による農村疲弊の深刻化があった。表3-7と表3-8にみるように、小作争議、労働争議が激増し、学生同盟休校運動も毎年増え、なおかつこのような運動が次第に抗日的色彩を強化していくようになり、総督府は植民統治の危機を感じるようになったのである。

表3-7 労働争議・小作争議の趨勢

区分 年度	小作争議 発生件数	小作争議 参加者数	小作争議 発生件数	小作争議 参加者数
1921	36	3,403	27	2,967
1922	46	1,799	24	3,539
1923	72	6,041	176	9,060
1924	45	6,751	164	6,929
1925	55	5,700	11	2,646
1926	81	5,984	17	2,118
1927	94	10,523	22	3,285
1928	119	7,759	30	3,572
1929	102	8,293	36	2,620
1930	160	18,972	93	10,037
1931	205	17,114	57	5,486
1932	132	14,824	51	2,909
1933	176	13,835	66	2,492
1934	199	13,098	106	4,113
1935	170	12,058	71	2,795

出典：朝鮮総督府警務局編『最近に於ける朝鮮治安状況』1936、pp.174～176、pp.190～192より作成。

表 3-8　1920 年代における学生同盟休校の状況

年度	官・公立 初等	中等	高等・専門	私立 初等	中等	高等・専門	計
1921	4	3	1	2	12	1	23
1922	18	5	1	2	26	0	52
1923	15	7	1	7	25	2	57
1924	5	6	0	0	3	0	14
1925	30	2	0	8	6	2	48
1926	27	12	2	6	8	0	55
1927	30	20	0	6	16	0	72
1928	27	24	2	5	25	0	83
計	156	79	7	36	121	5	404

出典：朝鮮総督府警務局『韓国学生抗日闘争史―朝鮮に於ける同盟休校の考察―』(1929)、成進文化社、1971、pp.6〜7 より作成。

　また、三・一運動後、普通学校への就学率が上がる中、「子弟を学校に入れると必ず官吏となるものと確信してゐた」[39] 人が多かったが、「関東大震災大火災の影響と、大正八年の朝鮮未曾有の旱害で、貧民救済の共助組合費の償還は、朝鮮農民に大なる負担」[40] となり、さらに「世界を吹きまくる不景気の風は朝鮮にも吹いて来て就職難はいよいよ深酷となり」[41]、「朝鮮では農村の子弟が普通学校を出てブラブラする者が多」[42] く生じた。ところが、朝鮮を日本の食料供給地とし、農業を基幹産業としてすえてきた総督府にとっては、これもまた懸念される問題であった。それゆえ、こうした問題の解決のためには、まず実業教育を施して農村青年を就労するようにさせる必要があった。しかし、総督府はこれを「内地」で大きな普及率をみせた実業補習学校ではなく、「卒業生指導」という施策を通して克服しようとした。それは、朝鮮における実業補習学校と「卒業生指導」施設との普及規模を比較してみれば、歴然である。次の図 3-1 と図 3-2 は、前記の表 3-2 の実業補習学校の学校数・学級数・職員数・生徒数と表 3-4 の卒業生指導施設数および指導生・指導教師数をもとに作成したものであるが、1930 年代に入ってからは施設数においても、生徒数においても卒業生指導施設が実業補習学校をはるかに上回っていることが明らかである。

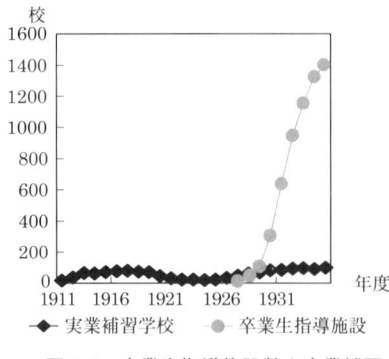

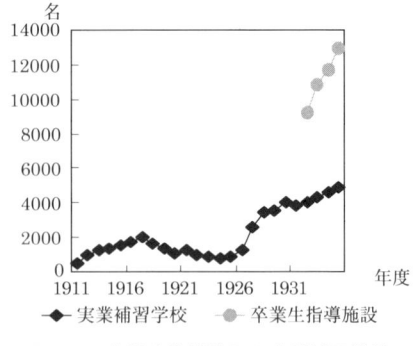

図 3-1　卒業生指導施設数と実業補習学校数の増減推移

図 3-2　卒業生指導施設と実業補習学校の生徒数の増減推移

　このように朝鮮において実業補習学校が「内地」ほど普及せず、その代わりに「卒業生指導」施設が多く設置された理由の一つは、朝鮮の実業補習学校はその教育内容・形式において「内地」のそれとは異なり、補習学校としての機能を果たしていなかったからだと思われる。それは、高尾甚造が 1935 年の実業教育令改正以前の朝鮮における実業補習学校について言及した次の文言に垣間見ることができる。

　　朝鮮の実業補習学校は、元内地に於けるそれと同一形式の下に行はれてゐるものは、僅に都会地の商業補習学校のみであつて他は概ね、通年制の昼間教授を建前とするものである。従つて其の生徒は一般学徒の如く普通学校卒業後直に之に入学し、其の教育の内容形式共に恰も在来の乙種の実業学校の而も不徹底なものであつた。就中実業補習学校の大部分を占めてゐる所の、農業補習教育の如きは多く斯ふした行き方を採つてゐたのであつて生徒は笈を負ふて遊学してゐるやうな気分で通学し、勿論父兄も其の積りで多大の経済的犠牲を惜しまないといふ情態であつた。卒業生の中で、自家営農に従事する者があれば珍しい例外として張目した程である[43]。

　すなわち、朝鮮の実業補習学校は働く青年のための補習教育機関というより、高等普通学校や実業学校のように、進学や就業のための正規の中等学校に近い機能をしていたといえる。それは、1920 年代後半から生じ始めた中等学校の入学競争をみても明らかである。次の表 3-9 は、1920 年代後半から 1930

年代までの高等普通学校、実業学校、実業補習学校の入学競争の状況を表したものであるが、中等学校の全体的な状況をみると、入学志願者の大幅な増加に比べて、入学者においてはあまり増加をしていない。朝鮮の農村経済の窮乏化が極めて深刻であった1929年から1932年の間には入学志願者の数が若干減少するが、その後、再び増加して1930年代末頃における全体の中等学校の入学競争率はおよそ5対1にまでいたっている。最も入学競争が甚だしかったのは、実業学校であり、その次に高等普通学校、実業補習学校の順であった。実業補習学校の場合には他の学校に比べて少し低い入学競争率を見せているが、合格率は依然として60%程度にとどまっており、1939年には50%を下回っている。呉成哲の研究によれば、就業率の高い学校が低い学校に比べて、入学競争率が高く、また同級同種の学校といっても私立よりは官公立の方が、就業率が比較的高く、入学競争率も高かったとみられる[44]。表3-10と表3-11は、各々1933年度の実業補習学校卒業者の進路状況と1934年度の実業補習学校への入学競争を表わしたものである。この二つの表をみれば、卒業生の進路の中、就職や進学の比率が最も高い公立水産補習学校と、その次に高い公立商業補習学校の場合が次年度の入学競争で最も高い競争率をみせている。

表3-9 中等学校の入学競争

年度	計 志願者	計 入学者	計 合格率%	高等普通学校 志願者	高等普通学校 入学者	高等普通学校 合格率%	実業学校 志願者	実業学校 入学者	実業学校 合格率%	実業補習学校 志願者	実業補習学校 入学者	実業補習学校 合格率%
1927	25,123	7,860	31.3	11,858	4,310	36.3	11,350	2,384	21.0	1,915	1,166	60.9
1928	31,387	8,969	28.6	14,845	4,745	32.0	13,479	2,402	17.8	3,063	1,822	59.5
1929	31,024	8,920	28.8	14,834	4,552	30.7	12,890	2,463	19.1	3,300	1,905	57.7
1930	27,877	9,172	32.9	13,359	4,752	35.6	11,066	2,330	21.1	3,452	2,090	60.5
1931	26,304	9,517	36.2	11,510	4,844	42.1	11,676	2,638	22.6	3,118	2,035	65.3
1932	26,955	9,619	35.7	11,739	4,935	42.0	12,075	2,610	21.6	3,141	2,074	66.0
1933	29,337	9,767	33.3	12,344	4,692	38.0	13,397	2,753	20.5	3,596	2,322	64.6
1934	33,325	9,863	29.6	14,791	4,817	32.6	15,068	2,909	19.3	3,466	2,137	61.7
1935	41,979	10,643	25.4	18,906	4,951	26.2	18,975	3,245	17.1	4,098	2,447	59.7
1936	53,883	11,852	22.0	23,583	5,136	21.8	24,191	3,612	14.9	6,109	3,104	50.8
1937	57,074	12,849	22.5	24,841	5,566	22.4	26,883	4,297	16.0	5,350	2,986	55.8
1938	70,977	15,517	21.9	34,798	6,516	18.7	28,785	4,905	17.0	7,394	4,096	55.4
1939	82,952	17,738	21.4	39,831	7,350	18.5	33,923	5,820	17.2	9,198	4,568	49.7

出典:呉成哲『植民地初等教育의形成』教育科学社、2000、p.390より引用。

表 3-10 実業補習学校卒業者の進路（1933 年度）

学校	官公署就職（%）	学校教員（%）	銀行会社等就職（%）	家業従事（%）	進学（%）	死亡・その他（%）	計（%）
公立農業補習学校	44(5.9)	2(0.3)	10(1.3)	663(88.4)	15(2.0)	16(2.0)	750(100)
私立農業補習学校	3(4.1)	0(0.0)	5(6.8)	65(89.0)	0(0.0)	0(0.0)	73(100)
公立商業補習学校	36(14.3)	0(0.0)	124(49.2)	87(34.5)	5(2.0)	0(0.0)	252(100)
公立工業補習学校	16(8.1)	1(0.5)	57(28.8)	100(50.5)	20(10.1)	4(2.0)	198(100)
公立機業補習学校	0(0.0)	0(0.0)	3(12.5)	21(87.5)	0(0.0)	0(0.0)	24(100)
公立水産補習学校	3(21.4)	0(0.0)	0(0.0)	4(28.6)	7(50.0)	0(0.0)	14(100)

出典：朝鮮総督府「官公私立学校卒業者状況調」『調査月報』1934.11、pp.65～71。

表 3-11 実業補習学校の入学競争率（1934 年度）

学校	学校数	入学志願者数	入学者数	合格率（%）
公立農業補習学校	52	1,843	1,257	67.7
私立農業補習学校	2	71	53	74.6
公立商業補習学校	9	828	441	53.3
私立商業補習学校	1	133	72	54.1
公立工業補習学校	11	2,509	278	54.6
公立機業補習学校	2	25	16	64.0
公立水産補習学校	1	57	30	52.6

出典：朝鮮総督府「官・公私立学校学生・生徒・児童入学状況」『調査月報』1934.7、pp.138～144 より作成。

　しかし、朝鮮総督府は、基本的に朝鮮においては中等教育以上の教育に対する抑制策を固守しようとしたので、急増する上級学校への進学や就職のために農村を離れようとする青年の教育熱および生活向上への欲望を回収し、また民衆運動を統制することができる、より徹底した地方統治体制を必要としたのである。それゆえ、全国各地に最も多く普及されていた普通学校に「卒業生指導」施設を設け、普通学校を卒業しても就労せず、「勤労を疎んじ徒に俸禄を食まんことを望」[45]み、農村から脱しようとする青年を対象に、農業を中心に教育することによって、離農現象を防ごうとした。さらに、指導教師一人当たり平均生徒二人という個別指導体制を採り、また指導方法においても多くを家庭での個人指導の実習形態を行い、「指導生による具体的な経済的成功を直接

家庭の経済的利益に結びつけてしめ」[46]して、最終的には、「卒業生指導」を通じて部落の隅々までの「地方農村改良」を図ろうとしたのである[47]。

次に、朝鮮において実業補習学校より「卒業生指導」施策が積極的に実施されたもう一つの理由としては、初等教育の普及率が低かった朝鮮の実情が挙げられる。それは、高尾甚造が、卒業生指導施設は、「卒業生教養の実体を専ら農家経営の実際的指導に置いてゐるのであつて、卒業生の家庭生活に立入つて自家更生の具体的計画を樹てさせ、二年なり三年なりの間、継続的に指導を続けて行くのである」[48]ので、「内地に於ける元実業補習学校（現青年学校）や近時新に施設せらるゝに至つた農民訓練所とか、農道学校或は農士学校等と称へられてゐるものとは其の方法に於て相当の開きがある」[49]と述べながら、「初等教育を了へたる者に対し、更に一般的に補習的教養を与ふる意味の施設を為すことは、初等教育の普及に趁はれてゐる（朝鮮の―引用者）現状に於ては到底普遍的に之を実施することが困難な事情に在るので、普通学校に於ける現在職員の余力に依つて奉仕的に職業と生活の指導を其の卒業生の将来の為にやつてやらうといふのが此の施設の発生動機である」[50]と卒業生指導施設の出現背景を語っているところから推察できる。つまり、朝鮮総督府は、普通学校教育も普及していなかった朝鮮において、短期間に高い効果があげられる方法として、すでに普通教育を受けたことのある卒業生に、既存の普通学校の施設を利用して指導し続ける「卒業生指導」という施策を施した。それにより、彼らに実質的な経済的向上を提供し[51]、彼らが農村を離れずに、農業に従事するように誘導したのである。このような卒業生指導は、普通学校の卒業生だけではなく、実業補習学校の卒業生に対しても行われていた。例えば、江原道では、「従来実業補習学校生徒は卒業後直に自営せんとするも、之が資本なきもの又は適当なる耕地なき為、已むなく他に就職せんとするものありて、実業補習学校の本質に相反するの状態に在るに鑑み、昭和六年度より道内実業補習学校卒業者をして農業自営の途を講ずると共に地方農業経営の指針たらしむべく、自作農経営者十戸を創設し、卒業生一人に対し道地方費より三百円計三千円を補助すると共に、金融組合より一人當五百円計五千円を借受け以て自作農経営者を創設し、合理的経済農業の経営法を体得せしめんと」[52]していたのである。

ところが、「卒業生指導」の根本的な目的は、農業経済の復興だけではなく、彼らを各部落の模範的人物として養成し、学校教育をまったく受けたことのない人々を含む部落全体に対する民衆教化を図ることにあった。卒業生指導に期待されたこのような意図は、1931年2月12日、卒業生指導講習会および協議会の開会式において、当時の学務局長武部欽一が、「内外の趨向を察し、将又一般の風潮、地方の実情、産業の状態等に鑑みまするときは、之等学校卒業者に対し職業教育及公民訓練を徹底せしめて、斉家治産の美風を興し、進んでは地方開発の中堅を以て自ら任ぜしむるところの教化施設を一層隆んならしむることは、極めて肝要なことであると思ふのであります」[53] と述べているところによく現れており、「卒業生指導」実施の最初の年に卒業生指導施設として指定された京畿道安山公立普通学校長の林虎蔵が「卒業生指導の意義」について次のように論じている部分からも看取できる。

> 補習教育は夫が農業であらうと商業、工業であらうと一定の年限を設けて職業教育を施す為になす特殊の教育方法である。然るに卒業生指導は終生の指導であつて、彼等が卒業後社会の一員となつて地方の中堅となり、地方の良民となつて身を立て家を斉へ産を治め家業を興し進んで国家社会の為貢献せしめんとするのであるから、単なる農業や工業の補習のためではない。(中略)要するに卒業生の指導は之等を包含せる国民教育の完成に他ならぬのであつて単なる補習教育ではないのである[54]。

また、1930年11月9日に上記の京畿道安山公立普通学校の卒業生指導の状況を視察した中央教化団体連合会理事長の松井茂が、同日に開かれた卒業生指導座談会において、「内地」では補習教育を「形式的に教へるが、併し精神的方面に缺けてゐるから、補習教育に魂が抜けてゐる。……ところが、今日拝見したところ(安山普通学校の卒業生指導—引用者)では校長は勿論、全員が陣頭に立つて、実際と精神とが一緒になつて離れてゐない。……併しながらこれだけで安心とは言へますまい。それは内地のやうに戦術を以てする赤化運動のやうなものが現はれて来たら、内地のやうに悪いはうに向ふ者が将来出来ないとも言へない」[55] とし、それゆえ、「この純なる頭のときに専門の、所謂青少年の教化運動をこれに結付けて、唯金々ばかりでなく、うんと教化の精神を入れ

込むことが今日最も急務中の急務であらうと思ふ」[56]と提言しているところからも、「卒業生指導」において教化的効果が図られていたことが見て取れる。要するに、卒業生指導は、経済的側面と教化的側面の両方を同時に解決するために考案された「朝鮮に於ける社会教育の特色を最も端的に象徴するもの」[57]だったのである。

ところが、1930年代後半、戦争動員体制への突入によって、朝鮮においてはファッショ的イデオロギー注入の強化と農村経済の発展がより重要となり、各道には農村中堅人物養成のための「農民訓練所」が設置されるようになった。この農民訓練所は、卒業生指導の機能と多く重複しており、それゆえ、「卒業生指導」は徐々に弱体化し、以後、「農村青年団」へと吸収されていったのである[58]。

第3節　農民訓練所の設置と中堅人物の養成

1931年の「満州事変」を契機に植民地朝鮮は、日本の大陸侵略の「兵站基地」として位置付けられるようになった。しかし、1930年前後の世界恐慌は、日本「内地」だけではなく、植民地朝鮮にも大きな打撃を招き、兵站基地としての物的・人的資源の支援が難しくなった。1920年代の「産米増殖計画」によって日本本土の食糧不足を補充するために、米穀中心の単作型農業が行われてきたが、日本「内地」で米価が暴落し、朝鮮米移入反対運動が起こることにより、1934年からその計画は中断され、朝鮮農村の窮乏はますます深刻化していった[59]。総人口の約8割が農民で構成されていた朝鮮において、このような農村経済の没落は、戦争動員準備どころか、農民の抵抗運動を招きかねず、朝鮮統治そのものを危うくするものでもあった。そこで、新たに始められたのがいわゆる「農山漁村振興運動（以下、農村振興運動と略す）」であった。1932年11月に開始された農村振興運動は、1931年6月に総督に就任した宇垣一成の指導の下で「自力更生」をスローガンとして掲げ、「有機的な統制を保持する」ために、総督府をはじめ、各道・郡島・邑面の各行政単位に「農村振興委員会」を設置し、それに警察、教員、金融組合までを結合させて「農家経

済更生計画」を推進した官製運動であった[60]。

　しかし、この運動は、「全鮮農家の八割を其の指導対象とし、而も之に対して一戸一戸と個別的に更生計画を樹立して指導するが如き最困難なる創始事業」[61]であったため、「円滑なる進捗をなさしむるには官邊の指導力を補足し或は之に取りて代るべき部落人の協力が必要であり、他力本願に代るに、部落人の自主的共励が必要となるのである、而して部落の共励には其の中心となるべき人物を必要」[62]としていたのである。そこで、新たに登場したのが「農民訓練所」の設置であった[63]。もちろん、先述した「卒業生指導」も同じ趣旨で続けて進められていたが、農村振興運動を展開していく上で、卒業生指導課程を終えた者を含め、その他の多くの農村青年に対する「徹底せる指導施設を講ずる」[64]必要があった。

　農民訓練所は、各道によって農村青年訓練所、農村青年講習所、農道実践所、農道訓練所、農道講習所、農事修錬場、農民道場等、その名称が少しずつ異なるが、その目的および運営内容においてはほぼ同様である。朝鮮において初めて設置されたのは、1933年に京畿道に設置された農事訓練所であり、1935年頃にはほとんどの各道に設置された[65]。このように1935年頃に農民訓練所が幅広く普及されるようになった理由は、1932年に「勤労の徹底、消費節約、責任観念の涵養といった生活に即した教養を、更生計画に基づく営農指導の中で体験的に養うことに」[66]重点を置いて始まった農村振興運動が、1935年に入ってから急変した国際情勢の下、日本が大陸侵略政策を遂行していくようになる中で、臨時道知事会議において発表された「更生指導部落拡充計画」により、全部落を対象とする運動に改編され、さらに、運動の中心が「心田開発（精神修養）」に転換されたことから、各部落の指導を担う模範的で、中心的な人物が必要となったからであるといえる[67]。このような農村振興運動の性格転換は、1937年1月の「農業補習学校及農民訓練所教育講習会」において、南総督が農業補習学校長および農民訓練所長、女子訓練所長等に対して、次のように訓示した部分によく示されている。

　　　今や時局は重大である。欧洲の天地は何時大乱を来すかも知れぬといふ状況に在り、東洋に於ても亦同様の状態に在る。斯様な時代に於て東洋平和の基礎をなすべ

き我が帝国は、最も重要なる使命を持つて居るのでありますから、諸君は青年を指導せられる上に於ても世界の大勢及び現下時局の危険性と帝国使命の重要性とを徹底的に彼等に明示し、而して日々行はれて居る農村振興の聖業其のものが時局と使命とに適応すべき農村更生の基礎を為すものであり、半島民衆の物心両方面の生活の安定を得せしめる重要なる事業であることを理解せしめられたいのであります[68]。

　すなわち、1935年以降、戦争へと駆け上がる国際情勢によって日本「内地」ではもちろん、朝鮮においても「忠良なる帝国臣民として実質剛健なる精神を作興する」[69]ことが強調され、そのための「皇国農民たる地方模範営農者」[70]の育成が緊要となっていった。こうした中、より徹底した「中堅人物」の養成のための装置として、実業補習学校の改正・普及と農民訓練所の設置がすすめられたのである。前節ですでに検討したように、「内地」では実業補習学校と青年訓練所とが統合され、青年学校に改編されたのに対し、朝鮮では1935年に「実業補習学校規程」が制定され、実業補習学校が存続されており、とりわけ農業補習学校はその期間を1年に短縮することができるようにするとともに全員寄宿舎制度を導入するなど、「短期間に濃密なる教養訓練を加へ物心一元の指導を施し、実習体験を通じて健全なる農民道を体得せしめんことを期し」[71]、「中堅農民指導者の養成」[72]を図ったのである。そして、総督府または各道の助成の下に農民訓練所を設置し、おおむね3年ないし5年、8年という長い期間をかけて各家庭での個人指導を中心に行った「卒業生指導」とは異なり、すべての訓練生を訓練所に入所させ、約1年間（長期）または約1か月（短期）という比較的短い期間に集中的に指導する方法を採って、実業補習学校と同様に「農村の中堅として活動し得る人物を養成」[73]しようとした[74]。

　ここで、農民訓練所の訓練生選定および訓練形態、期間、内容等についてより詳しく検討してみたい。まず、その対象においては「普通学校卒業程度以上の学力のある二十歳前後の農家の子弟」[75]としていた。しかし、実際においてはその年齢層がやや高く、例えば、忠清南道大田府の儒城農村青年訓練所の場合は「入所者の年齢を十八歳以上二十五歳までとしたが、訓練を了へて自力更生共励組合の中心人物として組合員を指導統率せしむるには弱年を不可とする

を以つて、二十歳以上三十歳位までを実際入所資格年齢として」[76]（傍点、原文のまま）おり、また、1935年の慶尚南道農民訓練所における第1回入所者33名の年齢をみても、24歳が最年少、29歳が最高年齢であり、平均年齢が27.2歳という高い年齢層であった[77]。訓練生の選抜においては「身体強健」「品行方正」「思想堅実」にして、「農村を愛し、農村に安住し、一面犠牲奉仕の念強くして農村を健直さんとする信念に燃ゆるの青年」[78]を各面長および郡守が推薦し、その中から訓練所長が選定する方法をとっていた。

訓練生の階層構成をみると、表3-12の如く、地域別に差はあったが、平均的に自小作農が41.8%で最も多く、自作兼小作農が32.4%、小作農が24.8%の順であった。表3-13の朝鮮農家の階層構成比に照らしてみればより明らかなように、小作農数が年々増加しており、1932年度には小作農が農家の過半数を超えているにもかかわらず、訓練生の選定においては、自作農と自作兼小作農が70%以上選ばれるなど、小作農よりも優先されていた。

表3-12　農民訓練生の階層構成

（1936年11月現在）

道名（訓練所数）	自作（%）	自小作（%）	小作（%）	その他（%）	計（%）
京畿道(5)	25(19.2)	55(42.3)	50(38.5)	0(0.0)	130(100)
忠清北道(1)	7(23.3)	19(63.3)	4(13.3)	0(0.0)	30(100)
忠清南道(4)	38(25.3)	69(46.0)	42(28.0)	1(0.7)	150(100)
全羅北道(6)	27(16.2)	81(48.5)	59(35.3)	0(0.0)	167(100)
全羅南道(2)	23(57.5)	12(30.0)	2(5.0)	3(7.5)	40(100)
慶尚北道(6)	52(36.4)	59(41.2)	28(19.6)	4(2.8)	143(100)
慶尚南道(1)	10(20.4)	34(69.4)	5(10.2)	0(0.0)	49(100)
黄海道(2)	25(46.3)	9(16.7)	17(31.5)	3(5.5)	54(100)
平安北道(3)	45(48.3)	23(24.7)	25(26.9)	0(0.0)	93(100)
江原道(6)	65(46.8)	47(33.8)	27(19.4)	0(0.0)	139(100)
咸鏡南道(2)	15(27.8)	33(61.1)	6(11.1)	0(0.0)	54(100)
咸鏡北道(1)	15(71.4)	6(28.6)	0(0.0)	0(0.0)	21(100)
計(39)	347(32.4)	447(41.8)	265(24.8)	11(1.0)	1,070(100)

出典：朝鮮総督府『農山漁村に於ける中堅人物養成施設の概要』（1936）に収録された40訓練所の中、訓練生の階層構成が明示された39か所より作成。

表 3-13　朝鮮農家の階層構成比

年度	地主	自作	自作兼小作	小作
1926	3.8	19.1	32.5	43.4
1927	3.8	18.7	32.7	43.8
1928	3.7	18.3	32.0	44.9
1929	3.8	18.0	31.4	45.6
1930	3.6	17.6	31.0	46.5
1931	3.6	17.0	29.6	48.4
1932	3.5	16.3	25.4	52.7

出典：姜萬吉『고처쓴 韓国現代史』創作과 批評社、p.124（初出：朝鮮総督府農林局『朝鮮小作年報』1輯、pp.148～149）。

　農民訓練所の訓練形態は、期間はおおむね1年とし、訓練生は各地域の事情によって30～60名程度を選抜して全員「農家式寄宿舎」に分散入所させ、訓練を行う方法をとっていた。補説すると、訓練生5人1組を農家1戸1家族になぞらえ、また各戸には戸主1名を置き、そのような農家をいくつか設定し、訓練所を一つの部落に作っていた。各戸には耕地を割り当て、「実際農家農村としての活きた働きを指導訓練」[79]し、一切の経費は訓練生に徴収せず、原則的に訓練所内の「自給自足」の生活を試みていた。それゆえ、訓練内容は、主として農業実習が大半の時間を占めており、その以外には皇国農村中堅青年としての資格を修練するための「精神訓練」が行われる程度であった。例えば、江原道洪川農民訓練所の学科目をみると、「農民道の体究」「修身」「農村開拓偉人の研究」「時事解説及批判」等のような正徳科目と、「実習」「農芸一般」「農家経営」「農村経営」等のような利用科目、その他に「地方制度及自治行政」「体操」などが教えられていた[80]。

　次の表3-14は、京畿道の「驪州郡農道講習所ニ関スル規程」に定められた学科目、学科課程及び教授時数を整理したものであるが、大半の時間が農業知識および農業実習に配分されており、その残りの時間には修身や教練が行われていたことがわかる。

表3-14 驪州郡農道講習所の学科目及び学科課程、教授時数

学科目	教授時数	課程
修身及公民科	70	道徳ノ要旨、公民ノ心得
農民道	200	農民ノ使命、農民ノ自覚、農民ノ実践
農家経営	100	興家ノ道、斉家之要、農家ノ経済、農業経営ノ基礎概念及其ノ方法
農村振興	50	農村文化建設、農民ノ教育訓練、非常時ト農村対策、農家更生ノ方法
農事	50	土壌、肥料及水稲作ノ要旨
田作	35	麦作、棉作、特用作物等改良作ノ要旨
園芸	15	蔬菜、果樹ノ栽培要旨
畜産	30	農家ト畜産、畜力ノ利用、財産ノ造成、肥料ノ利用
養蚕	25	栽桑ノ要旨、飼育一般
林業	25	山林ノ効用、林利ノ増進、造林及保護、林産ノ製造利用
副業	20	農家ト副業（金銭経済）全家労働ト余剰労力、副業ノ種類ト作業方法
教練	20	規律ノ体得、心身ノ鍛錬
実習予備	1,100以上	営農及家政一般ニ関スル実習

出典：朝鮮総督府『農山漁村に於ける中堅人物養成施設の概要』、1936、pp.23〜24。

表3-15 各道の農村振興予算における農民訓練所の予算
（1936年度）

道名	農村振興予算総額（円）	農民訓練所の予算（円）	割合（％）
京畿道	166,580	22,103	13.3
忠清北道	60,501	8,321	13.8
忠清南道	115,733	51,634	44.6
全羅北道	127,895	43,354	33.9
全羅南道	－	－	－
慶尚北道	215,086	53,053	24.7
慶尚南道	86,783	17,339	20.0
黄海道	193,834	47,832	24.7
平安北道	63,509	14,380	22.6
平安南道	－	－	－
江原道	262,578	81,968	31.2
咸鏡南道	97,854	34,886	35.7
咸鏡北道	37,950	10,545	27.8

出典：「各道の農村振興予算」『朝鮮』1936年6月号、pp.1〜67より作成（「－」は、数値不明）。

当時、このような農民訓練所に対する統治側の期待は非常に大きかったと思われるが、それは各道の農村振興予算における農民訓練所の予算額が占める比重をみれば、推測できる。上記の表3-15は、1936年度の各道における農村振興予算の中で、農民訓練所に割り当てられた予算を示したものである。各道において農村振興予算の中、平均26%を超える予算が農民訓練所にあてられており、忠清南道と咸鏡南道の場合は、農村振興予算総額の3分の1以上が農民訓練所の予算に設定されていたほどであった。

　このように、多額の費用を費やし、農村青年を対象に農業知識と精神訓練を重点的に行うことによって「自家を更生して農村に安住し、更に部落共励の中心となりて個々の農家の更生計画の実行に寄与すべき人物」[81]として育成していこうとした農民訓練所は、当時「農村に於ける社会教育として大なる意義を持つもの」[82]として位置付けられ、「その効果は大いに期待され」[83]ていた。ところが、実際のところ、1年間の訓練を終えた修了生が帰郷し、訓練所で体得した「農民道」や農家経営の方法を、従来からの習慣や伝統が根強く残っている部落民に普及することは、それほど簡単なものではなかった。朝鮮民衆の間には「官尊民卑」の思想がまだ強く、「官禄」を求めて離農する傾向が依然として残っていたため、1年間の訓練終了後にもかかわらず、修了生が都市を憧憬し、農村から出ていく事例も発生した[84]。そこで、このような訓練終了後の否定的側面を懸念し、「地方指導機関との連携」による厳格な訓練生の選定と修了生に対する延長指導を主張する声も出現した[85]。

　以上のように、農民訓練所は、「卒業生指導」と同様に、まず、上級学校への進学や就職を求めて農村から離れようとする青年を農村に定着させるための役割を果たしていたのである。しかし、農民訓練所に期待された役目は、卒業生指導のそれよりいっそう大きなもので、それは、訓練生の選定をはじめ、訓練方法、内容などにおける相異に垣間見ることができる。「卒業生指導」の場合は、指定学校の校長や教員が業務外の余裕の時間を割愛して指導生の家庭を訪問し、指導する方法を使っていたので、指導生の選定も少数に限定されており、また「学校に近いところに居る指導生」[86]が選ばれていた。しかし、このような方法では、1935年以降、およそ10年間で7万4,800余の全部落に更生

計画を及ぼそうという「更生拡充計画」の下で毎年拡大される「更生指導部落」において「自主的」な運動をすすめるための中堅人物の養成が実現しがたかった。そこで、農民訓練所では、「その地域的対象を『更生指導部落』に限定し、できるだけ多くの地域から一人ずつ選定」[87]したのである。慶尚南道農民訓練所における1935年度現在の訓練生33名の出身地をみると、17郡29邑面となっており、各地域から幅広く選抜されていた[88]。そして、教育場として家庭を利用した卒業生指導に対し、農民訓練所は別途に施設を設けて訓練生全員を寄宿舎に収容し、所長および地方社会主事や地方書記などの職員を置き、道によっては産業技手や助手をも配置して1年間集中的に訓練を行っていた[89]。

また、指導内容においては、農業実習が主であったことは、卒業生指導と同様であったが、その指導方法において卒業生指導は、学校教師が学校業務外の時間を利用して長い期間にわたって訪問指導する形態であったため、指導生は比較的自由な時間を持つことができた。それに対し、訓練所の場合は全員寄宿舎生活であったため、一日中決まった日程によって動かなければならなかった。例えば、忠清南道儒城の農村青年訓練所の日課表（表3-16）にみられる

表3-16　儒城農村青年訓練所の日課表

時間	日課事項	内容
04：30	起床	清潔、整頓、洗面
04：40	朝礼	人員点呼、皇室、伊勢大廟遥拝
04：45	訓話	
04：50	体操	国民体操
05：00〜06：00	第一就業	開墾、藁細工、販売、採肥、家畜手入
06：00〜07：00	朝食	食後始末
07：00〜11：30	第二就業	実習地作業
11：30〜13：00	昼食	
13：00〜日没	第三就業	実習地作業
20：00	夕食	食事、入浴、日誌記入
21：00	礼拝	夕挨拶、座談
21：30	就寝	

出典：小林林蔵「儒城農村青年訓練所を観る」『朝鮮農会報』1936.5、p.64。

ように、1日約10時間は「実習地作業」に使われており、就寝、食事時間などを除いた残り約1時間は「皇国農村中堅青年としての資格を修練せしむ」[90]ための国民体操や皇室・大廟礼拝、訓話等の「精神訓練」に費やされていた。

つまり、農民訓練所は、短期間により多くの地域の青年を対象に、農業実習と精神訓練を行うことによって、農村更生を図ろうとしたものであるが、しかし、それは疲弊した農村から離脱し、または民族解放運動へと流れ出すおそれがある青年たちを、農業技術の伝授という美名の下で、彼らを農業に就くようにし、さらに進んで徹底した「精神訓練」を通して抵抗勢力を抑えつつ、かつ「皇民化」政策を図ろうとした、従来の「卒業生指導」よりいっそう組織化された社会教育施策であったといえよう。

以上、植民地期における代表的な実業教育関連の社会教育施策である実業補習学校および「卒業生指導」、農民訓練所等について検討してきたが、これらの施策の共通点は、1920年代後半からより深刻化した農村の疲弊と、それによる小作争議や労働争議の増加、さらに民族解放運動の農村への浸透の機運、離農現象の増加等といった農村をめぐる様々な問題を孕んでいた朝鮮が、1930年代の大陸侵略政策の下で、「兵站基地」としてその役割の重要度が高まる中、以上の諸問題を解決すると同時に、戦争のための総動員体制を構築するためにすすめられた施策という点であると思われる。付け加えれば、総人口の約8割が農業を営んでいた当時の朝鮮において、農村の窮乏化は単に民衆を農村から離脱させる原因にとどまらず、日本がめざす植民地政策および世界への勢力拡張を実現させがたくする動因となるため、実業（農業）教育によって農村青年の教育熱や社会的地位向上への欲望を回収しつつ、かつ彼らを各地方の「中堅人物」として養成し、植民地朝鮮全域を統制していこうとした意図があったと思われる。つまり、朝鮮総督府は、実業教育関連の社会教育施策を通じて、民心をなだめながら、思想統制・治安維持と国力の増強という課題を解決しようとしたのである。

注

1) 朴志泰編著『大韓帝国期政策史資料集Ⅵ―教育―』先人文化社、1999 参照。
2) 学部『韓国教育』1909、p.30。
3) 学部『韓国教育ノ現状』1910、p.32。
4) 学部『韓国教育ノ既往及現在』1910、p.44。
5) 大野謙一『朝鮮教育問題管見』1936、p.62。
6) 呉天錫『韓国近代教育史』p.247。
7) 弓削幸太郎『朝鮮の教育』自由討究社、1923、p.141。
8) 大野謙一、前掲書、p.61。
9) 「公立小学校普通学校教員講習員ニ対スル訓示（大正3年8月4日）」『総督訓示集』第2輯（大正2年〜5年）、pp.28〜29。
10) 大野謙一、前掲書、p.56。
11) 同上書、p.57。
12) 呉成哲『植民地初等教育의 形成』教育科学社、2000、pp.297〜303。
13) 日本における実業補習学校の推移は次のとおりである。

表 3-17　日本における国公私立別実業補習学校の推移

学校 年度	学　校　総　数			
	計	国立	公立	私立
1894	19(1,117)	―	19(1,117)	―
1895	55(3,327)	―	55(3,327)	―
1900	151(8,880)	1(30)	142(8,504)	8(346)
1905	2,746(121,502)	1(268)	2,636(115,829)	109(5,405)
1910	6,111(262,978)	1(401)	5,847(251,324)	263(11,253)
1915	8,908(498,178)	4(975)	8,578(483,645)	326(13,558)
1920	14,232(996,090)	4(1,328)	14,060(987,568)	168(7,194)
1925	15,316(1,051,437)	4(844)	15,258(1,046,576)	54(4,017)
1930	15,248(1,277,338)	3(612)	15,193(1,269,838)	52(6,888)

出典：国立教育研究所『日本近代教育百年史』7（1）、1974、p.961（カッコ内は生徒数）。

14) 朴志泰、前掲書、p.378。
15) 大野謙一、前掲書、p.59。
16) 朝鮮総督府学務局学務課『朝鮮学事例規　全』1932、p.548。
17) 岡久雄『朝鮮教育行政』帝国地方行政学会朝鮮本部、1940、p.157。
18) 「実業補習学校規程」1935年4月1日朝鮮総督府令第52号
　　第一条　　実業補習学校ハ国民生活ニ須要ナル職業ニ関スル知識技能ヲ得シメ特ニ国民道徳ノ涵養ニ力メ以テ忠良有為ナル皇国臣民ヲ養成スルヲ目的トス

第二条　道、府、学校費又ハ学校組合ハ実業補習学校ヲ設立スルコトヲ得
　　　　商工会議所其ノ他之ニ準ズベキ公共団体又ハ私人ハ実業補習学校ヲ設立スルコトヲ得
　　　　第一項ノ規定ニ依リテ設立スルモノヲ公立実業補習学校トシ前項ノ規定ニ依リテ設立スルモノヲ私立実業補習学校トス
第三条　実業補習学校ヲ設立セントスルトキハ左ノ事項ヲ具シ朝鮮総督ノ認可ヲ受クベシ
　　　　一　名称及位置
　　　　二　生徒ノ定員及学級数
　　　　三　開校年月日
　　　　四　学則
　　　　五　校地、校舎、寄宿舎及実習地等ノ平面図（坪数及附近ノ情況ヲ記載スベシ
　　　　六　一年ノ収支概算（初年度ヨリ完成年度ニ至ル迄ノ分ニ付記載スベシ
　　　　七　維持方法
第四条　実業補習学校ニ於テ前条第一号、第二号、第四号又ハ第七号ノ事項ヲ変更セントスルトキハ朝鮮総督ノ認可ヲ受ケ第三号ノ事項ヲ変更シタルトキハ朝鮮総督ニ届出ヅベシ
第五条　第三条ノ規定ハ公立実業補習学校ノ設立者変更ノ場合ニ之ヲ準用ス
第六条　実業補習学校ノ校舎若ハ寄宿舎ヲ新築、増築若ハ改築シ又ハ校地ヲ拡張若ハ縮少セントスルトキハ図面ヲ具シ朝鮮総督ノ認可ヲ受クベシ農業ヲ授クル実業補習学校ノ実習地等ニ付亦同ジ
第七条　学則ニハ左ノ事項ヲ規定スベシ
　　　　一　学校ノ目的　二　修業年限及入学資格ニ関スル事項
　　　　三　学科目、学科課程及教授時数ニ関スル事項
　　　　四　学年、学期及教授ノ季節ニ関スル事項
　　　　五　休業日ニ関スル事項　六　入学、退学及懲戒ニ関スル事項
　　　　七　授業料ニ関スル事項　八　寄宿舎ニ関スル事項
第八条　実業補習学校ヲ廃止セントスルトキハ其ノ事由、生徒ノ処分方法及廃止日ヲ具シ朝鮮総督ノ認可ヲ受クベシ
第九条　実業補習学校ノ修業年限ハ二年乃至三年ヲ標準トス
　　　　但シ農業ヲ授クル実業補習学校ニ在リテハ入学資格、教授時数等ニ応ジ一年以内之ヲ短縮スルコトヲ得
第十条　実業補習学校ニ入学スルコトヲ得ル者ハ年齢十二年以上ニシテ尋常小学校ノ教科ヲ卒ヘタル者又ハ之ト同等以上ノ学力ヲ有スル者タルベシ但シ土地ノ情況ニ依リ必要アルトキハ朝鮮総督ノ認可ヲ受ケ別ニ之ヲ定ムルコトヲ得
第十一条　実業補習学校ノ総教授時数（実習ヲ含ム）ハ六百時以上トス
第十二条　実業補習学校ニ於テハ常ニ差ノ事項ニ留意シテ生徒ヲ教授スベシ
　　　　一　教育ニ関スル勅語ノ旨趣ニ基キ国民道徳ノ養成ニ意ヲ用ヒ我ガ肇国ノ本義ト国体ノ尊厳ナル所以トヲ会得セシメ忠孝ノ大義ヲ明ニシ其ノ信念ヲ鞏固ナラシメンコトヲ

期シ常ニ生徒ヲシテ実践躬行セシメ以テ皇運扶翼ノ道ニ徹セシメンコトヲ力ムベシ
　　二　徳性ノ涵養ニ留意シテ醇良ナル人格ヲ陶冶シ特ニ誠実ニシテ信用ヲ重ンジ勤倹ニシテ公益ニ力ヲ尽スノ気風ヲ長ジ内鮮一体、同胞輯睦ノ美風ヲ養ハンコトヲ力ムベシ
　女生徒ニ在リテハ殊ニ順良貞淑ニシテ恩情慈愛ニ富ミ醇風美俗ヲ尚ビ家ニ対スル任務ヲ重ンズルノ志操ヲ養ハンコトヲ力ムベシ
　　三　総テ教材ハ郷土的事象ノ中ニ之ヲ求メ教授ハ力メテ生活ノ実態ニ即セシメ実習ヲ重ンジ勤労好愛ノ美風ニ馴致スルコトヲ力ムルト共ニ農業、工業、水産等ニ関シ実際経営上必要ナル技能ヲ体得セシメンコトヲ旨トスベシ
　　四　生徒心身ノ発達ニ応ジ身体ヲ練磨シ心力ヲ練成シテ剛健潤達ナル気風ト忍苦持久ノ体力ヲ養ハンコトヲ旨トスベシ
　女生徒ニ在リテハ殊ニ明朗快活ナル気風ヲ養ハンコトヲ力ムベシ
　　五　国語ノ使用ヲ正確ニシ其ノ応用ヲ自在ナラシメ国語教育ノ徹底ヲ期シ以テ皇国臣民タルノ性格ヲ涵養センコトヲ力ムベシ
　　六　各学科目ノ総合的指導ニ留意シ互ニ相関連シテ補益センコトヲ力ムベシ
第十三条　実業補習学校ノ学科目ハ修身及公民科、国語、職業トス但シ生徒ノ情況ニ依リテハ国語ニ代ヘ朝鮮語ヲ課スルコトヲ得
　女子ニハ前項ノ学科目ノ外家事及裁縫ヲ加フ
　前二項ノ学科目外必要ニ応ジ歴史、地理、数学、理科、体操其ノ他ノ学科目中ヨリ適宜選択シテ之ヲ加設スルコトヲ得
　前項ノ加設科目ハ適宜之ヲ総合シテ課スルコトヲ得
第十三条ノ二　職業ヲ除クノ外実業補習学校ノ学科目ノ教授ノ要旨ニ関シテハ実業学校規程第十四条ノ規定ヲ準用ス
第十四条　実業補習学校ノ教科書ハ道知事ノ認可ヲ受ケ学校長之ヲ定ムベシ
　前項ノ認可ヲ受ケントスルトキハ其ノ図書ノ名称、巻冊ノ記号、使用セントスル学年、著者及発行者ノ氏名、発行年月日ヲ具シ道知事ニ申請スベシ
　朝鮮総督府ニ於テ編纂シタル実業補習学校教科書アルトキハ之ヲ使用セシムベシ
第十五条　実業補習学校ノ課程ヲ卒ヘ更ニ学習セントスル者ノ為別ニ適宜ノ課程ヲ設ケ一定ノ期間之ヲ在学セシムルコトヲ得
第十六条　学年、学期及教授ノ季節ハ土地ノ状況又ハ学校ノ種類ニ依リ適宜之ヲ定ムベシ
第十七条　紀元節、天長節、明治節及一月一日ニハ職員及生徒学校ニ参集シテ祝賀ノ式ヲ行フベシ
第十八条　学校長ハ訓育上必要ト認ムルトキハ生徒ニ懲戒ヲ加フルコトヲ得
第十九条　生徒退学セントスルトキハ学校長ノ認可ヲ受クベシ
第二十条　学校長ハ全過程ノ卒業ヲ認メタル者ニハ卒業証書ヲ授与スベシ
第二十一条　実業補習学校ニ於テハ授業料ヲ徴収スルコトヲ得
第二十二条　実業補習学校ニ於テハ左ノ表薄ヲ備フベシ
　　一　学則、日課表及教科書配当表

　　　　二　職員ノ履歴書、出勤簿及担任学科目
　　　　三　生徒ノ学籍簿、出席簿及成績表
　　　　四　設備原簿、出納簿及経済ノ収支ニ関スル帳簿
　　　　五　往復文書
　　　前項ノ表簿中履歴書及学籍簿ハ十五年以上之ヲ保存シ其ノ他ハ五年以上之ヲ保存スベシ
　第二十三条　実業補習学校ニ於テハ短期間特殊ノ事項ヲ受クル為随時講習ヲ為スコトヲ得
　第二十四条　実業補習学校ハ之ヲ他ノ学校、試験場、講習所等ニ併設スルコトヲ得
　第二十五条　本令中朝鮮総督トアルハ道立ノ実業補習学校ニ係ル場合及第十条但書ノ場合ヲ除ク外道知事トス
　　　前項ノ規定ニ依リ道知事ニ於テ認可シタル事項及届出ヲ受ケタル事項ハ遅滞ナク之ヲ朝鮮総督ニ報告スベシ
　附則
　本令ハ発布ノ日ヨリ之ヲ施行ス
　本令施行ノ際現ニ存スル実業補習学校ハ之ヲ本令ニ依リ設立シタルモノト看做ス
　本令施行ノ際現ニ前項ノ実業補習学校ニ在学スル生徒ニ付テハ其ノ在学ノ間仍旧令ニ依リ又ハ之ヲ斟酌スルコトヲ得
　附則（昭和十三総令67号）
　本令ハ発布ノ日ヨリ之ヲ施行ス

19）実業補習学校は、朝鮮と同じく日本の植民地であった台湾においても存続された。
20）高尾甚造『朝鮮教育の断片』政治教育協会、1936、p.15。
21）岡久雄、前掲書、p.168。
22）大野謙一、前掲書、p.269。
23）増田収作「朝鮮に於ける部落中心人物につきての一考察」『朝鮮』1936.11、p.102。
24）同上。
25）松月秀雄「朝鮮の青少年教育」『教育思潮研究』第13巻第1輯、1939.6、p.369。
26）武部欽一「教育上に於ける当面の諸問題」『文教の朝鮮』第68号、1931.4、p.9。
27）渡邊豊日子『朝鮮教育の側面観』1934、pp.23〜24。
28）増田収作、前掲論文、pp.102〜103。
29）林虎蔵「普通学校卒業生指導の実際」『文教の朝鮮』第50号、1929.10、p.37。
30）高尾甚造、前掲書、p.37。
31）大野謙一、前掲書、p.239。
32）富田晶子「農村振興運動下の中堅人物の養成―準戦時体制期を中心に―」『朝鮮史研究会論文集』No.18、1981.3、p.158。
33）「全国教育大会」『文教の朝鮮』第51号、1929.11、pp.119〜123。
34）「卒業生指導に関する各道施設報告概要」『文教の朝鮮』第68号、1931.4、p.89。

35) 同上論文、p.82。
36) 同上論文、p.100。
37) 大野謙一、前掲書、p.239。
38) 総督府が 1920 年代に入って「産米増殖計画」を急がなければならなかった理由は、第 1 次世界大戦を契機に発生した日本「内地」の食糧不足状況にあった。日本は朝鮮における食糧増産を強行し、食料の安定した供給路を確保しようとしたのである。産米増殖計画は、最初は全体計画期間を 30 年とし、田 40 万町歩は灌漑を改善し、畑 20 万町歩を田に変え、田 20 万町歩を新たに灌漑するなど、総 80 万町歩の土地改良を計画した。1 次に、15 年間に総工事費 1 億 6800 万円をかけ、約 42 万 7,000 町歩を改良し、年間約 920 万俵の米を増産し、そのうち、700 万俵を日本に持っていく計画を立てた。しかし、実際には計画量の 50％程度しか進まなかった。その理由に対し、総督府は、水利灌漑工事のための基本調査が不十分であった点、農業金融制度が不実であった点、事業資金の調達が不調だった点などをあげているが、本質的な原因は土地の改良および灌漑や農事改良より、戸地の購入経営において高利小作料によるより高い利潤を得ることができたからだと思われる。すなわち、日本資本は産米増殖計画自体には消極であった反面、土地兼併により一層積極的であったのである。それゆえ、朝鮮の中小地主や自作農、そして貧農層は没落していった。姜萬吉『고쳐 쓴 韓国現代史』創作과 批評社、2000、pp.125～128。
39) 鮮于文壽峰「卒業生指導」『文教の朝鮮』第 73 号、1931.9、p.89。
40) 同上論文、p.85。
41) 同上。
42) 「卒業生指導座談会」『文教の朝鮮』第 69 号、1931.5、p.76。
43) 高尾甚造、前掲書、p.36。
44) 呉成哲、前掲書、pp.394～396。
45) 松月秀雄「朝鮮の卒業生指導学校」『教育』創刊号、岩波書店、1931.10、p.46。
46) 富田晶子、前掲論文、1981.3、p.160。
47) 「卒業生指導座談会」、『文教の朝鮮』第 69 号、p.64。
48) 高尾甚造、前掲書、p.37。
49) 同上。
50) 同上論文、pp.37～38。
51) 実際、卒業生指導を受けた指導生の利益は向上し、近隣農家より高い収穫を上げていた。京畿道の場合、「昭和四年の指導生の成績調査には、米作の如き旱害の年でありながら平均反当籾四石七斗の収穫を得、附近農家の平均収穫一石五斗に比して約 3 倍の増収を上げ、昭和五年の如きは最多八石四斗の好成績を得て居る指導生も」いたのである。「卒業生指導に関する各道施設報告概要」、『文教の朝鮮』第 68 号、1931.4、p.77。
52) 同上論文、p.140。
53) 武部欽一「卒業生指導奨励に就いて」『文教の朝鮮』第 68 号、1931.4、p.1。

54) 林虎藏『体験五年安山の卒業生指導』教育研究会、1932、pp.43～44。
55) 「卒業生指導座談会」、『文教の朝鮮』第69号、p.80。
56) 同上。
57) 松月秀雄、前掲論文、1939.6、p.369。
58) 尹恵順「韓国近代の青少年教育政策に関する研究―『普通学校卒業生指導』を中心に―」京都大学総合人間学部社会システム研究刊行会『社会システム研究』Vol.5、2002.3、p.217。
59) 姜在彦『朝鮮近代史』平凡社、1998、pp.328～329。
60) 同上書、p.330。
61) 増田収作、前掲論文、pp.86～87。
62) 同上論文、p.86。
63) 農民訓練所に関する先行研究には、富田晶子、前掲「農村振興運動下の中堅人物の養成―準戦時体制期を中心に―」；青野正明「朝鮮農村の『中堅人物』―京畿道驪州郡の場合―」朝鮮学会『朝鮮学報』第141輯、1991.10；松村順子「朝鮮における『皇国臣民』化政策の展開―『皇国』青年の養成を中心に―」早稲田大学史学会『史観』第86・87冊、1973.3；文鍾鐵「日帝農村振興運動下의 教育活動研究」中央大学大学院博士学位論文、1995等がある。
64) 朝鮮総督府「農山漁村振興運動の全貌」『朝鮮に於ける農山漁村振興運動』1934、p.52。
65) 増田収作、前掲論文、p.101。
66) 富田晶子「準戦時下朝鮮の農村振興運動」歴史科学協議会『歴史評論』No.377、校倉書房、1981.9、pp.80～81。
67) 同上。
68) 「農業補習学校及農民訓練所教育講習会総督訓示」『文教の朝鮮』第139号、1937.3、p.9。
69) 「農業補習学校及農民訓練所教育講習会学務局長挨拶」『文教の朝鮮』第139号、1937.3、pp.12～13。
70) 同上論文、p.13。
71) 同上論文、p.11。
72) 同上論文、p.12。
73) 朝鮮総督府「農山漁村振興運動の全貌」、前掲書、pp.52～53。
74) このような「農村中堅人物養成」は1934年、日本内地においても農林省が「修練農場」(「農民道場」)を全国20箇所に設け、その養成をめざしていたが、1932年、満州国の建国以後、満蒙開拓武装移民が送り出される中で、「農民道場」は、その開拓義勇軍のための訓練施設に切り替えられた（宮坂広作『近代日本の社会教育』宮坂広作著作集1、明石書店、1994、p.213）。

　それゆえ、内地の農民道場は、「学科を主とせず晴耕雨読式による農耕開墾に重きを置き勤労を通じて汗と土の中から人物を修養鍛錬せんとする」ために、期間をおおむね1か年とし、全員寄宿舎に収容して、「皇国農民」としての人格を陶冶させ、将来「部落共励の中

心となるべき人物」を養成するという趣旨においては、朝鮮の農民訓練所と共通していたものの、一方、その指導目標、指導者、指導対象、施設に対する反応などにおいて、若干の相違点を持っていた。

指導目標においては、内地の農民道場の場合、「農村の中堅人物の養成をなすと共に海外に雄飛すべき移植民としての教養をなすものにある」のに対し、「朝鮮の農民訓練所は専ら個々の農家更生計画の遂行を目標とせる部落共励の中心人物たるべき者の教養」をなすことにあった。また、指導主任者においては、内地の農民道場の場合、ほとんど農林技術官や事務官であり、教育関係者が一人もいなかったのに対し、朝鮮では大半のところが初等学校長の経歴を有する人が指導主任を担っていた。指導対象においては、内地の修練生は、「高等小学校を卒業して更に補習教育を受けたるもの及中等教育を卒へたるもの」が63％で、残り37％もすべて高等小学校卒業生の学歴を有する者であったのに対し、朝鮮の訓練生は、4年制もしくは6年制の普通学校の卒業であって、その学歴に格段の差があった。最後に、内地では練生および父兄も入所を積極的に志願し、修了後は帰郷して農業に精励し、農村の不況打開と部落の共励に邁進したのに対し、朝鮮の訓練生は郡・面・学校等の勧奨によって入所した者が多く、青年も父兄も訓練所に対する理解が乏しかった。また、修了後も農業に安住せず、他の職を求める者がいるなど、施設に対する反応が内地のそれとは異なっていた。増田収作、前掲論文、pp.103～105。

75) 増田収作、前掲論文、p.101。
76) 小林林蔵「儒城農村青年訓練所を観る」朝鮮農会『朝鮮農会報』1936.5、p.62。
77) 中島三郎「信仰を樹立したい－慶尚南道農民訓練所概要－」『朝鮮』1936.4、pp.22～23。
78) 増田収作、前掲論文、p.109。
79) 小林林蔵、前掲論文、p.62。
80) 三吉岩吉『朝鮮に於ける農村社会事業の考察』1936、pp.220～221。
81) 増田収作、前掲論文、p.105。
82) 同上書、p.215。
83) 朝鮮総督府「農山漁村振興運動の全貌」、前掲書、p.53。
84) 訓練所修了生の農村逸脱現象は、1936年京畿道平沢郡郡立農民訓練所の輔導として赴任にした柳沢七郎の著書『韓野に生きて』にもみられる。

　　数年前、平沢の農民訓練所において寝食をともにした農村青年60人のうち、8割までは小作人の子弟であり、その大部分は二男三男であった。しかもそれらに対し、自作農創設の道の開かれたものは1年に2人から3人（訓練所卒業生に割り当てられたもの）にすぎなかった。彼らの卒業後の消息をきいてみると、彼らの約半数は郷土を離れて、ある者は都会の商店に雇われ、ある者は工場に働いている由であった。これは実に残念なことである。いかに農道精神を持って導いても、現実に彼らが独立しようとする時、耕やすべき土地がなく、どんなに働いても食えないという実情であるとき、彼らの転業を一方的に責めることはできないのではないかと思った。

松村順子、前掲論文、p.145 より再引用。
85)　増田収作、前掲論文、pp.105 〜 110。
86)　「卒業生指導座談会」、p.64。
87)　富田晶子、前掲論文、1981.3、p.167。
88)　中島三郎、前掲論文、pp.22 〜 23。
89)　「各道の農村振興予算」『朝鮮』1936.6 参照。
90)　小林林藏、前掲論文、p.63。

第4章

朝鮮民衆による社会教育実践
―夜学を中心に―

　韓国における「社会教育」の用語および概念が、植民地時代に先立って、大韓帝国末期に韓国知識人たちによって自主的に導入されていたことについては、すでに第1章で検討した。そして、この社会教育が植民地時代に入ってからはどのように展開されていったのかを明らかにするために、第2章と第3章において植民地時代における社会教育の行政的実態について検討した。しかし、総督府による行政的な実態だけでは、植民地時代における社会教育の全体像は見いだしがたく、民衆による教育的実践も同時に検討しなければならない。その理由は、大韓帝国末期の韓国知識人によって導入された社会教育が植民地時代の朝鮮民衆によって継承された可能性があるからである。第2章において検討したように、実際、植民地時代には民衆の教育熱が高まった結果、民衆自らが学校の設立を要求したり、さらには、夜学を通して教育的要求を解決していた。1919年の三・一運動後に民衆による夜学の設立が急増したが、このような夜学は、大韓帝国末期の開化派知識人によって行われた社会教育実践の一つが、植民地時代の民衆に受け継がれたものと思われる。

　植民地時代における朝鮮民衆の教育に関する研究はその大半は「抑圧―抵抗」という二項対立の研究視点をもって行われてきた。それゆえ、植民地期教育史において民衆は「抑圧」の対象もしくは「抵抗」の主体としてのみ描かれてきたのである。しかし、既述のように、植民地初期には公立学校への入学を忌避していた民衆が、三・一運動後には自らの生活向上を求めて公立学校への入学を希望する人が急増する現象が起こり、それによって総督府の教育政策は大きな転換を行うようになった。つまり、民衆は総督府の「抑圧」に「抵抗」する主体だけではなく、生活向上や社会的地位向上への欲望などを遂げるため

に多様な生き方を有する存在でもあったといえる。しかし、これまでの民衆による夜学活動に関する研究では、植民地教育政策に対抗する夜学の民族史的意味を探るものが多かった。

したがって、本章では、大韓帝国末期の開化派知識人が国権擁護および民衆啓蒙などのために自主的に社会教育概念を導入し、その実践の一つとして夜学を展開していたことに基づき、その社会教育が植民地時代の民衆によってどのように展開されていたのかを同じく民衆による「夜学」という教育的実践を検討することで明らかにしたい。

第1節　三・一運動後における夜学急増の背景

第1次世界大戦（1914～1918）は植民地再分割のための帝国主義戦争であったが、その渦中の1917年にロシアで10月革命が起こり、世界初の社会主義国家が誕生した。ロシア10月革命は帝国主義国内の革命運動や植民地における民族解放運動を強く刺激した。また、アメリカ大統領のウィルソンは1918年1月に同盟国側（ドイツ、オーストリア、トルコ）の支配下にあった諸民族の戦後の民族自決を提唱したが、それはウィルソンの意図を超え、連合国側（アメリカ、フランス、イギリス）の支配下にあった植民地民族運動をも刺激したのである[1]。このように変貌する世界情勢は、朝鮮民衆にも影響を及ぼしたが、その代表的な結果は、弓削幸太郎が「欧洲大戦（第1次世界大戦―引用者）以後思想界の変遷将に著しきものあり、朝鮮に於ても新思潮の流入により人心頗る動揺し、大正8年3月に至り遂に所謂万歳騒擾（三・一独立運動―引用者）を勃発した」[2]と述べたところにもよく示されているように、1919年に起こった三・一独立運動（以下、三・一運動）であった。

三・一運動は、朝鮮全土はもちろん、朝鮮民族が存在する国外においても同時に展開された巨大な抗日運動であった。しかし、三・一運動に参加した朝鮮人の運動参加の動機とその様相は必ずしも一律ではなかった。三・一運動は当初、上述したように世界的に高まった革命的雰囲気に影響を受けた在日留学生および朝鮮国内の知識層によって契機が用意されたが、その参加階層は中小資

本家、青年、学生、労働者、農民等、様々であった。彼らが運動に参加した最終的な目的は、「民族解放」「朝鮮独立」にあったといえるが、朝鮮民衆が三・一運動に参加するようになった直接的な動機やその運動形態においては階層別に若干異なる背景および要素があったとみられる。

　1919年3月1日、独立宣言をしたいわゆる「民族代表」は、「日本帝国主義支配下にわずかに合法的活動を容認された宗教・教育者の集団」[3]であった。ところが、彼らのめざしたのは、「自民族の主体的力量に拠点をお」き、「継続性のある戦い」をもって独立を勝ち取るのではなく、「自分より偉大にみられるものに依頼する事大性、外国の干渉を嘆願し、日本帝国主義に独立を『請願』する」ことであった[4]。それは、「民族代表」が「当初3月3日に予定される高宗国葬日に独立宣言を発表しようと企画した」が、「2月28日夜になって、にわかに3月1日、ソウルの料理屋の楼上で、4名の欠席者を出しながら、仲間同士の内輪な独立宣言発表方式に切り替え、その場で総督府警務局に自首して逮捕されてしまった」こと[5]や、「民族代表」の多くが、裁判記録で彼らの「独立宣言」があのような大衆運動になるとは想像もつかなかったし、また大衆を煽動する意図は少しもなかったと述べていた[6]点などからも推察できるように、「民族代表」は「独立請願」、「政権の平和的委譲」を目標としていたと思われる。

　一方、1894年の甲午改革以後、封建制の体制内で成長してきた「ブルジョア民族主義者」らは、日本の侵略意図が本格化し始めると、武力として対抗する義兵闘争[7]と、人民の福利および国家の富強を図る愛国啓蒙運動に二分され活動していたが、このような運動を朝鮮支配の妨害物と思っていた日本は、「日韓併合」後はこのような運動に強力な制裁を加えた。つまり、憲兵制で朝鮮民衆を抑圧し、さらに日本が金融貨幣制度の改正、諸税制の施行、「会社令」(1910)の発布、土地調査事業の実施、鉄道・港湾の築造など、諸経済政策を強制的に遂行することによって、人為的・制度的民族差別および不利益、経済的貧困等がもたらされた。会社令・諸税制の公布によって民族ブルジョアジーの会社設立が抑制されたことは、多くの失業者を生み、また労働者には長時間労働や低賃金という悪条件の労働の強要をもたらした。ま

た、土地調査事業の実施は大多数の農民を小作人や、さらには貧民へと転落させた。

このような日本の政治・経済の諸分野における抑圧によって、ブルジョア民族主義者、労働者、農民等はそれぞれ差別と苦痛を経験するようになった。それによって、彼らは「民族代表」および青年、学生が主導する三・一運動に次々と参加するようになった。後には、むしろ農民、労働者自身が中心勢力になった。このように三・一運動は、「独立」という最終目的をめざして起こった運動ではあったものの、それに参加した朝鮮民衆は、階級的な地位の確保や経済的困窮から来る生活上の要求など、階層別にそれぞれ異なる思惑を持っていた。ところが、その運動を持続的に凝集していく指導勢力が確立されなかったという問題点を抱いていたがために、三・一運動は日本の武力によって鎮圧され、結果的に失敗に終わった[8]。

ブルジョア民族主義者は三・一運動の失敗で、民族示威運動の限界性を感じ、またアメリカや西欧列強からの支援の期待も外れたため、まず実力養成運動と自由陣営との外交を通して力量を培養しようとする動向を示した。このような当時の現象は、朝鮮総督府警務局が著した『韓国学生抗日闘争史―朝鮮に於ける同盟休校の考察―』にもよく示されている。

> 斯く向学熱が一時に勃興した所以は彼の朝鮮独立騒擾事件の動機誘因となつた米国大統領ウィルソンの民族自決主義が期待に外れ平和会議にも華盛頓会議にも亦太平洋会議にも朝鮮問題の如きは更に顧らるゝ模様もなく彼の膨大な国土と無限の経済力と世界大戦を口実に急造した兵力とに深き信頼を置き民主自由の旗高く振り翳り正義人道を高唱する彼の米国の支持後援に依り朝鮮の独立を図らんとしたことが全くの夢想に過ぎなかつたことを覚り茲に初めて他力主義を捨て自力を以つて独立に進まざるべからざることに気付いたのである[9]。

このように三・一運動の失敗後、外部勢力に依存する独立運動の限界を悟ったブルジョア民族主義者は、「他力主義を捨て自力を以って独立」をめざすようになり、「先実力養成・後独立」という論理に立ち、「文化運動」に力を注いでいったのである。すでに第2章で検討したように、三・一運動以後の朝鮮人の公立普通学校への入学希望率は、それ以前に比べて急速に増加しており、朝鮮

民衆による学校設立要求も生じ始めた。表4-1にみられるように、当時は、普通学校だけではなく、高等普通学校および女子高等普通学校、実業学校等の各級学校においても入学の増加がみられるほど、高い教育熱をみせていた。

表4-1 各級学校別学校数・生徒数の推移（1911～1936）

学校年度	普通学校 学校数	普通学校 生徒数	高等普通学校 学校数	高等普通学校 生徒数	女子高等普通学校 学校数	女子高等普通学校 生徒数	実業学校 学校数	実業学校 生徒数
1911	310	33,345	3	867	2	210	18	912
1912	343	41,859	2	456	1	116	19	1,427
1913	368	47,451	2	567	1	147	19	1,508
1914	404	53,049	4	863	4	315	20	1,642
1915	429	60,660	4	1,100	4	378	20	1,920
1916	447	67,628	7	1,715	4	410	22	2,269
1917	461	75,688	9	2,304	4	398	22	2,478
1918	507	80,143	10	2,729	6	649	24	2,550
1919	570	80,632	12	2,140	6	477	25	2,286
1920	681	107,365	14	3,018	7	709	31	2,900
1921	794	159,361	17	4,928	7	1,062	34	3,801
1922	947	238,058	19	6,542	7	1,100	38	5,312
1923	1,099	306,033	20	8,004	7	1,370	43	6,029
1924	1,218	344,890	22	8,705	7	1,542	45	6,617
1925	1,322	383,651	23	9,189	10	1,972	45	7,313
1926	1,392	406,611	24	9,903	13	2,511	47	8,501
1927	1,425	453,943	24	11,212	15	3,244	49	10,070
1928	1,510	465,314	24	11,599	15	3,761	50	10,953
1929	1,589	474,117	24	11,997	15	4,199	50	11,889
1930	1,727	492,613	24	12,074	16	4,554	52	12,674
1931	1,861	502,107	26	12,799	16	4,749	54	13,236
1932	1,978	517,091	26	13,276	17	4,770	54	13,926
1933	2,105	565,591	26	13,610	17	5,179	55	14,806
1934	2,221	640,140	26	14,028	17	5,503	58	16,229
1935	2,363	720,757	26	14,505	19	6,047	64	17,449
1936	2,502	802,976	27	14,982	20	6,514	67	18,764

出典：朝鮮総督府『大正元年朝鮮総督府統計要覧』『昭和元年朝鮮総督府統計年報』『昭和十一年朝鮮総督府統計年報』より作成。

また、朝鮮国内における高い教育熱は、海外留学生の増加としても表れていた。まだ朝鮮国内に高等教育機関である大学がなかった時代、中等教育を終えた国内学生が中国や日本、欧米、ハワイ等に学業を続けるために留学したのである。日本の場合、1912年に在日韓国留学生数が279名であったのが、予科を開設した1924年には2,504名に増え、学部開設の1926年には3,275名にのぼった。大学在学生だけでも、1924年に82名、1926年には214名にいたった[10]。次の表4-2は三・一運動以後の在日朝鮮留学生の国費および私費別累年人員表である。ところが、私費留学生がますます増える状況の中で、朝鮮における高等教育を等閑視する日本政府に不満を抱いた朝鮮民衆は、知識人を中心にして自ら高等教育機関設置を計画し、ついには「民立大学設立運動」を展開するまでにいたる。

表4-2 在日朝鮮留学生の国費および私費別累年人員表

調査時期	国費（給費）留学生	私費留学生	計
1919年末	34	644	678
1920年末	35	1,195	1,230
1921年末	40	2,195	2,235
1922年末	54	3,168	3,222
1923年末	56	936	992
1924年9月末	63	1,467	1,530
1925年9月末	70	1,624	1,694

出典：朝鮮総督府学務局『朝鮮教育要覧』1926、p.218。

呉成哲は、このように三・一運動後に急激に高まった教育熱、とりわけ普通学校への入学増加等のような朝鮮民衆の教育行為の動機を大きく三つに分けている。「第一は、学校を通して政治的実力を養成するということであり、第二は、学校を上昇的社会移動の通路として利用するということであり、第三は、正常な社会生活のための基本条件を確保するために学校を通うということである」[11] すなわち、朝鮮民衆の教育行為は「集団的共同体的次元の動機」によるものでもあるが、「個人的次元の動機」によるものでもあったということである。

ところが、1920年代に入って朝鮮民衆の普通学校への就学希望率および就学率が増えるようになり、朝鮮総督府は「三面一校」計画を立て、公立普通学校を次々と新設してはいったものの、学校の増設数は、三・一運動後の民衆の教育熱を収容するにはあまりにもその数が少なかった。姜東鎮によれば、「1910年代から20年代にかけて日本が朝鮮に建てた公立普通学校数は有名無実で、学齢児童の1割も収容することができなかった」[12]のである。さらに、1930年代に入り、韓国を大陸進出の兵站基地とするようになって、青少年の皇民化のために初等教育の普及が必要となり、1929年から一つの面に普通学校1校を設置するという計画に着手したが、この計画が完成した36年においてさえ、学齢児童の就学率は私立学校も含めて25％（男子40％、女子10％）にすぎなかった[13]。

このように教育熱が高まり、学校数が不足した状況は、かつて就学率を上げるため授業料免除や教材配布を行うほど、公立学校への就学を督励していた総督府の姿勢を変化させた。すなわち、総督府がこのような恩恵を廃止するのはもちろん、学生を選抜[14]する状況までも招いたのである。特に、京城府（ソウル）の場合は、他の地域よりも競争率が高かったとみられるが、1920年から1922年の3か年の間に、全国の平均競争率が1.3〜1.9：1であるのに比べ、京城府の場合は2.1〜3.8：1である。また、同時期の入学率を比較してみても、全国の入学率が50.1〜75.5％であるのに対し、京城府の場合には26〜48％と相当低かった（表4-3参照）。しかし、入学競争率は地域と学校によってかなり格差があり、公立普通学校が所在する区域の学齢児童数あるいは志願児童

表4-3　京城府の入学競争率および入学率

年度	1920	1921	1922	1923	1924	1925	1926
入学志願児童	2.882	3.420	4.485	4.054	3.169	3.565	4.146
入学児童	1.386	1.465	1.184	2.360	2.106	2.451	2.415
競争率	2.1:1	2.3:1	3.8:1	1.7:1	1.5:1	1.5:1	1.7:1
入学率（％）	48	43	26	58	66	69	58

出典：韓祐熙著・佐野通夫訳「日帝植民統治下朝鮮人の教育熱に関する研究－1920年代公立普通学校を中心に－」四国学院大学文化学会『論集』第81号、1992.12、p.116。

数によって競争率の増減が大きかった[15]。

一方、私立学校の場合、三・一運動後、いわゆる「文化政治」によって、1923年からは学校数に多少の増加がみられるにいたった。例えば、1912年4月末現在25校であった正規の私立普通学校は、1919年には33校に増え、1925年に65校、1931年に80校、1935年に87校に増加する趨勢をみせており、高等普通学校と女子高等普通学校も1912年4月末現在それぞれ1校と2校であったのが、1919年に7校・4校、1925年に8校・7校、1931年11校・10校に微増している（表4-4参照）。

表4-4 私立学校の状況

年度種別	普通学校	高等普通学校	女子高等普通学校	各種学校			
				一般系	宗教系	その他	計
1912年	25	1	2	823	494	—	1,317
1919年	33	7	4	430	260	—	690
1925年	65	8	7	347	257	—	671
1931年	80	11	10	269	209	13	491
1935年	87	11	10	201	166	39	406

出典：大野謙一『朝鮮教育問題管見』1936、p.69、p.185、p.279より作成。

しかし、当時の大半の私学は、財団や施設の不足のため、普通学校や高等普通学校としての認可が受けられず、「各種学校」として認可を受けていた[16]。その数の推移は、上記の表4-4にみられるように、1911年の「私立学校規則」、1915年の「改正私立学校規則」が公布された後、減少し続けている。これが、三・一運動の時には、多くの学生が抗日運動に参加する契機の一つにもなったが[17]、逆に総督府は三・一運動の主導者に学生が多かったことに注目し、三・一運動直後、私立学校に対する弾圧を行った。例えば、1919年3月10日、中等学校以上に休校令を下し、三・一運動の核心勢力となった私学に対して弾圧を加え始めた。普成専門学校においては校長の尹益善が独立新聞社長として投獄され、延熙専門学校では在学生であった金元璧が三・一運動の主導人物として逮捕されて2年間投獄された。また、同校では多数の在学生が憲

兵に検挙され、あるいは地方に逃げ、1918年に全校生が94名であったのが、1919年には17名に減った。その他にも京城および地方の私立中等学校が弾圧を受けたが、1919年6月20日現在投獄された人をみると、学生が972名、教師が279名で、その大半が私学の関係者であった[18]。このような状況の中で、新たに私立学校を設立することが難しくなっただけではなく、総督府の圧力によって閉校し、官公立学校へと転換する学校も多くあった[19]。

つまり、このような私立学校に対する統制と総督府の消極的な学校増設の対処によって、民衆の教育熱は完全には解消されず、民衆は学校の増設を要求するようになった。さらに、民衆自らが部落単位で基金をつのり、普通学校設立運動を展開するようにまでいたったのである[20]。

ところが、民衆の教育熱は学校教育だけでは依然として解消することができず、また学校教育を希望しても経済的貧困によって学校に行けない児童や中途で退学する児童が続出するようになった。そこで、このような不就学児童をはじめ、農民、労働者等の一般民衆に対する教育のための各種夜学や講習会が朝鮮民衆によって行われるようになった。このような教育活動の必要性を主張し、積極的に展開したのは、「先実力養成・後独立」の論理に立っていた「ブルジョア民族主義者」であった。朴贊勝によれば、彼らの実力養成運動は大韓帝国末期の愛国啓蒙運動の脈を継いだものであり、民族の独立は実力を養成した後、これをもとにして展開されなければならないということであった[21]。もちろん朝鮮民衆全体の教育的要求がこうした実力養成運動の精神の下で生まれたとはいえないが、実際、1920年代初にいわゆる社会進化論的世界観に基づいた実力養成運動は、その先決課題として教育と実業の発達、そして旧習の改良等を提示しながら、青年会運動および教育振興運動、物産奨励運動などを展開していった。その中で、青年会運動と教育振興運動において重点を置いた事業の一つが「夜学」活動であった[22]。当時、このようなブルジョア民族主義者が教育の重要性について力説している部分をみてみよう。例えば、宋鎮禹は「朝鮮の将来と教育」という論題で、次のように教育の重要性を語っている。

第 4 章　朝鮮民衆による社会教育実践―夜学を中心に―　　*171*

　宗教の振作を論じたり、政治の革新を論じたり、または実業の振興を策したりすること、勿論その根本になり、先決されるべき問題は唯一教育の奨励といえよう。朝鮮の将来の興亡盛衰の運命如何は、教育次第であることを絶叫する[23]。

　また、代表的な農民団体として 1925 年に組織された朝鮮農民社が刊行していた雑誌『農民』において朴思稷も、次のように農民に対して知識の重要性を訴えている。

　　戦え、勝て、戦って勝つ者は生き、昌盛するのである。戦って負ける者は死に、滅亡するのである。(中略)戦って勝つためには、刀よりも、大砲よりも、軍艦よりも、知識が大きな武器である。知識ある者は戦って勝つはず。知識のない者は負けるのである。(中略)哀しい。我が朝鮮人はすでに生存競争の中から追い出されたこともあり、今再び部屋の中から追い出されている。そうならば、我が朝鮮人における知識問題、即ち知るという問題が如何に緊急なことであろうか。戦え、勝て、勝つためには知れ。知るためには学べ[24]。

　このように、知識、教育の重要性を強調するようになった背景には、「日韓併合」以後、日本によって整備された新しい制度によって朝鮮民衆の被害が続出するようになったのが、その要因として作用したと思われる。最も代表的な例をあげれば、1910 年 3 月から 1918 年 11 月にわたって実施された土地調査事業は、土地の所有権を確定し、総督府予算の財源として地税を確保するためのものであったが、所有権を認めてもらうためにはその土地に対する所有関係を「申告」しなければならなかった。しかし、PR の不足と法的無知のために申告できなかった多くの農民が、一夜のうちに祖先伝来の土地を奪われ、少数の朝鮮人および日本人地主、または日本国家の所有となった。1918 年の統計によれば、実に全農家戸数の 3.3% の地主が全耕地面積の 50.4% を所有し、全農家戸数の 37.6% が小作農、39.3% が自作兼小作農に転落し、自作農はわずか 19.6% にすぎなかった。こうして全農家戸数の 37.6% が完全に、39.3% が部分的に地主の土地を小作し、5〜7 割に及ぶ小作料を地主に収めなければならず、農村の過剰人口を吸収し得る近代産業の発展が伴わなかった条件の中で、貧困と無知、そして流民を生み出す原因となった。これによって、全国各地で

は農民抗争が起こり、さらに、三・一運動後、1920年代に入ってからは「産米増殖計画」という新たな植民地農業政策の実施によって農村疲弊がより深刻になるにつれ、労働者、農民、青年をはじめとする各階層別の組織化がすすみ、全国各地で労働争議や小作争議が頻発するようになったのである[25]（第3章の表3-7参照）。

また、疲弊しつつある農村の現実の中で、三・一運動後、全国的労働者・農民団体が次々と組織されることによって[26]、労働者・農民自らが労働・農民問題に関心を持つようになった。それに、当時の知識人の大衆教育に対する必要意識が合致し、労働夜学、農民夜学、女子夜学などのような夜学運動が起こるようになったと思われる。次は、朝鮮農民社が農民夜学の重要性を強調している部分である。

> 今我々のすべき事の中で文盲打破ほど緊急な問題はないと思います。とりわけ農村においてそうであります。我が新聞紙上でいつも主張していることですが、私は農閑期の利用問題をこのように思います。すなわち、農村の部落ごとに、あるいは講習会、あるいは夜学のようなものを作って、知識青年が無知な人々を教えることに一斉に努力し、教材のようなものはまだ相当なるものがでるまで、普通学校で使っている朝鮮語読本のようなもので、一週間に三日くらいずつ定めておいて、それぞれ多忙な日々を送る中で、この集まる日は（昼であれ、夜であれ、その地方の事情に合わせて定め）一定の場所に集まって熱心に勉強するようにしたほうがいいです[27]。

> 農村青少年の皆さん！学ぼう！教えよう！知識は我々の命である。全朝鮮農民社員の皆さん！我々はこのような標語を掲げ、全朝鮮農村の津々浦々に農民夜学の烽火を高く揚げよう！農民夜学運動は我々の大きな事業であり、義務であるということを切実に感じて進もう！本社をはじめとし、わが社の各所属機関はこれからこの気勢を高くあげよう！[28]

以上のように、三・一運動後、朝鮮民衆はいわゆる「文化政治」への体制転換の中で教育の必要性を実感し、自主的な学校設立とともに講習会、夜学などを開設して、学校にいけない児童や一般民衆をも対象に教育を実践していた。それでは、次節では当時の夜学の設立状況とその運営実態について検討する。

第2節　夜学の設立および運営の実態

（1）　夜学の設立状況

　夜学とは、大韓帝国末期から非正規の民衆教育機関として出現し、植民地時代には総督府が「私設学術講習会」と称した施設である。総督府が称した私設学術講習会には、昼間および夜間に開かれる私設講習会が全部含まれるが、大半の講習会が夜間に行われたため、一般的には「夜学」という表現が広く使われた[29]。植民地期には官立学術講習会も存在したが、これは、主として1920年代以後に高まる教育熱に比べて収容教育機関数が極少であったがために発生した多くの不就学児童に対する教育と、三・一運動後のような抵抗運動の再発の防止のためにより強力な民衆教化が必要となったために、各地方行政当局および公立学校関係者が講習会を開催したものであった。例えば、慶州公立普通学校の「慶州国語（＝日本語）講習会」や咸鏡南道の高原公立普通学校の「不就学児童講習会」をはじめ、全羅北道の井邑公立普通学校と、平安南道の殷山公立普通学校、平安北道の楊市公立普通学校などの多くの公立普通学校においても「国語夜学会」、「国語講習会」を開設しており、咸鏡北道の城津公立普通学校や清津公立普通学校においては、不就学児童と青少年を対象に、京畿道の水原公立普通学校や江原道の横城公立普通学校は、女子を対象に夜学会を開催していた[30]。また、黄海道の沙里院公立普通学校では「国語講習会」を開催したが、その運営状況に対して朝鮮総督府は「大正9年度を除き毎年大抵一回開設す会期を2個月とし本校の職員を講師に充つ国語の普及を図ると共に内地（日本―引用者）の事業を知らしめ一方常識の養成に力め社会教化の上に大なる功果の認むへきものあり」[31]と述べている。

　すでに第1章で検討したように、このような夜学は、その数においては1920年代以後に比べてきわめて少なかったが、大韓帝国末期から存在していた。大韓帝国末期と1910年代に夜学が民族教育機関として普及しなかったのは、朝鮮民衆の意識が民衆中心の近代的教育に対する必要を感じるほど十分に成長しておらず、関心も依然として伝統的な書堂にあったことに起因するとい

うことができる[32]。ところが、大韓帝国末期から存在していた夜学活動は、植民地時代にも続けられ、1920年代以後には急速に増加現象をみせるようになる。『東亜日報』に載った夜学に関する記事のみを整理しても1920年から28年の間に表4-5のように、数多くの夜学が設立されたことがわかる[33]。

表4-5 『東亜日報』にみられる夜学設立の分布

設立年 地域	1919 以前	1920 年	1921 年	1922 年	1923 年	1924 年	1925 年	1926 年	1927 年	1928 年	計
京畿道	2	5	17	12	17	20	17	17	19	14	140
忠清北道	−	3	2	3	6	2	5	1	2	4	28
忠清南道	1	1	17	16	10	2	7	4	7	2	67
全羅北道	1	2	13	12	13	8	22	13	16	13	113
全羅南道	1	4	14	16	22	5	21	14	10	7	114
慶尚北道	2	5	4	10	9	9	15	19	21	5	99
慶尚南道	8	11	35	27	25	14	25	15	16	14	190
黄海道	−	4	7	11	15	7	14	8	5	9	80
平安南道	−	2	10	18	17	17	18	17	4	17	120
平安北道	−	4	10	17	21	9	27	29	20	21	158
江源道	−	1	6	9	6	2	5	11	8	7	55
咸鏡南道	6	12	23	13	13	6	31	20	9	16	149
咸鏡北道	−	3	4	4	6	1	13	6	6	4	47
計	21	57	162	168	180	102	220	174	143	133	1,360

出典：石川武敏「1920年代朝鮮における民族教育の一断面－夜学運動について－」北大史学会『北大史学』Vol.21、1981、p.39（初出：『東亜日報』縮刷版、ただし、同紙は1920年9月26日から1921年2月20日までと、1926年3月7日から4月20日までは長期にわたる停刊処分を受けていた）。

夜学は、全国各地にかけて設立されたとみられるが、表4-5に限ってみれば、慶尚南道、平安北道、咸鏡南道、京畿道に夜学が多かったと思われる。しかし、夜学全体を包括する史料が存在しない関係で[34]、まだ夜学がどの地域に多かったのかについての定説はないので、『東亜日報』に掲載された内容に限定し、当時の夜学の設立分布を推定してみたい。

上記の表4-5では、1919年の三・一運動後、夜学が徐々に増加し、1925年

を頂点に減少現象をみせているが、これは『東亜日報』に掲載された件数に限って作成されたものである。実際は1925年以後の1920年代後半期にも前半期と同様、依然として多くの夜学が設立され、増加していたとみられる[35]。そして、上記の表4-5では、1924年に夜学の設立が激減しているが、これは1924年4月1日付から12月31日付までは『東亜日報』の地方欄が「中央版（京畿道）」になっており、京畿道以外の夜学はほとんど掲載されていなかったからである。したがって、1923年と1925年の夜学設立数が最も多かったことを勘案しても1924年の夜学設立数はその前後の年と同じ程度であったと思われる[36]。

（2） 夜学の設立・経営主体と朝鮮総督府の統制政策

『東亜日報』にみられる夜学の分布を設立主体別に整理すると、表4-6のように地方有志[37]によって設立された夜学が最も多く、次に青年・婦人団体、宗教系、労働者・農民団体、教育関係者、警察および地方官吏の順であった。また、1920年代の前半期と後半期とを比較すると、大半が後半期に減少していくが、青年・婦人団体と労農団体による夜学の設立は増加の傾向を示していたことが見て取れる。これは三・一運動の失敗以後、民族解放運動は深刻な反省を迫られ、京城（ソウル）をはじめ、各地に大衆運動を組織化した様々な団体が続出したことに起因すると思われる。

まず、1924年4月に、朝鮮労農大会準備会、朝鮮労働連盟会、南朝鮮労農同盟に参加していた167団体の代表204名が集まり、朝鮮労農総同盟を創立した。朝鮮における労農団体の組織は、1920年4月の「朝鮮労働共済会」の結成から始まる。この団体は機関誌『共済』を発行し、労働講習所を設立するなど、啓蒙団体としての性格が強かった。また、農民団体としては、天道教系の朝鮮農民社が組織されたが、この団体は1925年10月に組織され、消費組合的な役割も果たしたが、基本的には「農民の教養と訓練」に重点を置いた啓蒙団体であり、機関誌『朝鮮農民』（後、『農民』）を刊行し、その中では夜学の重要性も多く論じられた。さらに、このような労働者・農民団体とともに最も大きな組織力を持っていたのが、1924年4月に創立された朝鮮青年総同盟で、「こ

こで中心的な役割を果したのは、社会主義的思想団体のソウル青年会であった」[38]。このような青年団体でも「資本階級ト戦闘スル為勃興セル今日ノ労働者ノ知識欲求ヲ啓発スル目的ヲ以テ労働夜学校或ハ労働日曜学校ヲ設置スルコト」[39]を主張しており、大半の青年会がその事業の一つとして夜学（講習会）を設立し、民衆教育事業を展開したのである[40]。

表4-6　夜学設立主体の年別分類

年	有志	個人	青年・婦人団体	宗教系	労農団体	警察及び地方官吏	教育関係	公立普通学校	その他および不明	総数
1919年以前	8	4	3	4	0	1	2	1	3	21
1920	27	6	9	9	4	2	1	0	5	57
1921	72	15	22	42	8	5	3	1	10	162
1922	68	21	20	34	2	8	7	3	29	168
1923	57	21	34	31	8	10	16	10	24	180
1924	33	10	13	21	7	3	7	3	18	102
1925	80	18	55	20	9	3	15	7	38	220
1926	57	11	43	19	17	2	11	5	25	174
1927	41	6	47	12	16	0	5	4	22	143
1928	47	14	22	12	16	2	8	4	26	133
合計	490	126	268	204	87	36	75	38	200	1,360
(%)	36.0%	9.3%	19.7%	15.0%	6.4%	2.7%	5.5%	2.8%	14.7%	100%

出典：石川武敏、「1920年代朝鮮における民族教育の一断面－夜学運動について－」北大史学会『北大史学』Vol.21、1981、p.41。

このように設立された夜学は、正規学校のような独自の校舎を所有している所は希であり、主として青年会館、教会堂、普通学校などを使用しており、あるいは個人の私宅を利用する場合もあった。経営面においては、資料の不足のために正確に把握することはできないが、夜学は、たいていは設立者の負担、あるいは寄附金によって運営される事例が多かった。例えば、1925年11月30日付の『東亜日報』に掲載された「沃溝郡澮縣面馬龍盧東合氏の発起で同里の農村児童約男女40名を募集し、日常生活に必要な受科を方今専心で夜学教授しているそうである。（中略）夜学会にかかる経費は盧東合氏が全額負担する

そうだが、一般民衆の多くは同氏の美挙について称賛している」という記事や、同紙の1925年12月21日付の「平南平原郡漢川面では当地の耶蘇教青年会の主催で、伝道室内で16日から夜学を開始したそうであるが、(中略)一般民衆は多数来講を希望しており、夜学の経費は朴宗化、李永益両氏が全部負担するそうである」という記事から、夜学運営にかかる経費として設立主体や地方有志の寄附金を充当したことを推測することができる。また、次の労働夜学院のように、夜学の経営難のために、音楽会等を開催し、その収益金で運営した事例もあった。

> 黄海道載寧の金元浩氏が経営する労働夜学院は今から2年前に同氏の熱誠下に無産子弟を教育するために設立したが、その間、数個星霜が波瀾重畳の中で、当地有志諸氏の同情金も少なくなかったが、ますます夜学院は悲運に陥り、金元浩氏は多少の経費を得るために、今度の14日午後8時に東部礼拝堂内で載寧基督青年会、載寧青年会少年会東亜支局後援の下で、音楽大講演会を開催するそうだが、一般人士はたくさん同情してほしい。入場料は大人30銭、婦人20銭、小児料は10銭だそうである[41]。

しかし、地方の事情によって、夜学に対する援助不足のために夜学の維持や運営が困難な場合も少なくなかった。そこで、講習会の運営経費には寄附金や同情金だけではなく、学生の自己負担の場合もあった。1928年の咸鏡南道高原郡の夜学状況をみると、51か所の夜学の中、生徒が経費を負担した夜学は、33か所で最も多かったことがわかる(表4-7参照)。

前節で検討したように、三・一運動以後、民衆の高い教育熱に比べて教育機関の数が絶対的に足りなかった状況の中で夜学は成長していき、特に書堂に対する統制が厳しくなるにつれ、朝鮮民衆の教育における夜学の役割はより切実となった。実際、1920年前後において朝鮮民衆の教育熱を受け入れるべき教育機関としては書堂が最も一般的であったが[42]、1918年の「書堂規則」[43]公布以来、総督府の書堂政策が温存策から統制策へ変化したために、書堂数は1920年をピークにして減少していった。さらに、書堂に対する弾圧は、1929年6月に「書堂規則」を改正[44]してからはより強化された。表4-8をみると、書堂の数が漸次少なくなっていることがわかる。すなわち、1918年2月21日

表4-7 咸鏡南道高原郡の夜学経費負担別夜学数

経費負担者	夜学数
生徒	33
農民社	2
農民会	7
夜学会	3
里有財産	1
修進会および一般同情会	1
青年会	1
後援会	1
読書会	1
団体的労働賃金	1
計	51

出典：朝鮮農民社『朝鮮農民』第4巻11号、1928年11月、pp.34〜38より作成。

表4-8 書堂累年統計表

年度	書堂数	教師数	生徒数 男	生徒数 女	生徒数 計
1911	16,540	16,771	141,034	570	141,604
1913	20,268	20,807	195,298	391	195,689
1915	23,441	23,674	229,028	522	229,550
1917	24,294	24,520	264,023	812	264,835
1919	24,030	24,185	275,261	659	275,920
1921	24,195	24,531	295,280	2,787	298,067
1923	19,613	20,285	251,063	5,788	256,851
1925	16,873	17,390	203,580	4,730	208,310
1927	15,069	15,509	184,541	4,719	189,260
1929	11,469	11,908	157,066	5,181	162,246
1931	9,208	9,594	140,034	6,867	146,901
1933	7,529	7,964	137,283	10,822	148,105
1935	6,209	6,876	142,468	19,306	161,774
1937	5,681	6,211	145,365	27,421	172,786
1939	4,686	5,245	129,967	34,540	164,507
1941	3,504	4,097	111,240	38,944	150,184

出典：盧榮澤、『日帝下民衆教育運動史』探求堂、1980、p.99より引用。

に公布された「書堂規則」では、書堂を設立する際には、「府尹、郡守郡守郡守又ハ島司ニ届出」を提出する届出制であったが、1929年6月に書堂規則を改正して「道知事認可制」にするなど、その設置に対する審査を以前より厳しくしたのである。その理由は、1913年に制定された「私設学術講習会ニ関スル件」[45]において講習会、または夜学の設立時には「道長官の認可」が必要であったため、当時まだ届出制であった書堂規則を利用して改良書堂を設け、漢文だけではなく、一般講習会や夜学で教える科目を教えていたからであった。

講習会の設立が当局の取締によって難しくなると、改良書堂に形態を変え、設立した事例を挙げれば、次のとおりである。

> 平北龍川郡楊下面新西洞基督教会では無産児童と、年齢超過で普通学校に入学できなかった学生のために、昨年秋期に講習所を設立し、教舎も新築して（中略）男女児童5・60名を募集し、普通学校程度の教育を実施してきた。先月、同所長朱孝洛氏が、道当局に学術学習所認可願を提出したが、道当局では私立学校以外の講習会は、特殊な事情以外には認可できないとし、認可願書を返却した。そこで、基督教側ではやむを得ず、改良書堂でも経営する計画を立て、諸盤内容を前より充実させ、普通学校程度の教育を実施するそうだ[46]。

つまり、朝鮮総督府は、このように夜学が改良書堂の形態に代替設立されるのを統制するために、書堂設立基準を「届出制」から「認可制」へと改正し、書堂に対する統制はもちろん、間接的には夜学に対する統制も狙っていたのである。これは、総督府学務局事務官を歴任したことがある岡久雄が著した『朝鮮教育行政』によく示されている。

> 書堂規則に於ては従前其の開設は府尹、郡守又は島司に届出づるを以て足り之が監督も府尹、郡守又は島司の職務と為してゐたが、取締監督上支障尠からざるものがあつたので昭和4年之を道知事の認可制に改め、其の監督権も道知事に移され、当時訓令（第25号）を以て規則改正の趣旨を闡明されたが、同訓令に於て左（下―引用者）の如き事項を挙示され当事者の留意を求められてゐる。
> （一）　開設認可申請の際具申したる事項の調査を周到にすること
> （二）　学校と講習会等との区別に留意すること
> （三）　設備及教育の内容に留意すること

（四）　適宜の方法に依り国民道徳に関する事項を授けしむること
　（五）　学童より費用を徴集することは差支なきも之が為に父兄の負担を重からしめざるやう留意すること[47]

　このように夜学に対する当局の取締はますます厳しくなり、夜学の設立認可はもちろん、夜学を維持するのも難しくなった。例えば、咸鏡北道の鏡城では在日東京留学生の朝鮮教育研究会が主催する夏期講習会に対し、それが短期講習会であったにもかかわらず、道当局は認可申請を受け入れなかったが、その理由は、講師が不穏人物であるからであった[48]。また、平安南道では、道内に教育機関が相当設置されているという理由で、道内講習会を全部廃止するようにし、各講習所経営者の猛烈な反対運動をも招いた[49]。このような夜学に対する統制は、1930年代には不穏思想、すなわち、社会主義思想の取締を口実により強化され、最も大きな試練期を迎えるようになった[50]。1933年4月23日付の『東亜日報』によれば、道警察部長会議では思想激化防止策として、第一に、農民組合を監視して不穏な指導者を弾圧し、穏健な人物に代替すること、第二に、書堂と講習会の不穏教員を淘汰し、穏健な人物に代替すること等を決定した。そして、「不穏なる」夜学教師を検挙・投獄し、夜学を次々と閉鎖した[51]。しかし、地方官吏や公立学校が主催した講習会または夜学は、この「私設学術講習会ニ関スル件」という法規を免れていた。すなわち、朝鮮総督府は1913年3月、「私設学術講習会ニ関スル疑義ノ件」において「国語普及ノ目的ヲ以テ府、郡、警察官署、官立学校等ニ於ケル官吏教官ノ主催ニ依リテ成立シタル国語講習会ニシテ是等諸員ノ講師タル場合ハ官署又ハ学校ノ附随事業ト認メ右府令（「私設学術講習会ニ関スル件」―引用者）適用セサルコトニ決定」[52]したのである。夜学に対する統制は、1913年1月の「私設学術講習会ニ関スル件」の制定から始まったが、本格的に統制し始めたのは、1920年代以後、夜学が急増してからであり、1930年代に入ってからは思想統制の一環としてその絶頂をなしたのである。

第 4 章　朝鮮民衆による社会教育実践―夜学を中心に―　*181*

（3）　教師および学生と夜学の類型

　夜学の教師は、主として設立主体でもある地方有志や青年が多かった。それが確認できる例は次のとおりである。

　　農民夜学の教師といえば、夜学が先に設立されてから、教師を雇聘するのではなく、その地方において、意志があり、また知識があり、人格の高い青年が自ら農民夜学を設立し、その地方の文盲児童を教え、さらに何の報酬もなく犠牲的に教えているので、この農民夜学においては教師の確保にはほとんど問題がないのである[53]。

　　学校の卒業生は農村の故郷に帰って、舎廊房（サランバン）（男性が使用する部屋を指し、その機能は階層によっても異なるが、日本の客間、書斎、または作業部屋に相当する―引用者）に少年、青年を集め、朝鮮文字（ハングル―引用者）から教え、また社会について教えてあげた方がよいと思う[54]。

　その他に、「文盲農民の退治策としては、簡易なる講習所を設立し、彼らを教育する。昼より夜の方がいいので、教員としては農村にいる小学程度の教員や面書記などを活躍させた方がよい」[55]という文言からわかるように、学校の教員が夜学の教授を担当する場合もあった。また、「学生が田舎に帰ったら、普通学校5・6年生にして、国文（ハングル―引用者）のわからない人々に教えてあげるように周旋した方がよいと思う」[56]という意見や、「（正規学校の学生が―引用者）休みの時に（実家に―引用者）帰ってすべきことはいろいろあると思われるが、私が言いたいのは、学校にいけない児童に朝鮮文字を教えてほしい」[57]という当時の知識人の提言等にみられるように、場合によっては正規学校の幼い学生が教えるときもあった。

　このように、教師は多様な階層の人々が担当し、それゆえ、その学識のレベルも様々であった。また、彼らは大半が無報酬で働き、劣悪な環境の中で、民衆教育に対する彼らの役割は非常に大きかったとみられる。1922年3月22日付の『東亜日報』によれば、「慶南東莱郡東莱面蓮山里（新里）では有志青年幾人が夜学講習所設立の必要を感じ、昨年12月上旬から本里に住む朴達弘氏の私宅の一部を借りて、労働者あるいは不就学男女児童に朝鮮語、漢字、日本

語、習字等を教授しているが、校舎は狭小で、就学児童数は遂に増加して、教授上の不便の多大さを痛感し、本年2月初旬に至って校舎を建築するために、里内の有志某々諸氏の一致決議で本里及びその他の有志諸氏の捐助金を得て、2月中旬から建築工事に着手し、今月内に竣工されそうである。教師は邊永植、朴鳳柱両君だそうだが、以来苦労をしたにもかかわらず、無報酬で熱心教授しており、成績が非常に良好だそうである」[58]という記事や、「海州郡秋花面晩公里晩洞では一般農民の閑暇の時を利用して農民夜学を数日前から始め、朝鮮語、算術、日本語等を教授しており、生徒は数十名に達しているそうだ。金善浩氏は無報酬で熱心に教授し、成績は良好だそうだ」[59]という記事などから、当時の夜学教師の活動が垣間見られ、このような夜学教師の活動は、この他にも多く紹介されている[60]。

　次に、夜学の学生においては、労働者・農民・都市貧民など、無産者の子どもが最も多く、労働者・農民自身も多数を占めていた[61]。すなわち、夜学は学生（受講生）の性格によって、農民夜学、労働夜学、青年夜学、女性夜学などの類型に分類することができる。

　まず、農民夜学はその受講生が農民であり、その名称は「農民夜学」とする場合もあれば、大半はそのまま「夜学」と称していた。

　労働夜学はその名称通り労働者を主な対象としていたが、貧困層の子どもを対象とする場合もあった[62]。また、労働夜学には特定の業種に従事する労働者を対象としたものもあった。例えば、平壌の布木商組合や靴下工場組合、開城の松都店員会などでは店員や職工に業務に必要な内容—商業、簿記、算術など—を教えるための夜学を開設していたのである。

　青年夜学は主として青年会が青年のために運営する夜学であり、女性夜学は女性だけを対象とした夜学として、主として団体によって設立・運営された。その設立・運営団体の多くは青年会と基督教や天道教のような宗教団体が占めていた。

　ところが、以上のような夜学の学生の男女割合においては、表4-9（女子夜学も含む）にみられるように、男子の方が非常に多かった。特に、1910年代から1920年代にかけた夜学は女児よりは男児の教育に重点を置いていた。こ

のような現象は、男尊女卑思想が労働者や農民の間にも強く残っていたため、当時の公立普通学校や書堂においても、女子の数は男子のそれに比べてきわめて少なかった[63]。

表4-9　夜学の学生数と教師数

郡名	学生数 男	学生数 女	学生数 計	教師数
高原郡	1,037	178	1,215	109
長津郡	237	18	255	29
龍川郡	415	0	415	34

出典：『朝鮮農民』1928年11月号、pp.34～40より作成。

（4）　教科目および教材

　当時の夜学における教育内容は、比較的に簡単なもので、一般的に朝鮮語、日本語、算術、漢文が主な教科目として教えられていた。『朝鮮農民』に、朝鮮語（ハングル）の普及の必要性が多く論じられていたことからも、夜学における朝鮮語教育の比重は相当大きかったとみられる。夜学によっては、修身、歴史、地理、唱歌などの科目を教える場合もあり、農業、珠算、常識等の日常生活に有用な科目を教える所もあった。次の表4-10は、1920年～1928年の『東亜日報』に載った夜学に関する記事の中で、夜学の教科目が明確に表記された133か所の夜学を対象に作成したものである。

　教材に関しては、資料不足のために正確に把握しがたいが、次のような朝鮮農民社における夜学実態から、当時の夜学では正規普通学校の教科書を使用することが多かったと推測できる。

　　　教材が問題だ。普通学校教科書、教師の自由教授等はとても不十分である。本社で発刊する『農民教科書』を使うことにしよう[64]。

　　　農村教養の精神と方法において、普通学校式や講習所式をそのまま真似しないで、（もちろん教育者の水準問題と教科書不備の問題との関係もあるけれども）農民生活と農村問題解決においてより意識的・組織的な教養があってほしい[65]。

しかし、朝鮮農民社が発刊した『農民読本』を使用する農民夜学も多くあり、労働夜学の場合は『労働読本』や『労働算術』などを教科書として使っていたところもあった[66]。

表4-10　夜学の教科目

教科目	夜学数	教科目	夜学数	教科目	夜学数	教科目	夜学数
朝鮮語	107	歴史	9	衛生	2	討論	1
算術	112	常識	8	経済	1	新聞講座	1
日本語	89	書簡文	6	簿記	1	中国語	1
漢文	54	理科	5	商学	1	農民講座	1
修身	13	唱歌	4	博物	1	労働読本	1
作文	13	英語	4	林業	1	美術	1
農業	11	法律	4	ママ間式	1	農理	1
珠算	10	数学	3	講話	1	体操	1
習字	9	聖経	2	時事	1		
地理	9	養蚕	2	文法	1		

出典：李明實、「日本強占期社会教育史の基礎的研究―朝鮮総督府による施策の展開を中心に―」筑波大学大学院博士学位論文、1999、p.105 より引用（初出：『東亜日報』1920年〜1928年）。

第3節　朝鮮民衆による夜学活動の特質

朝鮮総督府による社会教育施策は、第2章で検討したように、植民地統治のための朝鮮民衆に対する思想統制という目的がその根底に潜在していた。しかし、その具体的な展開においては単純に抑圧的思想統制だけを断行するのではなく、各時期に直面したそれぞれの問題と関連しながら展開されていた。すなわち、それは、植民地初期においては公立普通学校への入学忌避の解決するための就学督励・宣伝の手段として、そして三・一運動以後においては、急激に高まる朝鮮人の教育熱による多様な問題、例えば、深刻な公立普通学校への入学競争率、普通学校設立運動、中等学校への高い進学希望率、離農現象などの問題の解決策として、また植民地末期に入ってからは戦時体制への対応のための教育政策として行われたものであった。つまり、社会教育施策は、朝鮮総督

府の諸統治政策と、それがもたらした結果、言い換えれば、朝鮮民衆の対応とそこから派生する新たな問題や課題等と密接な関係を持ちながら展開されていたのである。

　それでは、植民地朝鮮における朝鮮総督府のこのような社会教育施策とは別途に、朝鮮民衆内では社会教育に関するいかなる認識や活動が行われていたのか。これを究明するためには、大韓帝国末期に韓国知識人たちによって導入された「社会教育」概念が植民地期の朝鮮民衆によって受け継がれていたのか、もし社会教育概念を受け継いでいたのであれば、朝鮮民衆はその「社会教育」を通して何をめざそうとしていたのか、そして朝鮮総督府の社会教育施策とはいかなる共通点と相違点を持つものであったのか、などに関する検討を行わなければならない。

　まず、「朝鮮農民社」[67]が出していた機関誌『農民』(『朝鮮農民』の後続誌)に、「農村女性と社会教育」という論文がある。その内容をみると、「農村女性の教育に対して我々の注意と努力が足りないのは誠に情けないことといわざるを得ない。(中略)農村女性の教養問題が如何に緊急であり、同時に重要性をもつものであるかについては概ね上述した。ところが、今日の如くきわめて疲弊した農村の現状では女性に対する学校教育は、ほぼ絶望的な状態にある。そうならば、女性教養に対して取るべき方法は、家庭教育と社会教育の二つしかない」[68]としながらも、当時の家庭の状況下では、家庭教育は女性教養の十分な効果を収めがたく、また、学校教育はほぼ絶望的な状態にあるため、「農村女性教育に対して社会教育を絶叫するのである」[69]と女性に対する社会教育の必要性を主張している。そして、その社会教育の方法としてはハングル普及、女性専用の出版物(新聞および雑誌)、講演および講座、巡回文庫、運動会、映画会などを挙げている。ところが、実際のところ、植民地時代に女性のための教育施設としては夜学が最も多かった。これは、当時、まだ男尊女卑思想が強く残存していたために、教育の面においても女性は正規の学校や書堂よりは、夜学などで教育を受ける場合が多かったからだと思われる。表4-11からでも明らかなように、普通学校と書堂における女子学生の数は男子学生に比べて著しく少なかったことを確認することができる。

表 4-11　普通学校および書堂における男女学生数の比較表

年度	性別	普通学校 官立	公立	私立	書堂	計
1928年	男	483	373,099	14,805	186,195	574,582 (87.5%)
	女	282	69,533	7,112	5,477	82,404 (12.5%)
	計	765	442,632	21,917	191,672	656,986 (100%)
1929年	男	477	377,549	14,829	157,066	549,921 (86.4%)
	女	286	73,383	7,593	5,181	86,443 (13.6%)
	計	763	450,932	22,422	162,247	636,364 (100%)
1930年	男	498	390,454	14,775	144,913	550,640 (85.6%)
	女	319	78,288	8,279	5,979	92,865 (14.4%)
	計	817	468,742	23,054	150,892	643,505 (100%)
1931年	男	474	395,739	15,160	140,034	551,407 (85.0%)
	女	331	82,099	8,304	6,867	97,601 (15.0%)
	計	805	477,838	23,464	146,901	649,008 (100%)
1932年	男	440	402,789	15,756	134,639	553,624 (83.9%)
	女	306	88,993	8,807	8,029	106,135 (16.1%)
	計	746	491,782	24,563	142,668	659,759 (100%)
1933年	男	404	437,746	17,155	137,283	592,588 (83.1%)
	女	286	99,820	9,490	10,822	120,418 (16.9%)
	計	690	537,566	26,645	148,105	713,006 (100%)

出典：朝鮮総督府『昭和十年朝鮮総督府統計年報』、pp.206～207、p.214 より作成。

　三・一運動後、民衆啓蒙が展開される中、それまで伝統的に差別を受けてきた女性に対する関心が高まり、1920年代以後女性運動も活発になった。先覚者による女性教育に対する必要性の提起だけではなく、女性自らの教育熱も徐々に高まるようになった。ところが、その教育要求を受け入れる学校施設の不足と経済的貧困などによって、女性教育の大半は、夜学が担うようになった。実際、全国各地に「女子夜学」、「婦人夜学」が1920年代以後急増するようになった。例えば、当時「女子を除いて、その民衆の向上を期待するのは、絶対できず、(中略)いかなる方法でもまず諺文(ハングル―引用者)を教え、婦女子だけの団体を作ってその婦女会事業として夜学設置、講座および講演会

開催、懇談会などを執行せよ」[70]と女性のための夜学や講座の必要性を主張されていた。また、「教育を受けられない家庭主婦が全国的に10分の8か9になるが、彼らの教育のためには各教会で女子夜学を設立しなければならない」[71]という文言にみられるように、当時、女性教育は主として夜学を通して行われていた。このような女性のための夜学、講習会活動は、「社会教育」として認識されていたとみられるが、それが垣間見られる例を、次に示す。

　　朝鮮女子の解放は教育によること
　　…ここで教育というと、私は学校、家庭、社会を問わず、いかなる方式を使っても女子の知識を開発させることを目的としている。学校教育は基礎的問題であり、根本的解決であるということには賛否可否がないが、しかし、それは時間の問題があり、年齢の問題、また成年女子一部にとっては問題となる。吾人はただそれだけでは満足せず、社会一般を通じる家庭教育あるいは社会教育機関を設け、見聞として多数の無知な女子を指導していくのが最善の方針と思う。例えば、都会や地方を問わず、各処ごとに女子講習所のような機関を設け、簡易、かつ便利な方法で急務の教育を設けることができ、または女子教育協会のようなものを設立するのもよく、相当な家庭読物を廉価配付するのもまた必要である[72]。（傍点、引用者）

また、当時の代表的なブルジョア民族主義者でありながら、同時に「文化運動」論者であった李敦化が、「朝鮮新文化建設」のための重要な方案の一つとして、社会教育を提示している。次の図4-1は李敦化が示した「朝鮮新文化建設のための図案」である[73]。

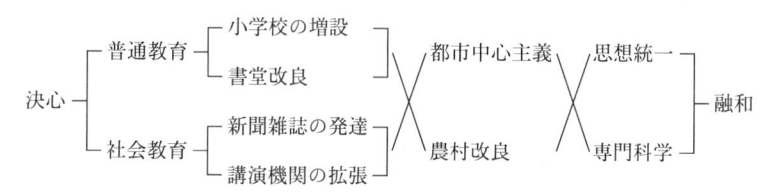

図4-1　李敦化による「朝鮮新文化建設のための図案」

天道教徒[74)]であった李敦化は、1910年半ばまでは主として宇宙と個人の問題に注目していた。ところが、第1次世界大戦中やその直後にロシア・ドイツ・オーストリア・トルコなどで帝政が崩壊し、民族自決に基づいた従属民族の民族解放闘争が高揚するなど、世界秩序に変化が起こり始めると、社会と改良の問題に大きな関心を見せ、社会改良を力説するようになる[75)]。彼の社会教育に対する着目もこうした社会改良論に立脚したものであったと思われる。それは、李敦化が次のように「新文化建設」を主張し、そのためには「知識熱」と「教育普及」等が重要であると披瀝しているところによく示されている。

> すでに物事が多くなり、活動が広くなることによって、そこにはおのずから優劣と賢愚が生じるようになったのであります。他人より私が出世しようとする欲望と、他人より私が裕福になりたがることは、人類の本能であります。それ故、自然に優勝劣敗の法則が生まれるようになったのです。この競争の中で、不幸に我が朝鮮人は劣者の一つとなってしまいました。知らず知らずの間にそのようになってしまいました。今考えてみると、恨み嘆くことも無用であり、怨望もいらないと思います。起死回生の唯一の方法は、猛烈に悟り、奮然と起きて一つひとつ実地建設に着手しなくてはならないだけであります。…まず知識を要求する熱意がなければなりません。…文明先進の民族の知識熱は、我が朝鮮人が驚くほどものです。欧州はさておき、日本だけをみても東京で発行する新聞・雑誌の種類が一百三十四余種であり、その部数が三百三十九万一千三百余部に達しており、…これ（教育普及―引用者）は一々詳しい説明をしません。皆が知っていることであり、皆が主張していることなので、私が言いたいことは、皆が実地着手に臨むだけであります…[76)]。

上記の図案にみられるように、李敦化は、教育を大きく「普通教育（学校教育）」と「社会教育」に分け、それぞれにおいて「思想統一」と「専門科学」化をめざすことによって、「新文化建設」が可能になるとみていた。

さらに、1933年の『衆明』という雑誌に掲載された「朝鮮社会教育について一言する」という論文では、当時の学校教育の普及が低調な朝鮮における就職難のような社会現象や不安な世界情勢に対処するための教育方法として、社会教育の必要性を次のように論じている。

学校教育に対し、社会教育というのは、近代にきて特に大きな関心を与えるものであるが、とりわけ学校教育の施設が不十分な社会においては、特別に緊要なものとしてみるべきである。もちろん学校教育が十分なところであっても、就学児童の社会的な関連あるいは成人教育のためにも社会教育の施設が必要であるが、朝鮮のように近代学校教育という輸入とその発展歴史がまだ短く、また特殊な場合にあるだけ、普通一般学窓生活においてどうしようもない社会常識水準や多数の文盲人が存在する状況では、より一層注目すべきである。(中略)
　朝鮮において、社会教育という場合に、概ね次の部門が考えられるが、現在の程度はもちろん微弱な地位にあるのである。
1.　各地青少年会の教養的活動
2.　其他成人集団の啓蒙運動
3.　新聞、雑誌、其他出版界
4.　図書館の創設と便益
5.　通俗講演会および其他娯楽会
6.　保健運動と公園設置
(中略) 社会教育の一面を、或者は学校教育の立場からみて危険視する者もいるが、これは結局、部分と全体あるいは方式の利用同否あるいは教養の根本と上部作用とに対する認識不足から出るものであるといえよう。むしろ両者はきわめて密接な関係で相互作用を持つものであり、さらに朝鮮の特殊相当面の就職難、社会現象の切迫性、世界情勢の不安等からみれば、一般同心が加えられ、その相互効果の合理的接近に対する自覚と実行があることを願う[77]。

　以上のように、植民地期朝鮮民衆の間においても学校教育と相対する概念としての「社会教育」の概念に関する認識がみられる。もう少しその例をみると、『朝鮮教育界を論ず』という論文に、「社会教育方面を論ずるために、図書館問題、児童公園問題、出版界問題、学術講演会等にも言及したいが、それは今度の機会に述べたい」[78] (傍点、原文のまま) という短い文章がみられるが、少なくともこの文章からは社会教育に関する認識があったことは確かである。また、農民雑誌の一つである『農村号』には、当時の日本において優良農村の一つとされた宮村の教育と産業を紹介し、朝鮮農村の啓発上の参考資料としている論文がみられる。そこでは、宮村の教育状態を学校教育と社会教育に分けて紹介しながら、最後に「このように宮村は学校教育及び社会教育が完全に実施され、村民の知識はもちろん、精神的に各自の業務に満足して勤倹力行の精

神が充満していることは、死ねずに働く我々にとっては実にうらやましいことである」と述べている[79]。

一方、1929年、『朝鮮農民』の「第2次全鮮大会を通して言いたい話」において、韓長庚は「成人教育の急務」という論文で成人教育の方法論について述べている。『朝鮮農民』における成人教育は「学齢期を超えた人または学校に通う余裕がない人々のための教育」[80]を意味していたが、次の韓長庚の論文における「成人」は主として各家庭の家長権を持つ人であり、「成人教育」は彼等に対する教育であった。それは、次の文章から看取できる。

　　農民の啓蒙運動はわが社の二大事業の一つであると同時に、夜学、雑誌、講談、講座等で、農民の知識啓発に努めており、また、相当の収穫を得ています。しかし、実際農民の中へ入ってみると、これらの方法だけでは到底予想の効果を得ることができません。これらの方法は、青少年の教育に留まってしまい、成人（特に老壮の家主）の大半は、ただ寝ています。彼等は教育を受けようとする熱誠がないばかりではなく、まだ封建思想に支配されており、年齢が多いという理由から青少年に混じることを嫌がる傾向があるので、夜学に通う人がほとんどなく、講演・講座のようなところへの参加もせず、雑誌などを読む人はさらにいません。現今の家族制度において家庭の支配権が彼等にあり、財産の処分権が彼等にある以上、彼らを除いて事業を進行させるのは極めて困難であります。…只今の段階においては農村の事業に成人の応援を得なければなりません。…万が一、成人が啓蒙されれば、決して経済難によって事業ができなくなることはないと思います。したがって、農民運動には成人教育を青少年教育と併行しなければなりません。彼らの教育方法は上でも述べたように、すばらしい論文も、熱烈な雄弁も大きな効果を得ることはできません。彼等には唯一実物教育があるだけです。実際に実物を見せなければなりません。（中略）彼らの教育は実社会を教室にして日常生活を教材にしなければなりません[81]。

成人の教育に対する無関心を批判する一方、彼等を教育の場に誘導するためには実用的な教育を通して行われなければならないと述べている。これと同様の見解は、農村救済の緊急策の一つとして農民の識字教育を主張している次の一節にもみられる。

　　農民教育は成人教育である。のんびりとかばんを持って学校、講習所に通う余裕を持てなかった。したがって、彼等に本を以ってどうのこうの教えるよりは、口で、

言葉で直接彼らの生活上緊要なことから、教えてあげよう。簡易なる経済常識から農業の知識や技術はもちろん、衛生、児童の養育、公民知識などを教えよう。このようにして少なくとも国文（ハングル）だけでも読めるようにしなければならない[82]。

　以上で明らかなように、当時、「社会教育」は、朝鮮知識人や指導層によっても認識されており、その時の「社会教育」は、朝鮮民衆の生活向上への欲求、すなわち生活上の近代化への熱望を充足させるために必要な教育概念としてとらえられていたと思われる。すなわち、当時、朝鮮知識人や指導階層が行った代表的な社会教育の実践は、夜学や講習会などを通した識字教育や実業（農業）教育という性格のものであった。既述のように、実際、夜学において行われた教育内容は、朝鮮語、日本語、算術等のような基礎的な識字教育をはじめ、実生活に役立つ農業知識や技術、算盤、習字、作文などのような実用的な科目が教えられていたのである。

　ところが、これまでの韓国における植民地時代に関する教育史的研究の主流は、日本による植民地経験が持つ民族史的意味を探るための努力であったが[83]、それがゆえに、夜学に関する従来の研究においても、主として朝鮮民衆による夜学に対して民族史的意味を付与することに重点が置かれてきた傾向があった。例えば、車錫基は、朝鮮民衆による夜学運動を、「植民地教育政策に対抗しながら、教育の機会均等を得ることのできなかった民衆に教育の機会を提供し、民衆の意識を覚醒させ、歴史への参加に対する主体的能力を培養する、民衆が主体となった教育運動であった」[84]とし、それを通して「植民地統治下で麻痺していった民族意識を覚醒させ、民族精神を呼び起こし、近代的民族運動を展開していった」[85]と述べている。また、姜東鎮も植民地時代の労働夜学について、「日帝統治の初期段階に展開された一連の新文化啓蒙運動の一環として、きわめて反日的・民族的性格を強くもった近代化運動であった」[86]と論じている。

　しかし、朝鮮民衆による夜学活動の性格を単に民族教育や抗日意識の昂揚の一色で塗りつぶすことは、かえって朝鮮民衆の夜学活動、さらには植民地教育の全体像を把握しにくくするおそれがある。確かに植民地期の夜学に、民族意識を昂揚させるための教育を行っていたところも存在していたが、1919年の

三・一運動に参加した階層それぞれの参加動機が異なっており、また1920年代以後には公立普通学校への入学希望者数が急増し、伝統的な漢文教育を行ってきた書堂の減少に反比例して学校や新しい形態の講習会・夜学施設が増設されるなど、植民地期における朝鮮民衆の教育活動には、「民族教育」、「抗日教育」だけでは説明できない部分が存在する。例えば、1920年代における朝鮮民衆の就学の動機について、当時の知識人がその問題点を指摘している次のような言説から、朝鮮民衆の教育熱の「個人的な動機」、すなわち、生活向上や社会的地位上昇、正常な社会生活の営為への欲求などがうかがえる。

　　最近5、6年以来我が人々の間に教育熱が旺盛になり、最近の統計をみると、朝鮮内にいる学生だけでも約50万人に達するが、この50万人の学生自身はもちろんであり、この学生を勉強させる約100万人の父兄までも、誰かが「勉強して何をするのか、勉強させて何をするのか」と聞くと、すべての答えがこうであります。「勉強すれば、官職につくことができ、お金を儲けるでしょう。また出世し、権勢を得ることができる。……」「勉強させれば、官職につき、お金を儲け、出世し、また我が家はその子のおかげで、裕福になれる……」ところが、頭がある人なら誰でも考えられることです。この50万人の学生全員が官職につくことができると思いますか。また、貧富の格差が縮まない現実において簡単にお金を儲けることができると思いますか。このように不可能なことであることを知っていながらも、単純に官職、官職、お金、お金といっているなんて、狂った人といわざるを得ません[87]。

　　「無知なこの野郎！お前は両親もいないのか。」「はい、申し訳ございません。学べなかったせいです。」「わからなければ後ろに身を引いて静かにしていなさい。どうして前に出るのか。ああいうやつは生きていてただ飯を減らすだけだ。」「はい、仕方ないです。学んだことがないので…殺してください。」「この野郎、他の人と同じく耳目口鼻があるのに、なぜ学べないのか。愚かなやつめ。」この時に震えながら、長いため息と悲しみで肩を落として、帰るあのかわいそうな人、学べなかった人、無知な人の口からはこのような叫びが出ます。「私の両親も悪い人だ。どうして私に教育をうけさせなかったのか。どうしてほったらかし、教育をうけさせないで一生涯至る所々でこのような悲しみを味わわせるのか。…私のせいでもあるけれど…」と。みなさん、誰かの母や父になった皆さんの耳でも時々見て聞く明らかな事実でしょう。無知な人、学べなかった人が受けざるを得ない悲しみというのはご存知でしょう。「そうです。確かにそうです。少しも嘘ではありません。」と必ず答えが出るでしょう[88]。

三・一運動後の朝鮮民衆における最大の課題は、確かに「実力養成」であり、その最終目的は「独立・解放」であったものの、「植民地下」という特殊な状況の中で様々な差別を受けながら、日々困窮に陥りつつある農村経済、そして落後した生活環境に身を置いていた朝鮮民衆個々人が、このような現実から脱け出すための方法として各自の生活改善・実力養成をめざしていたことも否定できないだろう。

「我々も生きたい」「我々も知りたい」「我々の運命は我々の手で開拓したい」といいながら、その第一の手段として今日津々浦々に雨後の筍のように起こったのが農村夜学である[89]。

我が朝鮮はいまだ文明国として整っていない条件が多い。その中でも最も痛切に感じられるのは、教育機関の不十分である。…近来農村は悟っている。農民も知らなければならないという向学熱は、燎原の火のように全農村を攪っているのである。このように向学熱は高くなったが、上記のように、教育の施設も不十分であり、さらに金もなく、時間もない農民子弟は、普通教育を受けるのは自ら断念せざるをえないのである。そこで、彼らは自発的に自分達の事情に適合した教育機関を建てるようになり、それが各地で水が寄せてくるように、火が燃え立つように起こる、いわゆる農民夜学がそれである。この農民夜学は、時代的要求に応じて、すなわち彼らの覚醒によって自発的に増えているだけ、科目も新しく、規模も結構精練しているのである。その科目は文盲教養を目標とするだけ、当然朝鮮語、国語（日本語―引用者）、習字、算術などの簡単な科目である[90]。

上記の二つの文章からも看取できるように、当時の朝鮮民衆は社会・経済的変化の中での生存および適応、生活向上等のための教育の必要性を切実に感じており、またそれを朝鮮指導層が促していたのである。実際、周辺諸国の近代化と植民地体制下という状況の中で、一部の朝鮮民衆の中では「鎖国的排他思想」を排撃し、「外来文化」を受け入れ、新文化を創っていくことを主張しつつも、「盲目的模倣主義」は止揚し、「近代欧米先進国の科学的態度と方法」を通して「朝鮮的新文明を創設しよう」という意見が表れていた[91]。すでに先述した李敦化も、朝鮮は、「すべての文化の障害者であることがわかった。経済の障害者であり、知識の障害者であり、教育・学術・宗教などのすべてにおいて

障害者であり」[92]といいながら、「すべての障害は現在生じたものではなく、すべての罪悪の過去から生まれたのである。今考えてみれば、我々のすべての苦痛が我々の自作である。誰かを恨み、非難することはできない。唯、自分自身を自責し、一日も早く罪悪を直し、翻然と斬新の道へと進んでいかなければならない」[93]と主張し、その一環として「新（＝近代文明―引用者）を憧憬し、新を研究する」運動を助長する必要があると力説している[94]。

一方、従来漢文教育のみを教えてきた書堂を改良し、漢文教育以外に学校や夜学で教えてきた「新教育」を行う「改良書堂」への転換、すなわち、書堂教育の近代化が要請された。例えば、1920年代初め、『開闢』に掲載された、朴達成の「世界と共存するために教育問題を再挙し、為先書堂改良を絶叫する」[95]や妙香山人の「激変中にある平北地方を暫間みて」[96]、李敦化の「朝鮮新文化建設に対する図案」[97]という論文では伝統的な書堂教育の学校教育式改良、すなわち、書堂教育の近代化を主張している。そして、朝鮮教育会の『朝鮮教育』でも鄭昌謨が書堂教育の改善を当局に要求していることがみられる[98]。このように、当時、朝鮮民衆の中では、「新文明」、すなわち近代文明に対する憧憬が存在しており、それにいたるための方便として近代的教育を必要としていたといえる。

石川武敏が「1920年代の夜学は必ずしも単に総督府の教育統制に対する対応策として登場してきたものとは言い難く、三・一運動以後民族教育の近代化を目指していた朝鮮の知識人の民衆教育論に負うところも大きい」[99]と指摘しているように、植民地時代の朝鮮民衆による夜学は、当時の朝鮮民衆の中でリーダー・シップをとっていた朝鮮の知識人層が、民衆を指導していくために朝鮮総督府の厳格な統制下にあった学校教育とは異なる形態として行っていた代表的な社会教育の実践であったということができる。つまり、植民地時代における社会教育には、朝鮮総督府が朝鮮人に対する同化および統制のために「社会教育」施策を展開した教化的な側面もあったが、他方では、朝鮮民衆の指導層が、学校教育を受けることのできない児童や農民、労働者、婦女子などの教育的欲求および生活向上への欲望を充足させつつ、かつ朝鮮民衆を啓蒙し、民族の独立を志向する、いわゆる「先実力養成・後独立」へと導いていく

一つの方法として、社会教育を利用していた側面もあったといえる。

　ところが、植民地時代における朝鮮知識層による社会教育には、リーダー役としての「エリート（＝朝鮮知識層）」の「非エリート（＝一般民衆）」に対する民族教育の側面が色濃く存在していたわけであるが、それは結局、朝鮮民族アイデンティティーの保持のために、朝鮮民衆は依然として啓蒙の対象とされていたことを意味していたともいえよう。つまり、植民地時代における「夜学」は、朝鮮民衆自らが正常な生活の営為および生活向上を目指した場でもあった同時に、たとえ「日韓併合」によって朝鮮民衆の自主的な近代国家形成への実現は挫折したものの、朝鮮民衆内に「民族」意識を植え付けることによって、「独立」、言い換えれば、「近代国家」形成への期待を抱かせる場でもあったと思われる。

　夜学におけるナショナリズム的な要素は、何よりも「朝鮮語（ハングル）」の教育を強調するところによく表れている。『朝鮮農民』、『農民』という民衆雑誌には、朝鮮語の文法や朝鮮語の教育に関する内容が非常に多く掲載されており、夜学における第一の急務として挙げられていたのも朝鮮民衆に対する朝鮮語教育であった[100]。咸鏡南道の高原郡、長津郡、端川郡と、平安北道の義州郡、龍川郡の農民夜学における朝鮮語教育の状況をみると、次の表4-12に示されているように、大半の夜学で朝鮮語が教えられていた。

　イ・ヨンスクによれば、1446年に「愚民」のために創製された「ハングル」という固有文字は、近代に入って権力によって「国文（クンムン）」[101]としての巨大な一歩を踏み出し、その後は、革新知識人の庇護の下で、朝鮮民族のアイデンティティーのシンボルとなった[102]。それゆえ、国権危機を目の前にしていた大韓帝国末期やその後、完全に日本の植民地に転落してからも、朝鮮知識人層の「朝鮮語（ハングル）」への執着とその普及努力はますます大きくなっていった。このような朝鮮語の近代化に対し、そのモデルとなった日本が及ぼした影響力は非常に大きく[103]、また朝鮮知識人による「朝鮮語＝諺文、ハングル」の普及努力は、当時の日本が「内地」と「朝鮮」・「台湾」などの植民地において行った「国語（＝日本語）」普及政策と類似している。

表 4-12　夜学における朝鮮語教育の状況

	高原郡農村夜学 (51 か所)	長津郡農村夜学 (13 か所)	義州郡農民夜学 (14 か所)	端川郡農民夜学 (17 か所)	龍川郡農民夜学 (22 か所)
朝鮮語	51	13	12	17	18
日本語	39	5	0	16	11
算術	40	13	11	17	20
習字	26	4	4	3	1
作文	47	10	6	10	1
談話・討論	6	0	2	2	15
講話	14	0	2	0	0
修身	0	0	0	5	0
珠算	37	0	8	4	0
漢文	1	0	2	7	13
歴史	1	0	2	4	3
唱歌	0	0	1	1	0
地理	0	1	2	2	1
農業・労働	0	0	0	6	5
書簡	0	0	10	0	9
時事	0	0	0	0	6
その他	3	0	1	3	0

出典：『朝鮮農民』1928 年 11 月号、pp.34 〜 40；1927 年 12 月号、pp.15 〜 23 より作成。

　以上の朝鮮民衆による社会教育の実践としての「夜学」は、大韓帝国末期の知識人たちが国権擁護および近代化への志向という目標の下で、国民啓蒙のために「社会教育」概念を導入した延長線上にあるものといえるが、付け加えていえば、大韓帝国末期に韓国知識人たちによって導入された「社会教育」概念および実践は、植民地時代に入ってからも朝鮮の知識人・指導者たちに受け継がれ、「三・一運動」という大規模の独立運動を機に、「実力養成運動」の機運が高まる中で、大韓帝国末期の代表的な社会教育的実践であった「夜学」が急激に増加する形で現れ、再び主たる社会教育活動として継承されていったと思われる。

　このような「日韓併合」以後における大韓帝国末期の「愛国啓蒙運動」の延長論は、次の二つの研究から垣間見ることができる。まず、朴賛勝は、植民地

期に朝鮮新知識人層を中核とする「実力養成運動論」者が、大韓帝国末期の「愛国啓蒙運動」の系譜を引き継ぎながら、いわゆる「社会進化論」的世界観に基づき、1910年代には「産業振興」と「旧思想・旧習慣の改革」を通じて朝鮮人の「実力養成」をはかることの重要性を強調していたと述べている[104]。そして、林雄介は、多くの大韓帝国末期の愛国啓蒙団体会員が「日韓併合」以後にも勧農事業推進活動を継続しており、またこれらの愛国啓蒙団体会員の朝鮮農民との関わりあるいは彼らの各地域におけるリーダー的な役割の可能性を指摘している[105]。特に、林は、大韓韓国末期の愛国啓蒙運動の実業(農業)重視論は、民衆をもその運動の内部に取り込んでいこうとした最初のものであり、愛国啓蒙運動家はそれを通して、人口の圧倒的部分を占める農民に接近しようとしたと高く評価しながら、「併合直後の1910年9月から1919年の三・一運動までの間に、160名の旧愛国啓蒙団体会員が朝鮮農会(韓国中央農会の後身)に入会し活動している」[106]と述べ、大韓帝国末期の愛国啓蒙運動における実業重視論の三・一運動、さらにその後の民族運動への連続性の可能性を提示している[107]。

　要するに、植民地朝鮮では、朝鮮総督府によってのみならず、朝鮮民衆によっても自らの教育熱と生活向上への欲望を解消し、さらに進んで民族解放への道を拓くために社会教育が展開されていたのである。

注
1)　姜在彦『朝鮮近代史』平凡社、1998、p.240。
2)　弓削幸太郎『朝鮮の教育』自由討究社、1923、p.247。
3)　姜徳相「日本の朝鮮支配と三・一独立運動」『岩波講座世界歴史25、現代2』岩波書店、1970、p.322。
4)　同上書、p.325。
5)　同上書、p.323。
6)　同上書、p.324。
7)　日清戦争後の朝鮮における日本による閔妃暗殺事件・断髪令と、日露戦争後の保護条約・韓国軍解散などに抵抗して儒学者や軍人などが非正規軍を起こして戦った反日武装闘争である。
8)　同上書；이윤상・이지원・정연태「3・1運動의 展開樣相과 參加階層」『3・1民族解放運

動研究』図書出版青年社、1989、pp.229〜257。
9) 朝鮮総督府警務局『韓国学生抗日闘争史―朝鮮に於ける同盟休校の考察―』(1929)、成進文化社、1971、p.4。
10) 大野謙一『朝鮮教育問題管見』1936、p.141。
11) 呉成哲『植民地初等教育의 形成』教育科学社、2000、p.202。
12) 姜東鎮「日帝支配下의 労働夜学」『韓』34号、1974、p.33。
13) 姜在彦、前掲書、p.260。
14) 入学選抜基準は、大きく①入学願書を基に児童の家庭状況調査、②児童の知的能力調査、③年齢、④児童の健康、体力に整理することができるが、この中で最も大きく当落の基準として作用したのは、経済的能力と年齢とみられる。すなわち、入学願書には家庭の経済的能力を把握できるように父兄の職業および動産、不動産を記載するようになっており、年齢も民籍確認を受けるようになっていた。また、当時の普通学校財源の相当の部分を児童の授業料に依存しており、入学した児童が授業料を納付するのが困難になり、退学する事例が増加したことから、経済的能力は入学基準として特に大きな影響力を発揮したと思われる。韓祐熙著・佐野通夫訳「日帝植民統治下朝鮮人の教育熱に関する研究―1920年代公立普通学校を中心に―」四国学院大学文化学会『論集』第81号、1992.12、pp.125〜129。
15) 韓祐熙、前掲論文、pp.115〜116。
16) 盧榮澤、『日帝下民衆教育運動史』探求堂、1980、p.44。
17) 孫仁銖、『韓国近代教育史1885〜1945』延世大学校出版部、1992、p.130。
18) 同上書、pp.147〜151参照。
19) 同上書、p.129。
20) 呉成哲、前掲書、pp.67〜84。
21) 朴贊勝「日帝下国内右派陣営의 民族主義」『近現代史講座』9、1997、pp.93〜100参照。
22) 同上論文、pp.98〜100。
23) 宋鎮禹「朝鮮의 将来와 教育」『開闢』、1921年11月号。
24) 朴思稷「知識은 生存競争의 武器」『農民』1930年11月号、pp.2〜4。
25) 姜在彦、前掲書、pp.226〜227、280；姜萬吉、前掲書、pp.61〜66参照。
26) 1920年4月、韓国史上最初の全国的労働者組織として「朝鮮労働共済会」「労働大会」が創設され、その支部も全国主要都市に続々結成された。1923年には、「朝鮮労働連盟会」のような労働組合を統合した新しい全国的労働者組織も誕生し、1924年には「朝鮮労働共済会」「労働大会」「朝鮮労働連盟会」、それに当時全国各地に続々と育ちつつあった地方の労働組合を合わせて、最も大きな全国的労働者組織としての「朝鮮労農総同盟」が結成された。姜東鎮、前掲論文、pp.31〜32。
27) 安在鴻「一週三日間의 講習」『朝鮮農民』の「朝鮮青年은 農閑期를 如何히 利用할가―

一致点을 発見한 有志의 意見」、1926年11月、p.27。
28) 李春培「農民夜学을 急設하라 ―앎은 사람의 무긔이다 우리의 앎은 오직 야학에뿐잇다―」『農民』1933年11月号、p.54。
29) 盧榮澤、前掲書、p.128。
30) 朝鮮総督府学務局『学校を中心とする社会教育状況』1922、pp.29～32、p.130、p.187、pp.199～200、pp.215～217、p.235、pp.240～248。
31) 同上書、p.156。
32) 李明實、前掲論文、p.16。
33) 『東亜日報』は1920年にソウルにおいて民族ブルジョアジーが創刊した日刊紙であり、その性格は民族主義的傾向が強く、当時の民族運動について大いに関心を持っていた。夜学に対する関心や理解も大きく、相当な頻度で夜学を報道していた。それゆえ、植民地時代の夜学に関する多くの研究は、『東亜日報』を主な資料として使用している。代表的な研究が、盧榮澤、姜東鎮、石川武敏、李明實のそれぞれの前掲書である。とりわけ、石川武敏は1920年から1928年までの『東亜日報』を検索し、1,359か所の夜学に関する記事を集め、設立年、名称、所在地、設立者などを詳しく記録した一覧表を発表した。石川武敏「『東亜日報』にみられる夜学に関する一覧表（1920－1928）」北海道大学文学部東洋史談話会『史朋』第14号、1982、pp.38～62。
34) 朝鮮総督府の統計類は夜学に関する記載を欠いており、これは、これまで夜学を研究するうえでの最大の障害となってきた。それゆえ、従来の夜学に関する大半の研究は、比較的に夜学の記事が多く掲載された『東亜日報』に基づいて行われてきた。石川武敏、前掲論文、1981、p.38。
35) 姜東鎮、前掲論文、p.35；김기웅、前掲論文、p.12。
36) 石川武敏、前掲論文、1981、p.39。
37) 夜学を設立した地方有志の性格やその範囲は明確ではない。ところが、有志個人が設立する場合もあったが、その大半は集団的で、共同的なものであったことなどから、少なくとも彼らは各地方で発言権を持ち、または推進力を持つ者であったと思われる。また、当時夜学が急増した背景には、三・一運動後に強調された実力養成運動の機運とともに、民衆の教育熱とそれを受け入れる教育機関の不足があった。その中で地方有志によって設立された夜学の大半は、労働者や農民などの無産階級を主な対象として無償で教育する場合も多く、また設立者が教授も行う場合が多かった。以上より、地方有志は財政調達の能力があり、教授能力を持つ知識人であったと思われる。盧榮澤、前掲書、pp.141~145。
38) 姜在彦、前掲書、pp.275～277。
39) 梶村秀樹・姜徳相編『現代史史料（29）朝鮮5』みすず書房、1972、p.10。
40) 盧榮澤、前掲書、p.147。
41) 「労働夜学音楽」『東亜日報』1925年8月10日付。
42) 石川武敏、前掲論文、1981、p.37。

43) 1918年2月21日に公布された「書堂規則」は次のとおりである。
「書堂規則」（朝鮮総督府令第18号）
　　第一条　書堂ヲ開設セントスルトキハ左ノ各号ノ事項ヲ具シ府尹、郡守又ハ島司ニ届出ツヘシ
　　　一　名称、位置
　　　二　学童ノ定数
　　　三　教授用図書名
　　　四　維持方法
　　　五　開設者、教師ノ氏名並履歴
　　　六　漢文ノ外特ニ国語、算術等ヲ教授スルトキハ其事項
　　　七　季節ヲ定メテ授業ヲ為スモノニ在リテハ其ノ季節
　　前項各号ノ事項ヲ変更シタルトキハ府尹、郡守又ハ島司ニ届出ツヘシ但シ開設者、教師ノ変更ノ届出ニ付テハ履歴書ヲ添付スヘシ
　　第二条　書堂ヲ廃止シタルトキハ開設者ニ於テ遅滞ナク之ヲ府尹、郡守又ハ島司ニ届出ツヘシ
　　第三条　書堂ノ名称ニハ学校ニ類スル文字ヲ用イルコトヲ得ス書堂ハ名称ヲ記シタル標札ヲ見易キ場所ニ掲クヘシ
　　第四条　禁錮以上ノ刑ニ処セラレタル者又ハ性行不良ナル者ハ書堂ノ開設者又ハ教師ト為ルコトヲ得ス
　　第五条　左ノ場合ニ於テハ道長官ハ書堂ノ閉鎖又ハ教師ノ変更其ノ他必要ナル措置ヲ命スルコトヲ得
　　　一　法令ノ規定ニ違反シタルトキ
　　　二　公安ヲ害シ又ハ教育上有害ナリト認メタルトキ
　　第六条　書堂ハ特別ノ規定アル場合ヲ除クノ外府尹、郡守又ハ島司ノ監督ニ属ス
　　付　則
　　本令ハ発布ノ日ヨリ之ヲ施行ス
　　本令施行ノ際存在スル書堂ハ本令施行ノ日ヨリ六月内ニ第一条ノ事項ヲ府尹、郡守又ハ島司ニ届出ツヘシ
44) 1929年6月17日朝鮮総督府令第55号で「書堂規則」改正
　　第一条　書堂ヲ開設セントスルトキハ左ニ掲クル事項ヲ具シ道知事ノ認可ヲ受クヘシ
　　　一　名称及位置
　　　二　学童ノ定数
　　　三　教授事項及教授用図書用
　　　四　維持方法
　　　五　開設者及教師ノ氏名並ニ其ノ履歴
　　　六　開設年月日
　　　七　季節ヲ決メテ授業ヲ為スモノニ在リテハ其ノ季節
　　前項第一号、第三号、第四号及第五号ニ掲クル事項ヲ変更セントスルトキハ道知事ノ認可ヲ受ケ

　　　　第二号、第六号及第七号ニ掲クル事項ノ変更シタルトキハ道知事ニ届出ツヘシ
　　第一条ノ二　書堂ニ於テ国語、朝鮮語、算術等ヲ教授スル場合ニ於テハ其ノ教授用図書ハ朝鮮総督府編纂教科書ヲ使用スヘシ
　　第二条　書堂ヲ廃止シタルトキハ開設者ニ於テ遅滞ナク之ヲ道知事ニ届出ツヘシ
　　第三条　書堂ノ名称ニハ学校ニ類スル文字ヲ用イルコトヲ得ス書堂ハ名称ヲ記シタル標札ヲ見易キ場所ニ掲クヘシ
　　第四条　禁錮以上ノ刑ニ処セラレタル者又ハ性行不良ナル者ハ書堂ノ開設者又ハ教師ト為ルコトヲ得ス
　　第五条　左ノ場合ニ於テハ道長官ハ書堂ノ閉鎖又ハ教師ノ変更其ノ他必要ナル措置ヲ命スルコトヲ得
　　　　一　法令ノ規定ニ違反シタルトキ
　　　　二　公安ヲ害シ又ハ教育上有害ナリト認メタルトキ
　　第六条　第六条　書堂ハ道知事ノ監督ニ属ス
　　　付　則
　　本令ハ発布ノ日ヨリ之ヲ施行ス
　　本令施行ノ際現ニ在スル書堂ハ本令ニ依リ道知事ノ認可ヲ受ケタルモノト看做ス
45) 1913年1月「私設学術講習会ニ関スル件」制定（朝鮮総督府令第3号）
　　第一条　私人ニシテ学術研究ノ為講習会ヲ開催セムトスルトキハ左記（下記―引用者）各号ノ事項ヲ具シ道長官ノ認可ヲ受クヘシ
　　　　一　講習ノ目的
　　　　二　講習ノ期間及場所
　　　　三　講習ノ事項
　　　　四　講習員ノ資格及定数
　　　　五　講師ノ住所、氏名及経歴
　　　　六　経費支弁ノ方法
　　第二条　道長官ハ特ニ講師ノ選定又ハ派遣ニ付便宜ヲ与フヘシ
　　第三条　道長官ハ講習会ニシテ其ノ方法不適当又ハ有害ナリト認メタルトキハ之カ変更ヲ命シ又ハ第一条ノ認可ヲ取消スコトヲ得
　　第四条　第一条ノ認可ヲ受ケスシテ講習会ヲ開催シタル者アルトキハ道長官ハ其ノ閉鎖ヲ命スルコトヲ得
46)　『東亜日報』1926年7月12日付。
47)　岡久雄『朝鮮教育行政』帝国地方行政学会朝鮮本部、1940、p.239。
48)　『東亜日報』1925年8月9日付。
49)　『東亜日報』1926年3月5日付。
50)　盧榮澤、前掲書、p.171；姜東鎮、前掲論文、pp.55〜58。
51)　『東亜日報』1930年9月15日付、1930年9月22日付、1931年5月18日付、1931

年 6 月 17 日付、1931 年 10 月 2 日付など。
52) 朝鮮総督府学務局学務課『朝鮮学事例規　全』1932、pp.819～820。
53) 白民「文盲教養에 便宜를 주라」『農民』1932 年 10 月号、p.25。
54) 朴熙道「現下朝鮮農村救済의 三大緊急策」『農民』1930 年 6 月号、p.13。
55) 金世成、同上論文、p.16。
56) 方定煥「民衆組織의 急務」『農民』1930 年 7 月号の「夏休에 帰郷하는 学生들에게」、p.5。
57) 李相協「먼저 啓蒙運動을」同上。
58) 「東莱蓮山里夜学」『東亜日報』1922 年 3 月 22 日付。
59) 「晩洞夜学設立」『東亜日報』1925 年 12 月 21 日付。
60) 『朝鮮農民』1927 年 12 月号、pp.18～19；同誌、1928 年 11 月号、p.39；『東亜日報』1922 年 2 月 7 日付、1923 年 4 月 20 日付、1924 年 12 月 30 日付、1925 年 10 月 22 日付、1926 年 1 月 27 日付等。
61) 姜東鎮、前掲論文、p.46；李明實、前掲論文、1999、p.105。
62) 盧榮澤、前掲書、pp.130～131。
63) 姜東鎮、前掲論文、p.47。
64) 張琬鎬「村民教養実話」『農民』1930 年 11 月号、p.8。
65) 金秉済「夜学状況調査의 余憾」『朝鮮農民』1928 年 11 月号、p.39。
66) 盧榮澤、前掲書、p.159。
67) 1925 年 10 月 29 日に設立された朝鮮農民社は、三・一運動以前から活発に活動を展開していた天道教青年党が中心になって結成した農村運動団体である。朝鮮農民の教養と啓蒙教育をその目的としており、主要な事業としては、農民夜学運動、農村啓蒙運動、機関誌（『朝鮮農民』『農民』）・夜学教材の発行、農民共生組合の設置・運営等が挙げられる。本部はソウルに置かれ、地方に各支部と社友会が組織され、1933 年には社友の総数が約 20 万人にいたる膨大な組織になっており、国内だけではなく、満州の延吉、頭道溝、長春、寧高塔等と日本の大阪にも支社が設置された。
68) 檀正「農村女性과 社会教育」『農民』、1932 年 2 月号、pp.25～26。
69) 同上論文、p.27。
70) 盧榮澤、前掲書、p.70（初出：『学生』1930 年 7 月号）。
71) 同上書、p.75（初出：白頭山人『開闢』1921 年 4 月号）。
72) 「世界三大問題의 波及과 朝鮮人의 覚悟如何」『開闢』1920 年 7 月号、p.15。
73) 李敦化「朝鮮新文化建設에 대한 図案」『開闢』1920 年 9 月号、p.16。
74) 天道教は、李朝末期の 19 世紀半ば、土着のシャーマニズムに儒・仏・道を折衷し、西学（キリスト教）を排斥した民族的宗教である東学の正統を継承する宗教として、孫秉熙（1861～1922）が 1905 宣布した。主要な思想は、「人乃天」思想、すなわち万民平等主義である。この教団は 1919 年の三・一独立運動の中心勢力でもあった。

75) 허수「1920年前後 李敦化의 現実認識과 近代哲学 受容」『歴史問題研究』通巻9号、2002.12、pp.175〜216。
76) 李敦化、前掲論文、pp.9〜11。
77) 望鏡「朝鮮社会教育에 대하야 一言함」『衆明』第1巻第3号、1933年8月、pp.84〜86。
78) 緑蔭「朝鮮教育界을 論함」『衆明』第1巻第2号、1933.7、p.66。
79) 「宮村의 教育과 産業」『農村号』第42号、1928.10、pp.15〜17。
80) 趙鍾○「農村教育의 貫徹」『農民』1931年8月号、p.24。
81) 韓長庚「成人教育의 急務」『朝鮮農民』1929年3月号의「第二次全鮮大会를 通하야 하고 심흔 말」、pp.28〜29。
82) 金世成、前掲論文、p.16。
83) 김진균・정근식編著『近代主体와 植民地規律権力』文化科学社、1998、p.278。
84) 車錫基「日帝下 労働夜学을 通한 民族主義教育의 展開」『高麗大教育論叢』16・17、1987、p.16。
85) 同上。
86) 姜東鎮、前掲論文、p.59。
87) 起田「죽을 사람의 生活과 살 사람의 生活」『開闢』1925年3月号、pp.2〜3。
88) 呉成哲、前掲書、p.199（初出：朴達成「入学年齢의 子女를 둔 家庭에게」『新女性』1924年4月号、p.14）。
89) 金秉済、前掲論文、p.38。
90) 白民、前掲論文、pp.23〜25。
91) 李晟煥「朝鮮의青年아. 朝鮮的新文明을 創設하자」『朝鮮農民』、1929年1月号、pp.8〜10。
92) 滄海居士「外来思想의 吸収와 消化力의 如何」『開闢』1920年11月号、p.12。滄海居士は李敦化の筆名の一つである。
93) 同上。
94) 同上論文、p.15。
95) 朴達成「世界의 共存키 위하여 教育問題를 再挙하며 為先書堂改良을 絶叫함」『開闢』1920年11月号。
96) 妙香山人「激変中에 잇는 平北地方을 暫間보고」『開闢』1921年6月号、pp.62〜64。
97) 李敦化、前掲論文、p.12。
98) 鄭昌謨「社会教育並家庭教育의必要—書堂教授의改善—」朝鮮教育会『朝鮮教育』第6巻第6号、1920、pp.221〜222。
99) 石川武敏、前掲論文、1981、p.38。
100) 例えば、「朝鮮青年은 農閑期를 如何히 利用할가——一致点을 発見한 有志의 意見—」『朝鮮農民』1926年11月号、pp.21〜28；金明昊「今冬의 農間期」『朝鮮農民』1927年

12月号、pp.4～6；「緊急한 文字普及과 実行方法」『朝鮮農民』1928年11月号、pp.30～33；「現下朝鮮農民救済의 三大緊急策」『農民』1930年6月号、pp.12～16；「夏休에 帰郷하는 学生들에게」『農民』1930年7月号、pp.2～6；白世明「한글講座」『農民』1930年11月号、pp.20～22；李克魯「朝鮮民族과 한글」『農民』1933年6月号、pp.24～25等。

101) ここでいう「国文」とは、かつての「諺文」＝「いやしいことば」を、権力を持って、国家的規模のものにすることによって生まれた朝鮮の固有の文字、あるいはそれによって書かれた文章を指す。これは、また漢字に対する朝鮮固有の文字という意味であり、漢文から脱して話し言葉に基づく民族の書きことばとしての意味も含んでいる。植民地期にこの「国文」は、朝鮮民衆の間では、「우리글（我等の文字）」、「조선글（朝鮮の文字）」「조선어（朝鮮語）」、「한글（ハングル）」等とも呼ばれていた。イ・ヨンスク「朝鮮における言語的近代」『一橋研究』第12巻第2号、1987、p.83。

102) 同上論文、p.87。

103) 同上論文、pp.82～83。

104) 朴贊勝『韓国近代政治思想史研究―歴史批評史民族主義右派의 実力運動論―』1992、第2章参照。

105) 林雄介「愛国啓蒙運動の農業重視論について―西友学会・西北学会の実業論を中心に―」朝鮮史研究会『朝鮮史研究会論文集』No.29、緑蔭書房、1991.10、pp.193～194。

106) 同上論文、p.193。

107) 同上論文、pp.193～194。

終　章

韓国における社会教育の歴史的性格と今後の課題

第1節　結論：韓国における社会教育の歴史的性格

　以上、4章にわたって韓国における社会教育の起源とその変遷過程を検討してきた。そのうち、最も注目すべきところは、社会教育は、20世紀初頭の韓国において、国権擁護および近代国家の建設という課題を抱えていた開化派知識人や指導者たちによって導入され、近代国民国家の形成のための学校教育制度の普及とほぼ並行する形で展開されていったという史実であろう。これは、単純に韓国における社会教育の導入時期を早めたということにとどまらず、それ以後の韓国の社会教育史、とりわけ植民地時代の社会教育に対する解釈にも深く関係するという点において、大きな意味を持つと思われる。このような視点から、本研究では、韓国の社会教育の歴史的性格を究明するために、上記のような社会教育に関する新たな史実をもとにし、大韓帝国末期から植民地時代にわたる社会教育の受容及び変容を考察してきた。その結果、本研究において新たに明らかになったことを整理すれば、次のとおりである。

　第一に、統監府の統治下にあった大韓帝国末期の韓国学部においては「通俗教育」が用いられており、「社会教育」は同時期に開化派知識人たちの間で使われていたことがわかった。上述のように、韓国の社会教育は、大韓帝国末期の知識人や指導者によって自主的に導入され、国家主権擁護と近代国家の建設のための国民啓蒙という近代化のために用いられており、また、近代学校教育制度を構築・普及する要因としても作用していたことがわかる。列強の脅威が増していく中で、近代国家の建設を急いでいた知識人や指導者は、日露戦後、

国の存亡の機に立たされ、国権擁護のための近代化により拍車をかけていった。その中でも、特に比重を置いた部分が民衆に対する教育（啓蒙）と殖産興業であり、その普及過程において社会教育の導入が行われたといえる。すなわち、学校教育経験が普及し、かつ学校の機会均等に基づく人材の選別と社会的上昇の機能が不全に陥ることによって、学校の補足・拡張・移行・代位およびその他の形態をとって社会教育が発展してきたといわれる日本に対し、韓国においては、学校教育制度の普及・定着化を促進させる機能を持ちながら、学校教育の普及と並行するかたちで社会教育が導入・展開されたのである。それは、大韓帝国末期に韓国学部が、主として公立学校への就学督励のために行った通俗教育によく表れており、また、同時期の韓国民衆によって開設された多くの夜学活動からも看取できる。なお、このような大韓帝国末期における通俗教育および社会教育には、そのとらえ方および導入時期、実践などから、日本からの影響が大きかったと思われる。

　第二に、植民地時代に朝鮮総督府によってすすめられた社会教育政策が、植民統治のための思想善導・統制のために制度化された面を持っているのは明確であるが、それは、単に同化政策の手段としてのみならず、植民地経営体制の維持のための朝鮮民衆の生計および国力増強等という経済的要素や強大な国家建設の論理が深く関わっていたと思われる。

　植民統治初期の社会教育行政は、大韓帝国末期（統監府時代）に実施された通俗教育と同様に、民衆を公立学校へと誘導する役割を担った。しかし、1919年の三・一運動を契機に、この社会教育施策は大きく転換していくこととなった。つまり総督府は、より強固な民衆に対する精神的感化の必要に迫られると同時に、三・一運動の失敗によって民衆の間で教育熱が高まった結果生じた公立学校への入学難という問題をも抱えるようになった。このような二つの大きな課題を、総督府は社会教育を通して解決しようとした。その代表的な例が、既設の公立学校を利用した「国語講習会」「不就学児童講習会」「補習夜学会」などの実施である。また、それ以後は民衆の教育熱および生活向上への欲求を回収しつつ、かつ植民地経営の維持のための民衆の農村離れを防ぐために「卒業生指導施設」「実業補習学校」「農民訓練所」などの実業教育関連の新

たな施策がさらに工夫された。このような社会教育施策の最終的な目的は、強力な「日本帝国」を建設するための産業の発達・国力増強と思想統制・治安維持であり、その目的を達成するためには、民衆をその体制＝国家の内へと包摂する必要が生じたのである。ここに、民衆の意識を生活向上や産業の発達という方向へと誘導し、さらに、それに伴って高まった入学競争率や失業率などの社会問題を、実業教育を通して解決し、民心をなだめつつ、かつ国力増強と安定した植民地経営を図るものとして、社会教育の行政的実践がすすめられたといえよう。

　第三に、植民地朝鮮における社会教育は、総督府によってのみならず、民衆によっても自らの教育的要求や生計・生活向上のために用いられ、時には、それを妨げる勢力に対して抵抗し、または民族主義的運動へと発展させようとする意図を持ちながら、展開されていったのである。三・一運動の失敗により、民衆の間では実力養成の重要性が強調されるようになり、特に知識人や指導者を中心に、教育と実業の振興という課題が掲げられた。ところが、制度的統制や財政的困難が伴う学校教育だけではその課題は解決しがたかったため、そこで、その代案の一つとして夜学が浮上し、急増現象をみせたのである。

　この夜学では、主として実用的な知識によって、民衆の教育熱と生活向上への欲求を吸収し、時には民族教育も図られていた。このような夜学開設運動は、大韓帝国末期に近代化と国権擁護のために開化派知識人たちによって展開された社会教育の実践形態と類似したものである。それは、開化派知識人たちが導入した日本の社会教育が、植民地朝鮮の民衆へと継承された可能性が高いことを意味するものとしてもとらえることができよう。

　以上より明らかなように、韓国の社会教育は、日本による植民統治が本格化する以前に、近代国家形成のための学校制度構築および普及のために、韓国開化派知識人や指導者によって日本の社会教育が導入され、実践されていた。ところが、まもなく韓国が日本の植民地化されることによって、それは、朝鮮総督府によって制度化される社会教育と、民衆によって実践される社会教育という「二つの社会教育」として展開されていったのである。しかし、植民地朝鮮におけるこの二つの社会教育は、民衆の統制と民族の独立というそれぞれの目

的のために用いられる側面はあったものの、少なくともいずれもが、実用的知識や実業教育を通して民衆の教育熱と生活向上への欲望に応えつつ、それを自らの統治や運動へと結びつけようとする意図を持つものであったという面においては共通していたといえる。

　つまり、韓国の社会教育は、資本主義経済体制を伴う近代国民国家形成の過程において、民衆啓蒙・思想統制という側面と、生計維持・実業（産業）の振興という側面を同時に担い得るものとして導入・展開されていったと思われる。その際、民衆は統合あるいは啓蒙されるべき対象であったととらえることもできるが、大韓帝国末期に開化的知識人たちによって社会教育概念が導入された時から、つねに民衆は自らの生活向上を志向し、同時にそれを妨げる勢力に抵抗し、さらには独立運動へと発展させていくために社会教育を利用していったという視点からとらえれば、社会教育において民衆はつねに主体として存在していたともいえよう。

　しかし、これは、決して近代韓国の社会教育に対する民族主義的研究視角を擁護するものではない。なぜなら、近代韓国における民衆の教育的活動すべてが、民族主義と直結されるものとはいいがたく、実際、民衆は統治権力によって構築された教育体制内へと誘導されたが、後には民衆自らが生活向上・階層上昇のために、自発的にその体制に参加し、またその中で、社会教育を用いるようにもなったからである。

　以上のような過程を経て、民衆は、その体制を再生産または再編成する主体として生きていたといえる。これは、韓国の社会教育の歴史的性格を単純に統制的・教化的、あるいは民族主義的といった従来の二項対立的な研究視点からは明らかにしがたい。したがって、社会教育の歴史的性格はもちろん、韓国の近代教育史に対する新たな評価を可能にするためにも、「抑圧─抵抗」という二項対立にとどまらない多角的な社会教育に関する研究視点は重要であると思われる。

第2節　本研究における成果と残された課題

　本研究では、学校教育に相対する社会教育概念が韓国においてはいつ成立し、どのように展開されてきたかについて考察してきた。それにより得られた成果を挙げれば、次のとおりである。

　第一に、これまで植民地時代に日本によって強制的に導入されたといわれてきた「社会教育」が、実際はそれより早い大韓帝国末期に韓国の開化派知識人たちによって自主的に導入されていたことが明らかになった点である。さらに、その社会教育概念は、20世紀初頭近代国民国家の形成のために学校教育制度を普及する過程において、その普及を促進させるものとして展開されていたのである。このような史実は、今日韓国政府および学界が、韓国の社会教育は植民地政策のために強制的に導入されたという従来の定説に基づき、「社会教育」という用語を「平生教育（＝生涯教育）」に全面的に替えていることに対し、社会教育に対する新たな評価の土台を提供することができると思われる。

　第二に、大韓帝国末期に開化派知識人による「社会教育」の導入と並んで、当時の中央教育行政機関であった学部においては「通俗教育」が導入されていたことが明らかとなった。韓国では、これまで通俗教育は単に日本の社会教育の前身にあたるものとしてのみ理解されていた。また、従来の研究において韓国に「通俗教育」が存在していたことに関して論じられた研究は管見の限り皆無である。しかし、本研究によれば、日本による統監政治の下にあった大韓帝国末期に、公立学校への就学督励のために通俗教育が導入されており、このような施策は植民地時代に入ってからも継続されたものとして植民地期の社会教育を検討する上でも注目できる部分である。

　第三に、大韓帝国末期に行政側と民衆側それぞれによって「通俗教育」と「社会教育」が展開されていたように、植民地朝鮮においても二重の社会教育的な実践、すなわち朝鮮総督府による社会教育実践と、朝鮮民衆によるそれが展開されており、それには実業（生計）の問題が相互に結びつけられていたこ

とを明らかにした点である。植民地時代には、総督府が民衆の教育熱を吸収しつつそれを横流しして統制するために、既存の公立学校を利用した社会教育をすすめており、また学校体系とは異なるところで、実業補習学校や卒業生指導施設などが導入されていた。一方、民衆の教育熱を解消しつつ、民族の独立を志向する夜学が、開化派知識人や民衆の手によって開設され、民衆の生活向上と教育要求とを結びつけながら、展開されていたのである。つまり、植民地朝鮮における社会教育は、たとえその究極的な目的が安定した植民地経営と独立という総督府側と民衆運動側でそれぞれ異なるものであったとしても、民衆生活の向上を通して各々の目的を達成しようとした面においては、両者は共通している。これは、言い換えれば、韓国の社会教育は実業（生計）という問題と結びつけられて展開されたことを意味する。それゆえに、民衆は、社会教育を利用して自らの生活向上の欲望を遂げようとし、また自らの生活を抑圧するものに対しては抵抗しようとした、社会教育の主体としてとらえることができる。また、このように社会教育を実業教育をめぐる民衆生活との関わりでとらえることによって、従来のような「抑圧－抵抗」という二分法的な視点が持つ問題を乗り越えることができると思われる。

　一方、本研究において十分に明らかにできず、残された課題を挙げれば、次のとおりである。

　まず、本研究では大韓帝国末期において通俗教育と社会教育が導入・展開されていたという新たな史実を明らかにしたものの、両者の関係に関しては今後検討を深める必要があると思われる。本研究では、通俗教育に関する資料は当時の内閣の記録や教育行政機関である学部の記録のみに頼っており、また、社会教育に関しても「学会」の機関誌と新聞に限定しているため、今後より幅広い資料発掘を通して韓国における通俗教育および社会教育との関係を明らかにする必要がある。

　また、本研究では、大韓帝国末期に開化派知識人が民衆の教育要求や生活向上への欲望を解決するために社会教育を導入し、またそれは植民地時代の民衆に継承されていったことを明らかにしてきたが、大韓帝国末期の開化派知識人や植民地時代に民衆の教育をリードしていた階層、例えば、地方有志などの性

格についての緻密な検討は十分に行われていない。開化派知識人や地方有志といわれる階層の性格は必ずしも一律ではなく、固定的なものでもない。例えば、同じ開化派知識人であっても出身や学問的土台が異なっており、また地方有志の場合は従来の開化派知識人を含め、従来の儒者、資本主義経済体制に伴って成長した資本家など様々である。そして、彼らが民衆教育に関わる場合の目的はすべてがまったく同様であるとは限らず、またそれは様々な条件や状況によって、さらには支配勢力の対応によって変容し得るであろう。したがって、従来の「抑圧－抵抗」という二分法的な視点から脱し、韓国の社会教育史はもちろん、近代教育史を全体的に描くためにも、民衆の社会教育において大きな役割を果たした開化派知識人や地方有志についてのより綿密な分析が今後の課題として残されている。

第3節　韓国における社会教育の現状と今後の課題

　植民地からの解放後、米軍による占領を余儀なくされた米軍占領期（1945〜1948）に「成人教育」が行政用語として使われたことを除いては、韓国では「社会教育」が使われ続けてきた。解放後の社会教育は、それ以前の社会教育がそうであったように、学校教育との関係において再構築・制度化されていったといえる。すなわち、解放直後には植民地教育体制の清算のための新たな民主的な学校教育制度の定着とともに、成人のための識字（ハングル）教育および国民意識の啓蒙に重点を置いた社会教育政策がすすめられたのである。その代表的な例としては、学校教育を担う教員の養成および再教育のために開催された短期講習会や、主として学齢を超えた児童や成人に対する基礎教育を実施するために設立された公民学校および高等公民学校などがある。また、教育法が制定された1949年末からは国民の生計維持・向上と国家の経済的発展のために産業技術を伝授する中等教育レベルの技術学校が多く設立・運営され、さらに、1960〜70年代には未就学者や勤労青少年の進学機会を拡大するために放送通信高校および放送通信大学なども設立された。

　一方、解放後の社会教育には、国家再建と国民統合のために、識字教育や技

術教育とともに農村啓蒙や国民の意識教育も求められていた。例えば、その一環ですすめられたものとして1950年代後半の農村啓蒙活動や農村文庫の設置、60年代の郷土学校運動、70年代のセマウル（新しい村）運動などが挙げられる。

このように解放後の韓国における社会教育は、政府主導的な性格が強く、主として学校教育制度の定着をはじめ、国家再建のための経済的発展と国民の啓蒙等のためのものであった。特に、軍事政権下にあった1960～70年代には、急速な産業化に必要な技術人材の養成のための技術教育と社会統合のための国民意識啓蒙が、社会教育政策の主たる事業内容となっていた。つまり、少なくとも社会教育政策においては、解放前の教化的な側面が解放後にも連続していたといえる。

一方、近年、韓国政府は、世界各国で脚光を浴びた生涯教育論の急浮上に伴い、従来学校教育の補足的な存在としてしか機能せず、法的にも学校教育の下位に置かれていた「社会教育」を「平生教育（＝生涯教育）」へと全面改正し、国民の学習権を保障するという趣旨から「開かれた教育社会・平生学習社会の建設」というスローガンを掲げて教育改革をすすめるようになった。1997年に既存の「社会国際教育局」を「平生教育局」（後に、「平生職業教育局」）へと行政組織の改編を行い、1999年8月には既存の「社会教育法」を「平生教育法」に拡大改正し、さらにその他にも生涯教育体制のための様々な制度的基盤構築を推進しつつある。

しかし、今日の韓国の生涯教育政策は、情報化およびグローバル化、新自由主義などの国際的な潮流に強く影響され、「国民の生存権保護と国家競争力の強化」という目的の下で、国家主導の人材育成教育や成人高等教育機会の拡大などに重点を置いている。その背景には、1997年に起こったいわゆる「IMF（国際通貨基金）通貨危機」という国家的経済危機と、長らく韓国社会に根付いている学歴主義という病理的な教育風土があった。ところが、そうであるがゆえに、教育から疎外されている階層に対する教育機会提供などのような制度的措置は疎かにされ続けているのが現状である。それは、近年、「学点（＝単位）銀行制（credit-bank）」や「独学学位制」「教育口座制」「仮想（サイ

バー）大学」などの高等教育関連の生涯教育施策が次々と整備されているのに対し、成人の学歴別生涯学習への参加率の格差が大きいとことから垣間見ることができる。実際、成人の学歴別生涯学習への参加経験の比率において高校や大学の卒業者が大半を占めており、中学校卒業以下の成人の参加率（7.5％）は大学卒業者の参加率（39.6％）の2割の水準にとどまっている[1]。2000年現在、韓国における25歳以上人口の学歴構成比において小学校卒業以下の成人の割合が23.0％（そのうち、男性15.1％、女性30.4％）、中学校卒業者は13.3％（そのうち、男性12.3％、女性14.3％）[2]である点からみれば、生涯教育における階層の格差は大きいといえる。

　このように、今日の韓国においてもいまだ国家主導の社会教育・生涯教育実践が多く、またそれは、成人の高等教育への欲求を解消しつつ、かつ、それを国家経済力の向上へと結びつけていこうとする意図を持つものである。今日の韓国における社会教育・生涯教育の現状からは、植民地時代に総督府が社会教育を通して、中等教育への進学を希望し、都市に職を求める多くの青年の教育熱と生活向上への欲求を収めつつ、かつ植民地統治および戦争準備のための思想統制と農業重視政策を図っていたこととの類似性がうかがえる。さらに、最近は新自由主義の波も加わり、教育に市場原理が適用されることによって教育の商業化がすすみ、公教育としての社会教育・生涯教育の確立はより困難な状況に陥りつつあるといえる。

　したがって、これまでの国家主導の社会教育から民衆主導の社会教育へと転換させ、なお、公教育としての社会教育・生涯教育を確立するためにも、民衆自らの要求による社会教育実践を保障・支援できる体制の構築が今後の課題として求められる。それがゆえに、大韓帝国末期や植民地時代に、民衆が自主的に社会教育をもって自らの教育的要求や生活向上、民衆運動などをすすめていった史実は、今日の社会教育・生涯教育においても大きな亀鑑になり、注目すべきものと思われる。

注

1) 「한국 평생학습참가율 OECD '최하위'(韓国の平生学習への参加率 OECD '最下位')」『韓国大学新聞』2005年2月20日付。
 (http://www.unn.net/gisa/gisa_read.asp?key=19673&page=tp&pageTitle=%EA%B8%B0%EC%82%AC%EB%82%B4%EC%9A%A9)
2) 国家教育統計情報センター『2003 韓国의 教育／人的資源指標』。
 (http://std.kedi.re.kr/jcgi_bin/publ/publ_oecd_frme.htm)

補　論

近代国民国家の形成と社会教育の展開

はじめに

　補論では、韓国における社会教育の歴史的な性格をより明確にするために、「国民」および「民族」「社会」「地方」等の概念に注目し、その概念が「社会教育」概念の成立および展開においてどのような意味を有するものであったのかについて検討したい。

　ここで、特に、これらの概念に注目する理由としては、第一に、社会教育の概念は近代国民国家の形成に伴って成立・展開されたといえるが[1]、その社会教育の対象となる「国民（民族）」という概念が韓国においてはいつ形成され、どのようにとらえられていたのか、さらにその形成において教育はどのような役割を果たしていたのかなどを検討することによって、韓国の社会教育の歴史的性格をより明確にすることができると思われるからである。

　第二に、「社会」という概念について注目する理由は、韓国は欧米が用いた「成人教育」や「民衆教育」等のような用語ではなく、「社会教育」という言葉を使っていた日本の影響を強く受け、「社会教育」を用いるようになるが、その際、「社会」という言葉が持つ意味を探ることによって、社会教育の歴史的特徴に対する理解を深めることができると思われるからである。

　最後に、「地方」概念について検討する理由は、近代国家の建設過程において「中央」と「地方」という体制が創出され、強力な中央集権的な国家が成立していった経緯があり、特に「地方」概念は、社会教育と深く結びつけられながら定着していったと思われるからである。例えば、日本は「地方改良運動」

という社会教育の政策を通して、農村（地方）を支配していき、さらには、それを朝鮮、台湾等の植民地という「地方」へと拡大していった。つまり、「地方」は韓国の社会教育の性格を把握するにあたっても欠かせない概念と考えられる。

そこで、本論ではこれらの概念と社会教育の導入および展開との関係を検討し、韓国の社会教育の歴史的性格を明らかにしたい。

第1節　「国民（民族）」概念の形成と社会教育

（1）「国民」および「民族」概念の形成

「国民」「民族」という概念が近代国家を成立する過程で作られた概念ということはすでに多くの研究で指摘されてきた[2]。このような研究によれば、日本の場合、「そもそも、国民や民族の概念は『ネーション』という未知の思想とかかわるものであり、それが日本人の前に明確な形で浮かび上がってきたのは、19世紀半ばの『西欧の衝撃』がきっかけであった」[3]という。すなわち、「1853年のペリー艦隊来航以後の欧米列強の軍事的威圧が、国民や民族の意識につながるネーションの自覚を急激に日本人にもたらしはじめた」[4]のである。もちろん、徳川幕藩体制下において、「国」「国君」「国民」などの言葉はあったが、その「国」とは幕府または藩を指すもので、「他国」「他国者」とは、他の藩・他の領地の人を意味していた。しかし、幕府体制が解体し、明治国家が誕生するが、その明治国家は単なる越藩的封建共同体ではなく、近代的概念のネーションの形成によって裏打ちされる「国民国家」、「民族国家」の発見と創出であったのである[5]。ところが、明治国家は「王政復古」という形で成立するが、日本の資本主義化と中央集権的近代国家の形成という時代の課題の中で、それを担う市民階級の形成が不十分であった。そのため、維新政府は、近代的価値観に基づく民主的国家ではなく、天皇の伝統的・宗教的権威に依存する専制的国家樹立の路線をとったのである[6]。

安田浩によれば、近代日本において、「国民」はネーションの訳語として、その位置を固めていくが、その際、「政府」に対置されては「人民」が用いられ

るのが一般的であった。1890年代頃までは、「国民」は存在するものではなく、これから形成すべきものとしてとらえられていたが[7]、これは1874年1月、福沢諭吉が『学問のすゝめ』四編において、「日本には唯政府ありて未だ国民あらずと云ふも可なり」[8]、「政府は恐る可らず近づく可し、疑ふ可らず親しむ可しとの趣を知らしめなば、人民漸く向ふ所を明にし、上下固有の気風も次第に消滅して、始めて真の日本国民を生じ」[9]と論じた部分にもよく表れている。このように、「国民」が形成されるべきものと把握するのは、福沢に限らず明治前半期の知識人においては広く共有されるものであった[10]。

しかし、明治国家そのものが、すでに「一君万民」的な天皇の絶対的神聖化の上に出発したものであり、その国家の建設が「皇国」＝天皇制国家への道を歩むかぎりにおいて、「国民」の形成は伝統的な儒教的忠孝主義、さらには天皇への絶対的忠誠観念によって大きく規定されざるを得ない枠組みの中に置かれた。いわゆる人民の「臣民」化である。そのためには、儒教的君臣における「臣」を新たに「臣民」という範疇に切り替え、これによって、被治者間の階層的秩序を捨象し、ひとえに等質的な近代的な「国民」としての統一的な観念を醸成することが必要となる。さらに、幕府体制下にあって、儒教的忠孝主義における忠が封建君主へのそれに他ならなかったのに対して、その多元性を克服して、絶対君主たる天皇に忠誠の対象を集中する課題も提起された[11]。結局、こうした背景で「君」を「神」と同一化させ、「天皇」を作り上げ、またその絶対的な権威を創出するために、「臣」と「民」を一体化し、「臣民」を創出したといえよう。

このような明治国家による臣民像は、1881年10月の「国会開設の勅諭」において、本格的に確立していった。それまで詔勅などで用いられてきた「国民」「人民」「衆庶」などの言葉に代えて、勅諭では初めて「臣民」という語が使用され、それは8年後の大日本帝国憲法の発布（1889年）において日本国民を公的に定義する用語として定着することになった[12]。

一方、「国民」という言葉は1887年2月に創刊された『国民之友』を契機に広く使われるようになり、帝国憲法制定・国会開設以後はさらに常用され、やがて政府の公式用語であった「臣民」を上回る形で社会全般に浸透してお

り[13]、「明治20年代からの魅力的な流行語」[14]となった。

しかし、19世紀末の世界史の中で明治国家が欧米と密接な関係を結び、アジアへの対外進出を進める過程で、主として国家領域や国家支配に帰属する政治的概念としての「臣民」や「国民」とは別に、国家を超えた帰属集団を意味し、また歴史・伝統・文化の規定性をも兼ね備えた「民族」の概念が登場する必然性があった[15]。すなわち、「民族」は「近代国家と国民を形成するための概念であったが、国家と国民を抽象的個人から構成されるためのものとしてではなく、風土・歴史・文化に基礎づけられた『伝統』を共有する集団として、自分たちを意識しようとする概念であった。それは他者から区別された、固有の価値をもつ集団的な文化的存在として自己を意識するためには、必要不可欠な概念であった」[16]のである。幕末・維新期はもちろん、明治の前半期においては、「民族」という用語はほとんど使用されておらず[17]、今日使われている「民族」という用語が日本で広がる契機を作ったのは、1888年に刊行され始めた雑誌『日本人』、そして新聞『日本』であるといわれている[18]。また、尹健次によれば、幕末・維新以降の近代日本の歩みにおいて、「民族」の観念（意識）が成立したのは、およそ1900年前後の日清・日露の戦間期であったという。そのことは当然、そうした観念（意識）が近代日本にとって初の対外的侵略戦争であった日清戦争の勃発・展開・勝利と大きく関わっていたことを意味し、その際、「民族」意識の形成は「国民」意識の形成とほぼ重なり合うものであったと語っている。また、ここで「日本国民」や「日本臣民」「大和民族」「日本民族」などの用語は、他者と区別する自己確認の言葉であると同時に、国内の様々な矛盾や対立・軋轢を隠蔽し、それらの顕在化を回避するための言説としても成立しているという[19]。

さらに、尹健次は、「もとより、近代的概念としての民族の成立は、外部からの圧迫に抵抗する内部のまとまりの意識の形成、つまり『われわれ意識』『エスニック・アイデンティティ』の形成を基本とする。イギリスやフランスの場合には、資本主義的発展とともに台頭したブルジョア層が、君主（帝国）や教会と戦いつつ市民の自治領域を拡大していく過程で、民族の意識を成長させていったと理解される。一方、日本の場合には、『西欧の衝撃』を直接的契機に、

『一君万民』論に代表される天皇シンボルを核に超藩的意識が芽生え、それがやがて明治国家の志向に強く規制された形の民族の意識となって形成された」[20]と述べている。つまり、日本語の「民族」には、「西欧の諸言語では区分されるネーションとエスニック・グループの両者の概念がはじめから内包」されており、今日日本の社会科学で「民族」という場合には、「主としてネーションに大きく傾いた国民国家的民族を意味してきた」という[21]。

以上のような日本における「国民」と「民族」概念の成立様相は、19世紀後半から始まった門戸開放および列強勢力の侵入を機に、韓国においても類似した形で現れた。韓国に西欧文明を紹介した先駆的知識人であり、かつ1894～1896年間に推進された甲午改革において、政府要職にいながら、政治・経済・社会・文化・教育など諸分野にかけて近代的改革の中心的役割を果たした政治家の兪吉濬（1856～1914）[22]の著書をみると、初期には「民」「人民」「人」「臣民」「国民」などの用語を混用していたが、後期になってからは「国民」という語を頻繁に使用していたことがわかる[23]。また、1888年、朴泳孝（1861～1939）[24]が国王にあげた上疏文でもまだ「国民」よりも「人民」「民」という語が一般的に使われており、1896年から純ハングルで発刊され始めた最初の民間新聞の『独立新聞』[25]においても主として「人民」が使われていたことを確認することができる。

兪吉濬や朴泳孝は、既存の封建的な体制下における「白姓」、すなわち「民」を近代的「国民」に転換することを強く主張し、「民」にして国家意識・国民意識を高めなければならないとし、その方法として共通して教育を通じた民衆啓蒙を提示していた。つまり、近代韓国においても「国民」は新たに創られるべきものであったと思われる。それは1908年『西北学会月報』に載った「国民の義務」という論説の一節からうかがえる。

　　国家の本質は人民の集合した体で形成された者であり、国家の目的は人民を保護するために存立している者である。それ故、国家が完全でなければ、人民も完全になれない。その国家を完全にする原因は、人民が国家に対する義務を尽すことである。（中略）国民は国があってからこそ完全なる生活ができる。もし国がなければ、人民は必ず他族によって駆逐され、生存できない。（中略）

凡そ国民である者は愛国的精神を奮発して罹勉服務し、利国的事業を進め、鼓舞弾力しなければならない。したがって、子弟を教育し、国民を養成し、実業を発達させ、国力を富強にしなければならない。国の栄が我の栄えであり、国の恥は我の恥である。国の安楽は我の安楽であり、国の危険は我の危険であるので、国事は私事より急であり、国家を愛することが自家より大事である[26]。

また、兪吉濬は1908年6月、『小学教育に関する意見』において、「小学は国民の根本的教育である。高尚なる文学を主にするのではない。人世の普通知識を幼年者の脳中に浸染させ、……将来善良なる国民になるようにするのである」[27]と、小学教育の目的が国民形成であることを明らかにしている。その教育方法としては、「国語を以ってする事」「国体に協力すること」「普及を図ること」があげられている[28]。このような教育を通じての国民形成を主張した兪吉濬は「興士団」を組織し、その設立目的を「人民の教育で全国の士風を興起させ、その知識と道徳で万般事物上に活用し、社会進化の法則に応じさせ、国家富強の実益を挙げるために一団を結び、名付けて興士団と称する」[29]と具体的に明らかにしている。

さらに、兪吉濬は国民意識の形成に「民族的伝統」を再発見、時には創造し、それを活用しようとした。兪吉濬は漸次衰弱していく国の情勢を悲しみながら、檀君[30]以来の四千年の歴史を掲げて民族的一体性を主張し、愛国歌を作り、国民的団結を追求した。特に、日本での亡命生活から帰国した後、「民族」意識の高揚を強調するようになるが、これは彼の著作に「檀君」「神壇の国家」「四千年の歴史」などの表現として表れている[31]。例えば、1908年の『労働夜学読本』では「我が国は四千年前に檀君が来られ、国家の大きな土台を定められ」[32]と述べており、1909年『大韓文典』の自書でも「我が民族は、檀君の秀でる後裔であり、固有の言語があり、特有の文字があり」[33]と、韓国民族の固有性を強調した[34]。また、「天下万国に大韓国民のように純全なる国民が他にいるのか。大韓国民のように尊厳で貴たる国民が他にいるのか。……我が大韓民族はこのように純全で天下で唯一であり、尊厳で天下に二なし。古今を通し、東西を求めて全くその匹敵できるものがない」[35]など、民族的自負心を持たせようとしていた。

こうした檀君から続く「四千年歴史」および歴史的・文化的優秀性などに関する表現は、1900年代後半に成立した各種の「学会」の機関誌においてもみられる。例えば、大韓自強会における「我が国は、上古時代は幽遠荒邈で文献を探し難く、檀君はなおさらであるが、それ以来四十二代九百二十九年の間に、其の世系年紀と政治制度を燦然と見られることが必ず有る」[36]という文言や、西北学会の「現今東洋において先駆者と自称する日本の物質上の文明が西洋へ舶来したといわれるが、其の世界に自ら誇る今日の特色は、悉くすでに我が国から輸入されたものである。執筆者が其の往蹟を概略し、我が国の古代文明が如何に外国へ流出されたのかを同胞諸氏に紹介したい。今から1613年前（日本應神天皇16年）に百済の王仁が論語10巻と千字文1巻を日本に滞往し、朝廷と皇族に教授し、朝廷と皇族が王仁を師にした。即ち、日本の文学が此れを契機に始まったのである」[37]という一文から、韓国の古代文明（伝統）の優秀性を強調している面を垣間見ることができる。これらの機関誌には「国民」という用語とともに「同胞」あるいは「民族」という語も多く登場しており[38]、その際「同胞」「民族」は、日本がそうであったように「国民」とほぼ同じ意味で使われている。

　このように、「同胞」あるいは「民族」の強調と使用は、1905年の「日韓協約」（いわゆる「乙巳保護条約」）以降、増加したとみられる。それは、日本が日清戦争を契機に民族意識を強調したのと同様に、日露戦争以後締結された「乙巳保護条約」にしたがい、韓国が日本の統監政治下に置かれるにつれ、国権侵害の危機を感じた韓国知識人たちが日本とは異なる韓国の固有性または優秀性を探し求めることで、民衆（国民）を統合してその危機を乗り越えようとしたところに起因したものと考えられる。すなわち、「民族」とは、安田が述べているように、「国家と国民を抽象的個人から構成されるものとしてではなく、風土・歴史・文化に基礎づけられた『伝統』を共有する集団として、自分たちを意識しようとする概念」[39]であり、その「民族」意識は、韓国においても固有なる歴史や言語の独自性を強調することによって高められ、国権擁護・独立を図るために形成されていったといえよう。

　このような「民族」に関する言説は、植民地統治が本格化した後、日本に

よって強圧された論理であった「国民」に対抗する論理として、朝鮮民衆の間でいっそう強固になっていったと思われる。例えば、「忠良ナル国民」の養成が、日本の朝鮮における教育の基調として登場するにしたがい、朝鮮民衆による民族に関する議論はより深化した。このような論議の代表的な例としては、申采浩の民族史観[40]や崔南善の民族文化論[41]、李光洙の民族文学[42]等が挙げられる。また、1920年代の『東亜日報』に掲載された「波蘭（ポーランド―引用者）は他国の支配下にいながらも、その民族精神が決して消滅しない多数国家の中の一例にすぎない。大戦以後多数の弱小国が奪われた自由を取り戻したが、いまだ多数国が彼等の民族精神を奪われずに生存するために、闘争中である。朝鮮も例外ではない。然則吾人の民族自尊の熱望は、何時より強烈である」[43]や「現在、朝鮮人を苦しませる二大陣容があるとすれば、それは警察と教育であろう。警察は、外部現状鎮定に在るが、教育は内的生命を〇〇しようとする点からみると、我々には恐ろしい〇〇であろう。さらに、全く理知力のない子供たちに天賦の民族的魂魄を中和あるいは帰化するように、我々は生存的衝動で義憤せざるをえず、私はこのような意味から普校（普通学校―引用者）の教育制度を不平と思い、したがって、従事する諸君（朝鮮人教員）に注意を促進したい」[44]などのように、民族精神の重要性を語ることも多かった。要するに、韓国（朝鮮）においても、「国民（民族）」概念は想像され、形成されたものであり、それは教育（啓蒙）を通して民衆に広がったのである。

（2）「国民（民族）」の形成のための社会教育

1）　国民統合装置としての「学校」

多様な国民統合装置の中でも擬制的共同体としての国民国家に対するアイデンティティを確立するために、重要な役割を果たしたと思われるのが「学校」である。なぜなら、例えば西ヨーロッパにおいて近代国家成立以前に教会が担っていた社会集団の統合機能を学校が継承していったように、支配集団と被支配集団との争いの過程の中で学校は前近代的な共同体の人間形成システムを解体していく一方、それらが担ってきた人間形成機能を受け入れざるを得なくなったという歴史的経緯があるからである[45]。

韓国において近代的学校が登場し始めたのは、宣教師によるキリスト教系の学校が設立された1880年代半ば以降である。1894年の甲午改革の頃、近代的教育を広く普及することを計画し、同年の7月に新しく出発した中央教育行政機関の学務衙門（その後、学部）は「振り返ってみると、時局は大きく変わった。すべての制度が全部新しくなるべきだが、英才の教育は何よりも至急である。したがって国の小学校と師範学校を建てて、まずソウルで行うつもりであるので、上の高官の子女から下の庶民の子女に至るまで全部この学校に入って学び、朝に学んで夕方に覚えたまえ。それは、将来実力を養成して時代を救い、内修と外交に各々大きく使うために、真によい機会である。今後、大学と専門学校も次々と建てようとしている。学ぼうと思う者は、一心に教育を受けて聖世を成そうとする大きな志を捨てることなかれ」[46]という告示を発表した。

　また、1895年1月7日には国王高宗が韓国の最初の憲法といわれる洪範14条を宣布した。その第11条に「国中聰俊子弟　広行派遣　以伝習外国学術技芸」とし、国の聡明で才能がある人々を海外に派遣し、外国の学術や技術を学ばせることを表明した。これは、韓国が近代教育を受け入れることを公布したとみることができる。また、国王は1895年2月に全国民に「教育立国詔書」を下した。その中には「政界の形勢をみると、富強であり、独立したすべての国は国民の知識が開明している。知識の開明は教育の善美によるものであり、教育は真に国家を保全する根本である」[47]と書かれている。このように韓国は近代国民国家を形成するための第一の課題として教育の重要性を認識し、さらにそのための手段として「学校」という制度的装置の必要性を強く感じていたのである。

　もちろん、高麗朝から李朝にいたる千年にわたって形成された旧体制には、完結した教育的枠組みが成立していた。ところが、このときの学校は今日的な意味での一貫した学校体系とは異なるものであり、すべての学校は王を頂点とする教育的枠組みの中に位置付いていた[48]。しかし、近代国家体制への脱皮のために、政府は、すべての旧秩序に終止符を打って、すべての国家体制を改革する「甲午改革」を断行した。そのうち、教育の面においては、従来学事を管掌した「禮曹」を廃止し、教育問題を担当するための「学務衙門」を置くと同

時に、従来の「科挙制度」を廃止した[49]。科挙制度を廃止し、門閥に関係なく人材を登用するという姿勢は、1895年2月2日の詔書「政府を飭して学校を設け人材を養ふ」において一層鮮明にされ、これが新体制の教育理念となったのである。またそこでは、「……教育はまたその道ありて、まず虚名と実用を分別すべく読書、習字は古人の糟粕たり、時勢大局に昧なる者はその文章が古今を凌駕すといえども、一の無用なる書生に過ぎず」と旧教育を否定する。さらに続けて「朕が政府に命じて学校を広く設け、人材を養成するは、爾の徳、爾の体、爾の知を養うべし」と宣言した。これは個人的栄達の手段と化していた旧教育から、近代国家建設のための新教育、すなわち「私」から「公」への教育理念の転換を意味することであった[50]。つまり、伝統的な儒教政治体制から近代国民国家体制への変革は、内部的にその構成員としての私的利益よりは、公的利益のために階級上にだけ存在していた「民」から同一な国家の構成員という近代的な「国民」へ転換することを要求した。このような「国民」概念への転換は教育によって形成されたといえるが、これは、兪吉濬が「教育の主要目標を国民意識の形成に設定」[51]していた事実からも理解できる。

さらに、教育を通して、国民形成を図ろうとするこうした動きは、第2次「日韓協約」以後、日本による統監政治が始まってからより強化された。例えば、1906年に入り、『大韓毎日申報』では国民教育に関する論説が多数掲載されるようになるが、その中でも、1906年1月6日および7日付の各論説と同年6月28日付の「警告大韓教育家」という寄書には次のように記載されている。

> 本記者が新年に入り、大韓国家の命運と人民の幸福のために、最も企祝希望する者は、国内に学校が増え、教育が興旺することである。……大哉、教育の力は、垂絶した国運を挽回し、濱死した人民を蘇活させるものである[52]。

> 今や大韓人士が国家を維持し、種族を保全する方針は、教育以外に更なる他の方策はないが、ただ由来積痼の弊習によって教育が容易に振興できないものがあるので、まずその積痼なる弊習を猛省痛革し、国人の心志が一新してはじめて可能であろう[53]。

教育は将来の国民を養成する国家的大事業である。もしその教育の道が得られ、順調に行えば、国家の良民を造成することができる。もしそうでなければ、国家の有益な人物を造成することができないだけではなく、寧ろ国家に害毒の人物を養成する。……国民教育とは、その大主義が国家的思想を涵養するにあるので、もし教育家がこの点に注意しないと、卒業生が日計千人であっても、その国家に利益がないのは当然のことである[54]。（傍点、引用者）

　以上の記事より、当時韓国においては、教育を通じての「国民」の養成が強調されていたことが看取できる。より具体的な例をみてみると、「大抵学校で算術理科を教授するからといって国民教育とはいえず、地理歴史を教授するからといって国民教育とはいえず、英語日本語を教授するからといって国民教育とはいえない。国民の精神を鼓吹し、国民の気力を培養しなければ、国民教育とはいえない。このように国民教育がなければ、国民を養成し、国家の動脈を作り、教育の善果を得ることはできないのである。（中略）学校があれば、国民教育があるといえよう。（中略）嗚呼、教育家諸氏よ。四千年の国史の重光が諸氏一身にかかっており、三千里疆城の再完が諸氏の双肩にあるので、諸氏は国民教育を施し、国民を養成したまえ」[55]（傍点、引用者）や、「海外列強人は幼い時から学校に入り、愛国の詩歌を詠い、愛国の故事を説道し、愛国する真理を講究し、其の父は其の子に告げ、其の兄は其の弟を励まし、愛国する実業で相告し、（中略）我韓人士は此れを亀鑑とし、一敵万人（ママ）の思想で自国を自愛するのである」[56]などの記事にみられるように、国民を養成し、愛国心を涵養させるのが、学校の担当する主要な任務として論じられている。言い換えれば、韓国民衆の指導勢力は、近代国家の建設にあたって、民衆に近代的価値意識（「国民」意識）を広めるために、国民教育を強調し、国民の統合を図り、また、その国民教育を普及するための手段として、学校教育という制度的装置を積極的に活用しようとしたということができる。

　このような国民統合装置としての「学校」は、韓国が日本の植民地になった後、その機能がより強化され、植民地前半期には朝鮮人同化政策へと、後半期には戦争準備のための皇民化政策へとつながっていった。すなわち、学校は、植民地時代に入ってからは、植民地経営を通じた国力の増強をめざしていた日

本にとって日本語教育をはじめとする、朝鮮人に対する教育を実施するための中心点としてとらえられており、実際にその機能はきわめて大きかったといえる。一方、このような学校教育は、生活向上や社会的階層上昇への期待を抱いていた朝鮮民衆にとっても同様に重要な意味を持ち、民衆自らが学校教育に加担するようにもなったのである。

２）「国民精神教育」としての社会教育

すでに第1章で検討したように、韓国における「社会教育」という用語と概念は、日本による植民統治が本格化する直前の大韓帝国末期に、韓国の知識人たちによって日本から導入され、学校教育に相対する概念として使用されたといえる。

19世紀末、列強の侵略を受けて初めて「自己」を国家として認識するようになった韓国の知識人、とりわけ開化派知識人たちは、近代国民国家として新しく生まれ変わるために奮闘するようになる。「国民国家」の基本になる「国民」を作り上げるための方法として近代的教育を強調するようになり、このような韓国における近代教育は、抗日闘争史として特色づけられる韓国近代民族運動の展開において民族的エネルギーを創出していく重要な役割を担うことになった[57]。その当時の教育は、学校教育においても社会教育においても国民個々人のための教育というより、「国家」あるいは「民族」という共同体のための精神教育にすぎなかった。これは『大韓毎日申報』の論説によく表れている。すなわち、そこには「20世紀国民として受けるべき理想的教育は国家に利益があり、国家精神、民族主義、文明主義等を維持するために尚武教育を拡張しなければならない」[58]と書かれている。

また、第1章において取り上げた例をいくつか再引用すれば、『太極学報』の「一般同胞よ、学校教育を拡張して大事業する英雄を養成し、社会教育を組織して大奮発する民族を結集するのだ」[59]という一文や、『大韓自強会月報』の「家庭教育と学校教育は10年ないし15年を経過しなければその効果が言えないが、社会教育の中、新聞と演説は即時人心を感動させ、国民の意思を左右するのに偉大顕著な効果があるといえるので、これは世界文明国の実験上、誰でも皆承認し、反対する者が嘗ていないのである」[60]という文言から、社会教

育も国民（民族）統合のために必要なものととらえられていたことがわかる。さらに、太極学会の「社会教育」[61]という論説をみると、そこでも社会教育は、学校教育以外の教育、とりわけ学校教育を受けることができない多数の国民を指導し、国家の目的に適した国民として啓発するために振興すべきこととして説明されている。そして、大韓帝国末期の各種「学会」の教育目的および内容や地方巡回講演、各種の民間新聞の論説などでは、近代的独立国家建設をめざす民族主義の理念が「国家」イデオロギーと結ばれ、国民統合的機能として多く使用されていた。つまり、大韓帝国末期における社会教育概念は、国権回復の目標の下で近代国民国家形成という課題を達成するために、その導入段階から国民精神教育、言い換えれば、「国民（民族）」統合の手段としてとらえられたといえよう。

このような社会教育の性格は、植民地時代に入ってからは、「二つの社会教育」、すなわち、朝鮮総督府による社会教育政策と、朝鮮民衆による様々な教育運動へと継承されていく。すなわち、両者いずれもが、植民統治と独立という各々の目的の下で、それぞれ民衆に対する教化と啓蒙（運動）のために、社会教育を利用していったということができる。

第2節　社会教育における「社会」・「地方」概念の意味

（1）「社会」概念とその内在的意味

今日、学問分野においてはもちろん、新聞、雑誌、そして日常生活の中でよく使われている「社会」という用語、すなわち、societyの翻訳語である「社会」が使われるようになったのは、韓国においてわずか1世紀ほどしか経っていない。韓国であまり長い歴史を持たない「社会」という用語、すなわち本研究で探ろうとする「社会教育」の「社会」という概念はどのように生まれ、何を意味していたのか。

日本においてsocietyが「社会」に翻訳される時期は、おおよそ1870年代後半であり、それ以前には多くの開明的な知識人によって少しずつ異なる様々な用語に翻訳されていた。1796年、蘭学者稲村三伯による日本最初の蘭和辞

書『波留麻和解』でオランダ語の genootschap が「交わる、集まる」に翻訳されたことをはじめ、1814 年長崎の通訳士であった本木正栄による日本最初の英和辞書『諳厄利亜語林大成』では、society という言葉が登場し、「侶伴（＝伴侶）」に翻訳される。その後、明治時代前半の各種辞典で society は仲間、組、連中、社中、会、会社、交際、合同、社友というように多様に翻訳されている。福沢諭吉が 1868 年、チェンバース版『経済論』を翻訳した『西洋事情外編』だけをみても、society は「社会」ではなく、「交際」特に「人間交際」として翻訳されている[62]。柳父章は『翻訳語成立事情』で、今日のような意味の「社会」という翻訳語が一般的に使われ始めたのは、1876 年、福沢諭吉の『学問のすすめ』からであると述べており、「社会」は society を翻訳するための新造語であると語っている。すなわち、翻訳語「社会」は「社」[63]と「会」から、改めて組み合わされた言葉であったと主張している。柳父は、このような「社会」という翻訳造語は、もとの「社」の語感も、「会」の語感も乏しい反面、翻訳造語である「社会」には society との意味のずれはほとんどないが、しかし、「社会」という翻訳語が使われた当時は、文章の中で「社会」という言葉を取り去っても、全体の意味はほとんど変わらないほど、文脈上の意味が乏しかったとみている。柳父は、意味の乏しい言葉はかえって人々により多く使うようにさせ、したがって、その当時作られた翻訳書、とりわけ学問、思想の基本的な用語にはこのような漢字二文字で作られた新造語が多かったと述べている[64]。

イ・ヨンスクによれば、日本は漢字を利用して西洋の文物を受け入れ、「日本製新漢語」を生み出したが、その「日本製新漢語」は、朝鮮語の語彙体系の中に深く入り込み、近代語彙、文体などに決定的な影響を与えたという。すなわち、日本の「新漢語」は、1900 年から 1910 年前後に洪水のように朝鮮語を浸したが、その背景には、朝鮮の存立が危険にさらされ、進歩的な朝鮮の知識人たちが朝鮮社会を近代に適応させることによって国家を救おうとする努力があったとし、例えば、「社会」「個人」「自由」「独立」「愛国」「主義」などの新漢語が頻用されていたという[65]。

韓国において「社会」という用語は、1880 年代から使われたとみられるが、

その代表的な例として1883年11月10日付の『漢城旬報』[66]では「社会」が「権利」とともに使われていることを確認できる[67]。しかし、「社会」という語が、韓国において実際に広く使われるようになったのは、1900年前後とみられる。福沢諭吉の著作の影響が大きかったといわれる朴泳孝のいわゆる「1888年上疏」をみると、福沢が『西洋事情外編』でsocietyを「交際」あるいは「人間交際」として翻訳した部分を、ほぼそのまま引用している。その該当部分を対比してみると、次のとおりである[68]。

【1888年上疏・305頁上段18行～306頁上段2行】
　人生而無知、其所以知者教也、子上則父母先教之而道之、開其知識、而次入学校、以成其学、故設校之事、天下之急務也、要務也、蓋人民幼不学、則長無識無識、則相愛之情浅、而相信之義薄、軽挙妄動、不顧前後、遂触罪科、害世之交際者多矣（傍点、引用者）

【西洋事情外編・巻之三・人民の教育・451頁6行～455頁6行】
　人の生るゝや無知なり。其これを知るものは教に由て然らしむる所なり。子生るれば父母これに教へ、先づ其知識を開き所得甚だ多し。既に父母の教導を受けば、次で又学校に入らざる可らず、故に天下の急務は学校を設けて之を扶持するより先なるはなし。蓋し人民、幼にして学ばず、長じて知識なければ、軽挙妄動、前後を顧みず、遂には罪科に触れ、人間の交際を害すること多し。（傍点、引用者）

【1888年上疏・310頁下段6～11行】
　所謂自由者、行其所思之可者也、只従天地之理、而無縛束、無屈撓、然人既交世、互得其裨益、則不可不棄其一部之自由（傍点、引用者）

【西洋事情二編・巻之一・備考・人間の通義・495頁9行～496頁6行】
　自由とは何ぞや。我心に可なりと思ふ所に従て事を為すを云ふ。其事を為すや、只天地の理に従て取捨するのみにして、其他何等の事故あるも分毫も敢て束縛せらるゝこと無く、分毫も敢て屈撓すること無し。……然りと雖も、人として既に世俗人間の交際に加はるときは、此交際上よりして我に得る所の恵沢裨益も亦大なれば、之を償ふが為めに天の賦与せる一身の自由をも聊かは棄却する所なかる可らず。（傍点、引用者）

また、1889年に完成された兪吉濬の『西遊見聞』[69]では、「社会」という用語の代わりに「人世」「世間」が多く使用されていたが、1908年に書かれた『労働夜学読本』では「社会」が頻繁に使われている。さらに、1896年4月7

日に創刊された『独立新聞』をみても、発刊草創期には「社会」という用語の使用はほとんどなく、1899年に入ってから「社会」という言葉がハングルと漢字併用で少しずつ登場し始める。

　西欧の辞典の中では、societyの意味は、①仲間の人々との結びつき、特に、友人どうしの、親しみのこもった結びつき、仲間どうしの集り、②同じ種類のものどうしの結びつき、集り、交際における生活状態、または生活条件、調和のとれた共存という目的や、互いの利益、防衛などのため、個人の集合体が用いている生活の組織、やり方、などと説明されている[70]。しかし、societyが翻訳され始めたばかりの当時には①の意味が強く、societyの狭義の意味がほとんどであったが、福沢諭吉の著書『学問のすすめ』(1874)では、「社会」という言葉が広義のsocietyに近い意味で使われているように、この時から「社会」という言葉はsocietyの翻訳語として、また直接翻訳語としてではない場合にも上の②に近い意味の言葉として使われるようになる[71]。一方、1872年中村正直は、ミルの『On Liberty』の翻訳である『自由之理』で、原文のsocietyを主に「政府」に訳している。ミルの同書においてlibertyの最大の対立者はsocietyであった。Societyに対応される現実も、言葉もなかった当時「自由」の対立者としてのsocietyを「政府」に翻訳した[72]ということは我々に大きな示唆を与えてくれる。

　既述のように、「社会」は新造語としてそれ自体の意味は乏しかったが、翻訳造語「社会」には、societyとの意味のずれは、ほとんどなかった反面、共通部分もまた、ほとんどなかった。だからこそ、かえってsocietyの翻訳語としての「社会」は、他の言葉との具体的な脈絡が欠けていても、抽象的な脈絡のままで乱用されてしまったのである[73]。すなわち、いわゆる「社会」ということばは、「共同体」あるいは「集団」「国」「国民」「国家」「政府」など、使用する主体によって少しずつ異なって使われる。それゆえ、近代国民国家形成期に、民衆が「国家―国民」という新しい体制を「支配―被支配」というイメージでとらえる可能性を弱めることができる、曖昧とした意味の「社会」という用語は、支配権力にとって使いやすい用語であったと思われる。

　韓国において「社会」という言葉が使用され始めた当初の使用例をみると、

「……露国の下等社会は苦労が多くて大変であるが、彼らは、賢明ではなく、露国の上等社会は皆賢明な人々が多いが…（略）その二つの社会の間に学生社会があって、……」[74]、「……韓国官人社会が腐敗して、人口の多数が労働社会の稼ぐもので贅沢し、怠けるのが実際のことであって……」[75]などのように、まだその意味が今日のような意味での「社会」としては定着しておらず、大半が階層や集団の種類を表す意味として使用されていたことがわかる。

　しかし、一方では、今日の「社会」の意味に近いものとして使用されたのも発見することができる。例えば、1899年1月19日付『独立新聞』には「大韓は人の気が弱くて、武芸を卑賤であると見做し、口では文学を崇尚するが、実際は学問も他人に自慢することがなく、幼い時から家で習い、書堂でみて、世で行うことが、全部一身に役立つことだけである。社会公益は考えもしておらず、才能で他人よりよくなろうともしないで、……」という記述がある。この場合の「社会」という用語は、特定集団を意味するよりは、近代国家においてその一員としての個人を総体的に抽象化した概念と理解することができる。すなわち、ここでの個人は「自立した個人」というより「国家が内在されている形態としての個人」であり、その際、個人は自分自身よりは「社会（＝国民国家）」のために努力すべき存在として描かれていることがわかる。このような「社会」のとらえ方は、兪吉濬の『労働夜学読本』における「巨禄である。労働よ。国家の根本が此にあり、社会の根本が此れにある。……それ故、労働する人がなければ、国もなく、社会もない」[76]や「国家を建立するのも労働であり、社会を建立するのも労働である。それ故、労働する人が起つことができなければ、その国家が健康でなくなり、その社会が完全でなくなる」[77]、「曰く、私的な道徳は一人一人が相互共にすることであり、曰く、公的な道徳は社会と国家に対することである」[78]からも垣間見ることができる。

　以上のように、いまだに正確な定義はつけがたいものの、登場以来幅広く使用されてきた「社会」という概念は、その意味が曖昧だったからこそ、近代国民国家形成の段階において、民衆を国家体制へ誘導し、さらには民衆（国民）と国家を一体化することができる媒介の概念としてより定着していったということができよう。なお、「社会」は、上述のようにその意味が乏しく曖昧なゆ

えに、民衆にも急速に浸透し、民衆自らによっても幅広く使われるようになったと思われる。

（2） 統制対象としての「地方」概念の成立

河原宏によれば、「封建『中央』としての江戸が、近代中央集権的統一国家の首都、すなわち近代『中央』と異なるのは、（イ）近代『中央』の都市形成において不可欠な要素となるべき民衆の主体的役割が欠如していること、（ロ）海外、世界との接点としての首都機能が欠如していること、（ハ）そうして事実上の首都であり、その住民の『将軍家のお膝下』の如き意識があったにも拘わらず、なお価値的には王都に非ず、覇府にすぎないとみなされていたこと、などである」[79]という。日本でこのような封建「中央」が近代中央集権的統一国家の首都としての「中央」として機能するようになったのは、近代国民国家形成のために1871年7月、全国の藩を廃止して府県に統一し、中央集権権力の成立を描いた政治改革、すなわち「廃藩置県」を断行した明治維新以後であるといえる。

「地方」の統合は強力な中央集権的国民国家の成立において絶対的な条件であった。さらに、近代国民国家が国家間のシステムのなかで列強として覇権争いに参加するためには、植民地を領有する必要があった。日本における近代国民国家形成の歴史をみても、最初の50年間に「地方」の統合と植民地領有を実現したことによって、近代国民国家形成が「地方」の統合と植民地支配に深い関連があることを表していたといわれる[80]。つまり、植民地支配は、内地「地方」支配の延長として位置付けられよう。

以上のような観点からみる時、近代韓国における「地方」の概念は、日本帝国という「中央」の支配対象としての植民地「朝鮮」という「地方」と、それの植民地縮小版として朝鮮総督府という「中央」の支配対象としての朝鮮内の「地方」として理解することができる。ところが、ここで注目しなくてはならないのは、このように形成された「地方」概念は「地方自治」という用語を使用するようになったことによって、中央権力から脱したように思われるが、実際、「地方自治という用語は中央集権を前提とする国民国家においては時には

極めて欺瞞的な言葉であり、時には極めて秩序破壊的な言葉」[81]である。強力な中央権力が存続していることで、地方自治は可能となり、中央と地方とは相互に依存しているのであって、支配対象としての「地方」概念は依然として残っているのである。

　韓国は、昔から高麗王朝、朝鮮王朝、韓国に至る民族発展の歴史を持っており、各々の王朝支配下に独自の封建的社会構成を持った地域共同社会が展開されていた。したがって、韓国における地方制度の形成は、日本の植民地統治の目的にしたがって伝統的地域共同社会を植民地的に再編成することによって成り立ったといえる[82]。このような「地方」への再編成の過程で、中央権力は「地方改良」という活動を中心に「地方」を統制対象とし、絶対的な中央権力を育てていったのである。

　朝鮮総督府は、三・一運動直後、施政方針に大きく修正を加える中で、1920年に地方制度の改正に着手し、「地方自治制」を公布するが、実際に行われた諸地方行政の整備は、朝鮮総督府の地方における直接的な掌握のためのものであった。例えば、朝鮮総督府は、「面協議会を新設し、『部落』推薦方式で多数の地域名望家層を動員しようとしたが、彼らに直接的な行政権力が発揮できる権限を与えなかった」[83]のである。これは、総督府が「強占初期から日帝に抵抗してきた地域名望家層を地方支配の同伴者として動員するためのことではなく、単に彼らを面（地方行政単位の村にあたる—引用者）協議会という枠に縛っておくことによって地域名望家層内部の分裂を図り、進んで彼らの地域社会における位置を動揺させ、既存の自治的な地域運営構造を弱体化させる政策的な意図をもっていた」[84]ということの表れである。このような意図を持っていた総督府は、面および面の下部地域単位に対する統制のために、面事務所を通した面単位行政の強化と「模範部落政策」を推進するとともに、面吏員をも増員していった。

　ところが、総督府の施政方針の普及には、量的増員だけでは限界があり、面吏員などに対する教育が必要となってきた。そこで、1921年に初めて「地方改良講習会」を開催し、各道の郡守および道理事官を対象に地方行政に関する講習を行い、その後、次第に各道および郡の主催で拡大実施されていった[85]。

次に示す「第1回地方改良講習会に於ける」斎藤総督の訓示から看取できるように、この講習会の究極の目的は、朝鮮総督府の施政の趣旨を地方に徹底的に普及することであった。

> 今往々にして本府施政趣旨地方に普及徹底せざるのみならず…民衆福利の充実に向つて猛進するの気魄に闕くるものあるを耳にするは頗る遺憾とする所なり是れ特に各位を召集して地方行政講究の機会を作り政務総監並本府各局部長等を煩はして諸般施政の本旨並其の執行の方法に関し講演せしむることゝしたる所以なり各位は宜しく上叙の趣旨を体し克く之か修得に勉め朝鮮統治の精神を諒解し確乎たる信念を養ひ洽く上意を宣布し克く下意を暢達する所あり以て益地方行政の実績を挙くるに至らむことを望む[86]

この講習会においては、主として施政方針をはじめ、地方行財政の効率的運営や産業奨励、法令、教育などに関する内容が教えられていたが、その中で、教育の部分は当時の学務課長の松村松盛が担当していた。松村は、新政に対する一般民衆の理解を得られるためには、「学校教育を普及すると共に正規の学校教育を受けることの出来ない多数の民衆に対して、教化運動を起し以て一般の品性及常識の水平線を高めることは極めて必要」[87]であると、社会教育の重要性を強調している。

一方、第3回地方改良講習会では、3回にわたって講習会が行われる間、各道府郡島より提出された地方改良事跡を会場に陳列して講習員の参考になるように提供し、また、地方改良に携わる人々に資するために、その資料の概括を記述したものも出版していた。その内容は、各郡面事務改善の内容、地方改良のための各地方の社会教育状況、模範面里、地方改良功労者などで、模範的地方像を作っていこうとする意図がうかがえる[88]。

以上のように、日本は、より強力な中央集権的統治体制を構築していくために、朝鮮においても支配対象としての「地方」概念および制度を導入・展開していたことがわかる。

（3） 社会教育における「社会」および「地方」概念の意味

　既述のように、「社会」という概念は、近代国民国家形成との関わりにおいて定着していったと思われる。しかし、societyの翻訳新造語である「社会」は、登場初期には、おおむねある共同の目的を持つ集団や階層の意味が強く、封建時代に個人として存在することのできなかった民衆を、完全な独立主体として把握する点において、かえって障害であったともいえよう。言い換えれば、「社会」という言葉は近代国民国家形成期において、独立主体として各自の生活のために存在する個人としてよりは、国家の独立と維持のために、統合されるべき「個人（＝国民）」として存在しなければならなかった状況で使われたといえる。こうした「社会」という言葉に内在している国民統合的性格は、「社会教育」においてより鮮明に表れる。

　例えば、大韓帝国末期に開化派知識人たちは民衆の啓蒙と殖産興業（生活向上）を通した国権回復をめざしていた。ところが、その主役として期待された学校教育がまだ整っていなかったため、その学校教育の普及を促進しつつ、一般民衆に対する国権意識の啓蒙（教育）をも行うという趣旨から、社会教育が導入されたと思われる。また、植民地時代、朝鮮総督府が行った教育政策の究極的な目的は、つねに「忠良なる国民」を養成することであり、その国家主義的な側面を担うように学校には大きな役割が期待された。しかし、そこには様々な問題（入学難、失業問題、離農現象など）が生じ、それを解消し、民衆自らの「国家」への組み換えを誘導するために、「社会」＝一般民衆に対する教育が積極的に用いられた。植民地からの解放前と後では「社会教育」の性格が変わったにもかかわらず、序章で述べたように、今日、韓国の社会教育学界ではもちろん、政策的な次元においても「社会教育」という用語は朝鮮総督府が民衆を同化させるために導入したものであるという理由から、「平生教育（＝生涯教育）」に全面的に変えていることは、韓国の社会教育政策史に潜んでいる「上から下へ」という教化的・国家主義的な性格が色濃く反映しているからだともいえよう。

　ところが、共同の目的を持つ集団や階層の意味が強いがゆえに、「社会」という概念は、統治権力の側だけでなく、近代化や独立のための運動をすすめて

いた民衆の間にも浸透し、幅広く使われたと思われる。しかし、その際の「社会」は、「上から下へ」という教化的・統制的なイメージよりは、民衆内の自発的・自主的なイメージが強かったといえる。すなわち、大韓帝国末期に政府と対置するかたちで、民間レベルで行われたという面からみれば、日本による社会教育の制度化に先立って大韓帝国末期の知識人たちが近代化や国権擁護のために日本の「社会教育」概念および実践を自覚的に受け入れていたことと、また植民地時代においても朝鮮民衆が、自らの生活向上や運動のために、「社会教育」を積極的に用いていたのがその証といえよう。

　一方、「社会教育」が教育行政上において公式に使われた植民地時代に、日本は朝鮮民衆を同化するために、「朝鮮」を未開で、野蛮な存在と規定し、文明化・近代化すべき対象として扱った。そのための代表的な政策の一つが「地方改良」政策で、これは、明治30～40年代に日本の社会教育政策において地方改良的社会教育の性格が強かったことと類似している。宮坂広作は、井上亀五郎が『農民の社会教育』(1902)において、農民の風俗、習慣、生活様式に対してそれがいかに旧弊で、不合理で、下品で、不道徳的であるか、事細かに例証しつつ罵倒していると述べ、井上の社会教育論は農民蔑視に立脚する慈恵的啓蒙主義、村当局者の指導・勧告によって実施する行政統治主義に傾いていると指摘している[89]。すなわち、当時日本で「地方＝農村」は、封建的身分制から脱皮できなかった前近代的な存在として、近代化を主導する「中央」によって改良されるべきものとして規定されていたのである。

　このような脈絡で植民地「朝鮮」は文明化した日本に比べて非合理的で、非衛生的で、文明化していない未開な存在として位置付けられ、日本という「中央」によって改良・近代化させられなくてはならない、日本「内地」外の「地方」であり、また朝鮮内の地方は日本と比較してはもちろんのこと、朝鮮の「中央（＝朝鮮総督部）」に比べても改良・文明化すべき前近代的な存在として、結局二つの「中央」によって二重支配を受けたわけである。

　このように「地方」は日本内地においても、植民地朝鮮においても強力な中央権力の形成のために改良、教育されるべき対象であり、その改良と教育を通して統合されるべき存在であったのである。すなわち、支配層は権力維持のた

めの手段として「国家」という道具が必要であり、民衆がその国家に編入するようにさせる必要があった。言い換えれば、民衆を「国民」へと形成するために、「地方改良」や「社会教化」という言葉は、民衆自らが一つの国家の一員、すなわち「国民」になるための手順として、自らを文明化していない劣等な存在と認識し、改良・教化されることが当然であり、またそのようになった方がよいと錯覚させるに適切な表現であったといえよう。

　以上のとおり、このような近代国民国家の形成と植民地統治の過程において「社会」と「地方」概念は形成され、同時に多く使用された言葉であるといえる。付け加えれば、地方改良政策が社会教育の重要な部分を占めていたということは、「地方」と「社会」という概念が近代国家の形成段階で成り立ち、「改良（啓蒙）・教育」という制度的装置を通して利用・定着されていったことを意味するといえよう。例えば、総督府は、1920年代に入ってから、地方制度を改編し、地方自治制を標榜するが、その根本的な目的は、旧官僚・封建地主層を代表する朝鮮従来の支配階層を日本の植民統治に協力させ、新たな政治社会勢力へ再編成することであった[90]。その一環で、各地方民を包摂するという趣旨から地方支配のための模範的「中堅人物」の養成策として卒業生指導施策や農民訓練所の設置、実業補習学校の改正等の社会教育施策が、教育振興や実業教育という美名の下で行われた。つまり、日本の朝鮮における社会教育政策は、円滑なる植民統治運営のための中心人物の養成および民衆教化政策であり、日本「内地」と同様に、「地方」と緊密な関係を持つものであったといえる。それは、朝鮮総督府の学務局長および学務課長を歴任した官僚の中、教育専門家出身は非常に少なく、その大半が一般行政および治安関係の官僚であったことからもうかがえる（第2章の表2-4参照）。

まとめ

　韓国には、中国や日本がそうであったように、西欧やアジアの列強諸国による侵略を受けるまで、今日私たちが用いている意味における「国家―国民」の概念は存在していなかった。すなわち、韓国においても「国民（民族）」概念

は想像され、形成されたものであり、それは教育（啓蒙）を通して民衆に広がっていったのである。その教育は、まず学校教育を通して試みられるが、学校教育の低調な普及率と機能不全のために、社会教育が導入・展開されるようになった。それは、大韓帝国末期における社会教育だけではなく、植民地時代の社会教育においても適用された。

その際、社会教育における「社会」という概念は、社会教育の運営主体（民衆または支配権力）によって、時には国家に対立する民衆側を意味し、時には国家体制を支える「国民」を表すものとしてとらえられ、どちらの場合においてもつねに「国家」が前提とされた。つまり、それは、社会教育概念の成立は近代国民国家形成との関係において行われたことを意味する。

そして、近代国家を建設するためには、強力な中央集権的統治体制の構築を必要とするが、それには「地方」の統合が欠かせない要素であった。韓国においては植民地時代にこの「中央」に対置する「地方」概念が多く用いられ、「地方」＝農村に対する管理・統制が進められた。そして、その管理・統制は主として社会教育施策を通して行われた。すなわち、「中央」に直結され、中央権力の利益のために統制される「地方」という概念は、社会教育と深く結びつけられながら普及していったのである。

以上の近代的社会教育概念の形成に関わる「国民（民族）」および「社会」、「地方」という概念の考察より、韓国における社会教育は、近代国民国家の形成との密接な関係の中で導入・展開されていたと考えられる。

注
1) 牧野篤・上田孝典・李正連・奥川明子「近代東北アジアにおける社会教育概念の伝播と受容に関する研究―中国・韓国・台湾を中心に／初歩的な考察―」『名古屋大学大学院教育発達科学研究科紀要（教育科学）』第49巻第2号、2003.3、pp.153〜187参照。
2) ベネディクト・アンダーソン著、白石さや・白石隆訳『想像の共同体―ナショナリズムの起源と流行―』NTT出版、2000；なだいなだ『民族という名の宗教―人をまとめる原理・排除する原理―』岩波新書、2000；西川長夫・渡辺公三『世紀転換期の国際秩序と国民文化の形成』柏書房株式会社、1999；酒井直樹『日本思想という問題―翻訳と主体―』岩波書店、1998；尹健次『日本国民論―近代日本のアイデンティティ―』筑摩書房、1997；飛鳥井雅道編『国民文化の形成』筑摩書房、1984；韓国史研究会編『近代 国民国家와 民

族問題』知識産業社、1995 など。
3) 尹健次「民族幻想の蹉跌─『日本民族』と言う自己提示の言説」『思想』No.834、岩波書店、1993、p.6。
4) 同上。
5) 同上論文、pp.5〜6。
6) 同上論文、p.8。
7) 安田浩「近代日本における『民族』観念の形成─国民・臣民・民族─」『思想と現代』第31号、白石書店、1991、p.64。
8) 福沢諭吉「学問のすすめ」四編（1874）『福沢諭吉・内村鑑三・岡倉天心集』（現代日本文学全集51）、筑摩書房、1958、p.14。
9) 同上書、p.15。
10) 安田浩、前掲論文、p.64。
11) 尹健次、前掲論文、p.11；石田雄『明治政治思想史研究』、未来社、1954、p.23。
12) 尹健次、同上論文、pp.11〜12。
13) 同上論文、p.12。
14) 西川長夫「帝国の形成と国民化」西川長夫・渡辺公三編『世紀転換期の国際秩序と国民文化の形成』柏書房株式会社、1999、p.27。
15) 尹健次、前掲論文、p.13。
16) 安田浩、前掲論文、p.72。
17) 安田浩、同上論文、p.64；尹健次、前掲論文、p.9。
18) 安田浩、同上論文、p.66；尹健次、同上論文、p.13。
19) 尹健次、同上論文、p.17。
20) 同上。
21) 同上論文、p.18。
22) 俞吉濬は、1856年10月24日、ソウルで生まれ、18歳まで伝統的な儒学教育を受けており、当時の高位の官職者たちの中では最も世界の大勢に明るかった朴珪壽（1807〜1877）との出会いを契機に新学問に接するようになる。開港以後、初めての正式留学生として日本とアメリカで近代教育を受け、帰国した後、韓国社会に西欧文明を紹介した先駆的知識人であり、1894〜1896年間に行われた甲午改革において最高政策決定機関であった軍国機務処の議員をはじめ、内閣総書（事務総長）、内閣大臣などの要職を担いつつ、政治・経済・社会・文化・教育など全分野にわたって近代的改革の主役を担当した政治家であった。甲午改革の失敗によって俞吉濬は12年間日本で亡命生活をし、1907年8月16日に帰国してからは政治から離れ、教育と著述を通して、民衆の啓蒙や実力養成に力を注いだ。鄭容和「俞吉濬의 政治思想研究：伝統에서 近代로의 複合的移行」ソウル大学大学院博士学位論文、1997；俞吉濬全書編纂委員会編『俞吉濬全書』一潮閣、1995参照。
23) 鄭容和、前掲論文、p.233。

24) 朴泳孝は1861年水原で生まれ、1872年4月、12歳の時には哲宗の駙馬になった。1882年修信使節として日本を訪問し、各国の外交使節と接触した以後、朝鮮を代表する開化派の指導者として広く知られた。1884年の甲申政変を主導し、1894～1896年間の甲午改革の当時、内務大臣として朝鮮で近代的改革を推進した政治家であった。また、朴は日本での亡命中、「1888年2月24日付の上疏」を作成し、開化派の近代国家像と具体的な改革法案を提示した開化思想家でもあった。金顕哲「朴泳孝의『近代国家構想』에 관한 研究―開化期文明開化論者에 나타난 伝統과 近代를 中心으로―」ソウル大学大学院博士学位論文、1999参照。

25) 『独立新聞』は、1896年4月7日、国民啓蒙と公正な政治施行を目的として全部ハングルで書かれて創刊され、1899年12月4日まで発行された最初の民間新聞である。最初の純ハングル新聞でありながら、英文版まで発行し、政府に対立して独立協会の活動を報道し、大衆言論誌として活発な動きをみせた、という点で他の新聞とは異なる意義を持つ。朴英熙「独立新聞에 나타난 教育観의 社会教育的 意味」韓国精神文化研究院韓国学大学院修士学位論文、1981、pp.7～9。

26) 山雲生「国民의 義務」『西北学会月報』第17号、1908.5、pp.22～24。

27) 兪吉濬「小学教育에 관한 意見」(1908.6)『兪吉濬全書』Ⅱ、p.257。

28) 同上。

29) 兪吉濬「興士団趣旨書」(1907)、『兪吉濬全書』Ⅱ、p.367。

30) 朝鮮の開国神話で、天命によって降臨した古朝鮮の開祖である。

31) 鄭容和、前掲論文、p.244。

32) 兪吉濬「労働夜学読本」(1908)、『兪吉濬全書』Ⅱ、p.282。

33) 兪吉濬「大韓文典自書」(1909)、『兪吉濬全書』Ⅱ、p.107。

34) このような「民族」の強調は、日本に約12年間亡命している間に、日本の影響を受けたとみられるが、これは兪吉濬が、日本に長らくいる間に学問、芸術などでは特に学んだものはないが、日本人から最も深く印象を受け、帰って来たのは、日本国民の忠義精神を発揮することであると述べたところから推測することができる。その原文は「臣久留日本、学問無的修也、芸術無的究也、服之在膺、鐫之在骨、厚○堅持而帰者、日本国民之為忠為義之道耳」(○は不明)。兪吉濬「平和光復策」(1907)『兪吉濬全書』Ⅳ、p.281。

35) 兪吉濬「労働夜学読本」(1908)、前掲書、pp.319～320。

36) 張志淵「国朝故事」『大韓自強会月報』第1号、1906.7、pp.60～61。

37) 秋醒子「我国古代文明의 流出」『西北学会月報』第1巻第17号、1909.11、p.6。

38) 「敬告我平南紳士同胞」『西北学会月報』第1巻第3号、1908.8、p.3；「告我海西同胞」『西北学会月報』第1巻第6号、1908.11、p.4；羅錫基「民族主義論」『西北学会月報』第1巻8号、1909.1；朴殷植「敬告社友」・「旧習改良論」『西友』第2号、1907.1、pp.4～10；崔錫夏「朝鮮魂」『太極学報』第5号、1906.12、p.21 等。

39) 安田浩、前掲論文、p.72。

補　論　近代国民国家の形成と社会教育の展開　*241*

40) 申采浩（1880〜1936）は1905年に第2次「日韓協約」が締結されると、『皇城新聞』に論説を書き始め、翌年からは『大韓毎日申報』の主筆として活躍し、民族英雄伝や歴史論文を発表して民族意識の昂揚に努めた。その後、1910年からは中国に亡命し、独立運動の傍ら、古代史研究を続け、民族主義史観を築いていった。一方、1925年頃からは無政府主義を信奉し始め、1927年、民族統一戦線に組織された新幹会に発起人として参加し、無政府主義東方同盟に加入した。代表的な著書としては、『朝鮮上古史』、『朝鮮上古文化史』、『朝鮮史研究艸』、『乙支文徳伝』、『李舜臣伝』などがある。

41) 崔南善（1890〜1957）は日本の檀君抹殺論に対抗するために1925年に「不咸文化論」を発表し、翌年には『東亜日報』に「壇君論―朝鮮을 中心으로 한 東方文化淵源研究」という題名の論文を連載していた。しかし、その後、朝鮮史編集会の委員に包摂されてから、彼の民族文化論は、「内鮮一体」や「日鮮同祖論」へと変質していった。

42) 李光洙（1892〜1951）は、日本の明治学院と早稲田大学に留学し、その間文学活動をはじめ、1917年には朝鮮近代文学の長編小説の嚆矢とされる『無情』を『毎日申報』に連載し、1919年2月には朝鮮留学生たちが東京で行った独立宣言書を起草した後、上海に亡命し、臨時政府樹立にも立ち会うなど、独立運動に取り組んだ。しかし、2年後に国外での独立運動に限界を感じて帰国してからは、民族改造論を主張し、親日的活動をしたとし、独立後は糾弾されることにもなった。

43) 「国民的精神生活」（1924年9月18日付の東亜日報）、『日政下東亜日報押収社説集』東亜日報社、1978、p.329。

44) 강경동「普校朝鮮人教員에게」（1925年6月23日付の東亜日報）、前掲書、p.417。

45) 西島央「学校音楽の国民統合機能―ナショナル・アイデンティティとしての『カントリー意識』の確立を中心として―」『東京大学教育学部紀要』第34巻、1994、p.177。

46) 孫仁銖『韓国近代教育史 1885―1945』延世大学校出版部、1992、p.27。

47) 同上書、pp.27〜28。

48) 馬越徹『韓国近代大学の成立と展開』名古屋大学出版会、1995、p.19参照。

49) 孫仁銖、前掲書、p.27。

50) 馬越徹、前掲書、p.24。

51) 鄭容和、前掲論文、p.238。

52) 論説「務望興学　一」『大韓毎日申報』1906年1月6日付。

53) 論説「務望興学　二」『大韓毎日申報』1906年1月7日付。

54) 喜懼生「警告大韓教育家」『大韓毎日申報』1906年6月28日付。

55) 論説「国民教育을 施하라」『大韓毎日申報』1909年11月24日付。

56) 論説「愛国者의 思想」『大韓毎日申報』1910年6月28日付。

57) 尹健次『朝鮮近代教育の思想と運動』東京大学出版会、1982、p.418。

58) 論説「二十世紀新国民」『大韓毎日申報』1910年3月3日付。

59) 中叟「有大奮発民族然後有大事業英雄」『太極学報』第22号、1908.6、p.12。

60) 大垣丈夫「教育의 效果」『大韓自強会月報』第1号、1906.7、pp.46～47。
61) 蔡奎丙「社会教育」『太極学報』第1号、1906年8月24日、pp.23~24参照。
62) 柳父章『翻訳語の成立過程』、岩波書店、1986、pp.4~14参照。
63) 「社」という言葉は、同じ目的を持った人々の集りやその名前を指す使用方法であり、日本では明治時代以前からあった。同上書、p.14。
64) 同上書、pp.20~22参照。
65) イ・ヨンスク「朝鮮における言語的近代」『一橋研究』第12巻第2号、1987、pp.85～86。
66) 1883年10月30日に創刊された韓国近代新聞の嚆矢。朝鮮政府が同年8月17日に政府内に出版事業のための「博文局」を設置し、日本から印刷機械と新聞用紙を購入し、旬刊雑誌形態の官報として『漢城旬報』を刊行した。穏健開化派の主導で刊行された『漢城旬報』は本来国漢文体混用を図ったが、守旧派の妨害と活字の不十分さなどによって純漢文で40号以上を発行した。しかし、甲申政変の失敗によって1884年12月4日、守旧派の襲撃を受け、博文局の建物が燃え、創刊14か月で廃刊された。
67) 「且人民所行無害於社会則丁部不必禁止傍人亦不得譏議各任意趣唯其所適名曰自主之権利」(傍点、引用者)『漢城旬報』第2号、1883年11月10日付。
68) 青木功一「朝鮮開化思想と福沢諭吉の著作―朴泳孝『上疏』における福沢著作の影響―」朝鮮学会『朝鮮学報』第52輯、1969.7、pp.62～63、p.73。
69) 『西遊見聞』は、兪吉濬が1881年に日本に渡った時から構想・準備し、1885年アメリカから帰り軟禁生活をしながら執筆したものとして、1889年に完成されたが、6年後である1895年に出版された。本書は韓国の開化思想を集大成した名著として、韓国最初の近代的印刷書であり、また最初の国漢文併書として広く知られており、非常に注目を受けてきた。内容は、地理、歴史、政治、教育、法律、行政、経済、社会、軍事、風俗、科学技術、学問など幅広い分野にかけて書かれているが、単に西洋各国の事情を紹介する形式にとどまらず、韓国の現実的な事情と比較しながら西洋の近代文明を引き受けようとする進歩意識や国権を確立し、発展させようとする自主意識、それに国権と民権が同時に問題になるにしたがい、この3者の葛藤と調和の間で悩み、鋭く開化の論理を追求していた。兪吉濬全書編纂委員会編「解題」『兪吉濬全書』I、一潮閣、1971、p.6。
70) 柳父章、前掲書、p.5（初出はOED『オクスフォード英語辞典』、1932）。
71) 同上書、pp.16~17。
72) 同上書、p.13参照。
73) 同上書、p.22。
74) 論説『大韓毎日申報』、1905年1月12日付。
75) 論説『大韓毎日申報』、1905年3月9日付。
76) 兪吉濬「労働夜学読本」『兪吉濬全書』II、p.301。
77) 同上論文、p.309。

78) 同上論文、p.323。
79) 河原宏「Ⅲ『郡県』の観念と近代『中央』観の形成」日本政治学会編『近代日本政治における中央と地方』1984、p.67。
80) 西川長夫・渡辺公三編、前掲書、p.36。
81) 同上書、pp.36 〜 37。
82) 山田公平『近代日本の国民国家と地方自治』名古屋大学出版会、1991、p.557。
83) 金翼漢「日帝下 1920 年代의 面行政制度와『模範部落』」『殉国』1997.4、p.57。
84) 同上論文、pp.57 〜 58。
85) 同上論文、pp.58 〜 59。
86) 朝鮮総督府内務局「第一回地方改良講習会に於ける総督訓示」『第一回地方改良講習会講演集』1921。
87) 松村松盛「朝鮮教育の過去現在及び将来」同上書、p.443。
88) 朝鮮総督府内務局「地方改良参考資料」『第三回地方改良講習会講演集』1924。
89) 宮坂広作、前掲論文、pp.17 〜 18。
90) 具英姫「朝鮮植民地時代における『地方自治制』」広島史学研究会『史学研究』182、1989.2、p.55。

あとがき

　欧米の教育学理論が氾濫する韓国の大学で、学部および修士課程を修了した筆者にとって、修士課程中に得られた日本での 1年間の交換留学は、格別な意味を持つ経験である。交換留学中に初めて接した日本の教育学、とりわけ社会教育・生涯学習は、筆者のその後の研究方向に大きな転換をもたらした。留学中に受けていた授業で、韓国と日本の社会教育が、用語および概念のみならず、法制度や行政組織などにおいても酷似していることを知り、不思議さとともに、新鮮な衝撃を覚えたことは今も記憶に新しい。

　1990年代半ばから韓国では、「平生教育（＝生涯教育）」という言葉が多く使われ始め、近年は研究および教育政策上において「平生教育」が注目されている一方で、「社会教育」という用語に対しては否定的なとらえ方が強まっている。それは、1999年に「社会教育法」の全面改正による「平生教育法」の誕生という結果として現れ、韓国社会で「社会教育」という用語は徐々にその姿を消しつつある。そこには、供給者（教育者）中心の社会教育を、需要者（学習者）中心の生涯教育へ替えていく必要があるという論理が働いているが、一方では、社会教育は、日本が朝鮮民衆に対する統治の手段として導入した植民地時代の残滓であり、それゆえ、「社会教育」は清算すべきものであるというロジックも存在している。

　しかし、社会教育をめぐる上記のような研究状況の中、韓国で修士課程を終え、名古屋大学大学院教育発達科学研究科博士課程に入学した筆者は、まもなくこのロジックに対して、疑義を抱くようになる。名古屋大学大学院社会・生涯教育学研究室のゼミで山名次郎の『社会教育論』（1892年）をはじめ、日本社会教育に関する戦前および戦後の文献に次々と接していく中で、韓国の社会

教育に関する歴史研究がきわめて少ないことに気づくとともに、韓国における社会教育の導入時期およびその後の展開に関する先行研究に対しても疑問を持つようになったのである。例えば、「近代教育制度及び教育学理論の導入を積極的に進めていた大韓帝国末期における開明派知識人による社会教育の導入はなかったのか」、また「植民地期教育の全容を抑圧と抵抗という二項対立の構図だけで究明できるのか」、「民衆による教育要求としての社会教育はどのようなものだったのか」などの疑問である。

　本書は、以上のような問題意識から出発し、執筆した名古屋大学大学院教育発達科学研究科博士論文「韓国における社会教育の起源と変遷に関する研究―大韓帝国末期から植民地時代までの近代化との関係に注目して―」に若干の修正を施したものである。本研究にあたっては、博士論文の構想段階から執筆、審査、そして本書の出版にいたるまで、指導教授の牧野篤先生に多大な示唆と手厚いご指導をいただいた。また博士論文の審査にあたられた高木靖文先生、西野節男先生、馬越徹先生からも厳しくて温かいご指摘とご指導をいただいた。この場を借りて心から深くお礼を申し上げたい。そして、最後の博士論文審査までは直接ご指導をいただくことはできなかったが、名古屋大学大学院を退官された後も相変わらず温かく励ましてくださった新海英行先生をはじめ、貴重な時間を割いて本論文作成に快く協力していただいた名古屋大学大学院社会・生涯教育学研究室院生時代の仲間である村瀬桃子氏、二井紀美子氏にも、深く謝意を表したい。最後に、本書の刊行を引き受けてくださった大学教育出版の佐藤守氏にも謝辞を述べる。

2007年12月

李　正連

参考文献

【韓国語】

1. 新聞

『漢城旬報』、『皇城新聞』、『大韓毎日申報』、『東亜日報』、『朝鮮日報』。

2. 雑誌

独立協会『大朝鮮独立協会会報』第1号～第18号、1896年11月～1897年8月。
太極学会『太極学報』第1号～第26号、1906年8月～1908年11月。
大韓自強会『大韓自強会月報』第1号～第13号、1906年7月~1907年7月。
西友学会『西友』第1号～第17号、1906年12月～1908年5月。
大韓留学生会『大韓留学生会学報』第1号～第3号、1907年3月～5月。
大東学会『大東学会月報』第1号～第20号、1908年2月～1909年9月。
大韓学会『大韓学会月報』第1号～第9号、1908年2月～1908年11月。
大韓協会『大韓協会会報』第1号～第12号、1908年4月～1909年3月。
湖南学会『湖南学報』第1号～第9号、1908年6月～1909年3月。
西北学会『西北学会月報』第1号～第19号、1908年6月～1910年1月。
畿湖興学会『畿湖興学会月報』第1号～第12号、1908年8月～1909年7月。
大韓興学会『大韓興学報』第1号～第13号、1909年3月～1910年5月。
開闢社『開闢』1920年6月～1926年8月。
朝鮮農民社『朝鮮農民』1925年12月～1930年4月。
朝鮮農民社『農民』1930年5月～1933年12月。

3. 単行本および論文

姜萬吉『고처 쓴 韓国現代史』創作과 批評社、2000。
教育部『平生教育白書』1997。
教育部『平生教育白書』第2号、1998。
김기웅「日帝下農民教育에 관한 研究（5）―『朝鮮農民誌』를 中心으로―」『新人間』第442号、1986。
金道洙「日帝植民地下의 社会教育政策에 관한 研究」韓国教育学会社会教育研究会編『平生教育와 社会教育―社会教育論集―』배영사、1982。
金道洙「우리나라의 近代社会教育政策과 活動形態의 展開過程―日帝統治時代를 中心으로―」檀国大学校教育大学院『教育論叢』創刊号、1985。
金道洙「近代韓国社会教育의 政策理念 및 活動形態에 관한 研究―日本植民地 中期를 中心

으로─」檀国大学教育大学院『教育論叢』第3輯、1987。
金道洙『社会教育学』教育科学社、1999。
金度亨『大韓帝国期의 政治思想研究』知識産業社、2000。
金翼漢「日帝下1920年代의 面行政制度와『模範部落』」『殉国』1997.4。
金在祐「朝鮮総督府의 教育政策에 関한 分析的研究」漢陽大学大学院博士学位論文、1987。
김진균・정근식編著『近代主体와 植民地規律権力』文化科学社、1998。
김항구「大韓協会(1907～1910)研究」檀国大学校大学院博士学位論文、1993。
金顕哲「朴泳孝의『近代国家構想』에 관한 研究─開化期文明開化論者에 나타난 伝統과 近代를 中心으로─」ソウル大学大学院博士学位論文、1999。
金孝善『白岩朴殷植의 教育思想과 民族主義』大旺社、1989。
南宮勇権「独立協会와 新民会의 社会教育運動에 関한 研究」中央教育史学会『論文集』創刊号、1995。
内閣記録課『法規類編』、1896.1。
内閣記録課「官制門」『法規類編(及)続』第1巻、1908。
内閣記録課「法規続編(上)」『法規類編(及)続』第8巻、1908。
盧榮澤『日帝下民衆教育運動史』探求堂、1980。
東亜日報社『日政下東亜日報押収社説集』、1978。
丸山真男・加藤周一共著、임성모訳『翻訳과 日本의 近代』이산、2001。
文鍾鐵「日帝農村振興運動下의 教育活動研究」中央大学大学院博士学位論文、1995。
박명림「近代化 프로젝트와 韓国民族主義」歴史問題研究所編『韓国의「近代」와「近代性」批判』歴史批評社、1996。
朴英熙「独立新聞에 나타난 教育観의 社会教育的 意味」韓国精神文化研究院韓国学大学院修士学位論文、1981。
朴志泰編著『大韓帝国期政策史資料集Ⅵ─教育─』先人文化社、1999。
박진우外共著『日本近現代史』좋은날、1999。
朴贊勝「日帝下国内右派陣営의 民族主義」『近現代史講座』9、1997。
朴贊勝『韓国近代政治思想史研究─歴史批評史民族主義右派의 実力運動論─』1992。
孫仁銖『韓国開化教育研究』一志社、1980。
孫仁銖『韓国近代教育史1885-1945』延世大学校出版部、1992。
慎鏞廈「『植民地近代化論』再定立試図에 대한 批判」『創作과 批評』98、1997。
安秉直「韓国近現代史研究의 새로운 패러다임─経済史를 中心으로─」『創作과 批評』98、1997。
歴史学研究所『講座韓国近現代史』풀빛、2000。
呉成哲『植民地初等教育의 形成』教育科学社、2000。
俞吉濬全書編纂委員会『俞吉濬全書』Ⅰ～Ⅴ、一潮閣、1971。
유재건「植民地・近代와 世界史의 視野의 模索」『創作과 批評』98、1997。

윤해동『植民地의 灰色地帯』歴史批評社、2003。

李萬珪『朝鮮教育史Ⅱ』거름、1988。

이명화「朝鮮総督府学務局의 機構変遷과 機能」『韓国独立運動史研究』第6集、1992。

이윤상・이지원・정연태「3・1運動의 展開様相과 参加階層」『3・1民族解放運動研究』図書出版青年社、1989。

林永喆「韓国 国民精神教育의 史的 考察―民族主義를 中心하여―」漢陽大学大学院博士学位論文、1985。

임지현「韓半島民族主義와 権力談論：比較史的問題提起」『当代批評』Vol.10、2000。

鄭容和「兪吉濬의 政治思想研究：伝統에서 近代로의 複合的移行」ソウル大学大学院博士学位論文、1997。

鄭宇鉉「社会教育学의 学問的発展過程과 未来」第3回韓国社会教育学会学術세미나発表要旨、1997。

鄭在哲「日帝의 学部参与官및統監府의 対韓国植民地主義教育扶植政策」、『中央大韓国教育問題研究所論文集』1、1984。

鄭在哲『日帝의 対韓国植民地教育政策史』一志社、1985。

조창현「旧韓末学会의 教育活動에 관한 研究」延世大学校教育大学院修士学位論文、1983。

趙恒来編著『1900年代의 愛国啓蒙運動研究』亜細亜文化社、1993。

趙恒来編著『日帝의 対韓侵略政策史政策―日帝侵略要人을 中心으로―』玄音社、1996。

朱鳳魯「韓国近世社会教育史序説」『長安専門大学地域研究所論文集』第3輯、1994.2。

車錫基『韓国民族主義教育의 研究』進明文化社、1982。

車錫基「日帝下 労働夜学을 通한 民族主義教育의 展開」『高麗大教育論叢』16・17、1987。

崔栄鎮「韓国社会教育行政의 変遷에 관한 研究」檀国大学大学院博士学位論文、1992。

韓国教育開発院『韓国 社会教育의 過去・現在・未来探究』1993。

韓国史研究会編『近代 国民国家와 民族問題』知識産業社、1995。

韓駿相「社会教育과 社会教育学의 可能性에 대하여」第3回韓国社会教育学会学術세미나発表要旨、1997。

허수「1920年前後 李敦化의 現実認識과 近代哲学 受容」『歴史問題研究』通巻9号、2002.12。

黄宗建『韓国의 社会教育』教育科学社、1983。

国家教育統計情報센터『2003 韓国의 教育／人的資源指標』。

  (http://std.kedi.re.kr/jcgi_bin/publ/publ_oecd_frme.htm)

「한국 평생학습참가율 OECD '최하위'（韓国の平生学習への参加率 OECD '最下位'）」『韓国大学新聞』2005年2月20日付。

  (http://www.unn.net/gisa/gisa_read.asp?key=19673&page=tp&pageTitle=%EA%B8%B0%EC%82%AC%EB%82%B4%EC%9A%A9)

【日本語】

1. 雑誌

朝鮮教育会『朝鮮教育会雑誌』第25号～第44号、1914年2月～1915年9月。
朝鮮教育研究会『朝鮮教育研究会雑誌』第1号～第63号、1915年10月～1920年12月。
朝鮮教育研究会『朝鮮教育』第64号～第72号、1921年1月～1923年5月。
朝鮮教育会『朝鮮教育時報』第1号～第17号、1923年11月～1925年3月。
朝鮮教育会『文教の朝鮮』第1号～第227号、1925年9月～1944年11月。

2. 単行本および論文

青木功一「朝鮮開化思想と福沢諭吉の著作―朴泳孝『上疏』における福沢著作の影響―」朝鮮学会『朝鮮学報』第52輯、1969.7。
青野正明「朝鮮農村の『中堅人物』―京畿道驪州郡の場合―」朝鮮学会『朝鮮学報』第141輯、1991.10。
飛鳥井雅道編『国民文化の形成』筑摩書房、1984。
阿部洋「隈本繁吉略歴」『韓』第7巻第9・10合併号、1973。
庵地保『通俗教育論』金港堂、1885。
池川英勝「大垣丈夫について―彼の前半期―」朝鮮学会『朝鮮学報』第117輯、1985.10。
池川英勝「大垣丈夫の研究―大韓自強会との関連を中心にして―」朝鮮学会『朝鮮学報』第119・120輯、1986.7。
池川英勝「大韓帝国末期各団体にみられる日本人顧問について―佐伯剛平―」朝鮮学会『朝鮮学報』第158輯、1996.1。
石川武敏「1920年代朝鮮における民族教育の一断面―夜学運動について―」北大史学会『北大史学』Vol.21、1981。
石川武敏「『東亜日報』にみられる夜学に関する一覧表（1920－1928）」北海道大学文学部東洋史談話会『史朋』第14号、1982。
石田雄『明治政治思想史研究』未来社、1954。
李正連「植民地下の朝鮮教育会における社会教育観とその活動―『文教の朝鮮』における記述を中心に―」名古屋大学大学院教育発達科学研究科社会・生涯教育学研究室『社会教育研究年報』第16号、2002。
李正連「韓国平生教育の動向と課題」新海英行・牧野篤編『現代世界の生涯学習』大学教育出版、2002。
李進熙・姜在彦『日朝交流史』有斐閣、1995。
李明實「日本強占期社会教育史の基礎的研究―朝鮮総督府による施策の展開を中心に―」筑波大学大学院博士学位論文、1999。
井上薫「『日本帝国主義の朝鮮に対する教育政策』研究の視座」『植民地教育史年報』第1号、1998。

井上薫「日本帝国主義の朝鮮における植民地教育体制形成と日本語普及政策―韓国統監府時代の日本語教育を通した官吏登用と日本人配置―」『北海道大学教育学部紀要』第58号、1992。
イ・ヨンスク「朝鮮における言語的近代」『一橋研究』第12巻第2号、1987。
馬越徹『韓国近代大学の成立と展開』名古屋大学出版社、1995。
馬越徹「漢城時代の幣原坦―日本人お雇い教師の先駆け―」『国立教育研究所紀要』第115集、1988.3。
梅根悟監修・世界教育史研究会編集『世界教育史大系5・朝鮮教育史』1975。
大野謙一『朝鮮教育問題管見』1936。
岡久雄『朝鮮教育行政』帝国地方行政学会朝鮮本部、1940。
小川利夫・新海英行編『近代日本社会教育論の探究―基本文献資料と視点』大空社、1992。
小川利夫・橋口菊・大蔵隆雄・磯野昌蔵「我が国社会教育の成立とその本質に関する一考察（一）―地方自治と社会教育―」『教育学研究』24-4、1957。
呉天錫著、渡部学・阿部洋共訳『韓国近代教育史』高麗書林、1979。
小尾範治『社会教育思潮』南光社、1927。
小尾範治『社会教育概論』大日本図書株式会社、1936。
学部『韓国教育』1909。
学部『韓国教育ノ現状』1910。
学部『韓国教育ノ既往及現在』1910。
梶村秀樹・姜徳相編『現代史史料（29）朝鮮5』みすず書房、1972。
金子満「1920年代の朝鮮社会教育の歴史的検討―社会教育と社会事業の関連を中心にして―」日本社会教育学会『日本社会教育学会紀要』No.37、2001。
河原宏「Ⅲ『郡県』の観念と近代『中央』観の形成」日本政治学会編『近代日本政治における中央と地方』1984。
姜徳相「日本の朝鮮支配と三・一独立運動」『岩波講座世界歴史25、現代2』岩波書店、1970。
姜東鎮「日帝支配下の労働夜学」『韓』34号、1974。
姜再鎬『植民地朝鮮の地方制度』東京大学出版会、2001。
姜在彦『朝鮮近代史』平凡社、1998。
木村誠・吉田光男・趙景達・馬淵貞利編集『朝鮮人物事典』大和書房、1995。
近代アジア教育史研究会編『近代日本のアジア教育認識・資料篇―明治後期教育雑誌所収中国・韓国・台湾関係記事―』第1巻・第4巻・第5巻・第6巻、第一部韓国の部、龍渓書舎、1999。
隈本繁吉『教化意見書』1910。
具英姫「朝鮮植民地時代における『地方自治制』」広島史学研究会『史学研究』182、1989.2。
国立教育研究所『日本近代教育百年史』7（1）、1974。
小林林蔵「儒城農村青年訓練所を観る」『朝鮮農会報』1936.5。

酒井直樹『死産される日本語・日本人』新曜社、1999。
酒井直樹『日本思想という問題―翻訳と主体―』岩波書店、1998。
佐藤善次郎『最近社会教育法』東京同文館、1899。
幣原坦『朝鮮教育論』六盟館、1919。
『職員録』(1910 ～ 1945)、内閣印刷局。
沈姝「『満州国』の『新学制』に関する一考察―初等教育を中心に―」名古屋大学大学院修士学位論文、2001.3。
慎英弘『近代朝鮮社会事業史研究』緑蔭書房、1984。
全日本社会教育連合会編『社会教育論者の群像』1983。
高尾甚造『朝鮮教育の断片』政治教育協会、1936。
高橋濱吉『朝鮮教育史考』帝国地方行政学会朝鮮本部、1927。
朝鮮学会『朝鮮学報』第158輯、1996.1。
朝鮮教育会編『社会教育講習会講習録』1928。
朝鮮総督府「各道の農村振興予算」『朝鮮』1936年6月号。
朝鮮総督府「官・公私立学校学生・生徒・児童入学状況」『調査月報』1934.7。
朝鮮総督府「官公私立学校卒業者状況調」『調査月報』1934.11。
朝鮮総督府『朝鮮ノ保護及併合』1918。
朝鮮総督府『朝鮮総督府官報』1912 ～ 1923
朝鮮総督府『大正元年朝鮮総督府統計要覧』・『昭和元年朝鮮総督府統計年報』・『昭和十年朝鮮総督府統計年報』・『昭和十一年朝鮮総督府統計年報』・『昭和十四年朝鮮総督府統計年報』。
朝鮮総督府『朝鮮諸学校一覧』(1941 ～ 1944年度)。
朝鮮総督府『施政30年史』1940。
朝鮮総督府「農山漁村振興運動の全貌」『朝鮮に於ける農山漁村振興運動』1934。
朝鮮総督府「農山漁村に於ける中堅人物養成施設の概要」1936。
朝鮮総督府学務局『学校を中心とする社会教育状況』1922。
朝鮮総督府学務局『朝鮮教育要覧』1926。
朝鮮総督府学務局学務課『朝鮮学事例規全』1932。
朝鮮総督府学務局社会教育課『朝鮮社会教化要覧』1937。
朝鮮総督府学務局社会教育課『朝鮮社会教育要覧』1941。
朝鮮総督府内務局「第一回地方改良講習会に於ける総督訓示」『第一回地方改良講習会講演集』1921。
朝鮮総督府内務局「地方改良参考資料」『第三回地方改良講習会講演集』1924。
朝鮮総督府警務局編『最近に於ける朝鮮治安状況』1936。
朝鮮総督府警務局『韓国学生抗日闘争史―朝鮮に於ける同盟休校の考察―』(1929)、成進文化社、1971。
津高正文『社会教育論』新元社、1956。

帝国地方行政学会『朝鮮統治秘話』1937。
利根川與作『家庭教育法』普及舎、1901.5。
富田晶子「農村振興運動下の中堅人物の養成―準戦時体制期を中心に―」『朝鮮史研究会論文集』No.18、1981.3。
富田晶子「準戦時下朝鮮の農村振興運動」歴史科学協議会『歴史評論』No.377、校倉書房、1981.9。
豊田明子「植民地台湾の公学校普及と社会教育―学齢児童保護者に対する啓蒙活動を中心に―」名古屋大学大学院修士学位論文、2002.3。
中島三郎「信仰を樹立したい―慶尚南道農民訓練所概要―」『朝鮮』1936.4。
長田三男「明治の小学夜学―学制期・教育令期を中心として―」『早稲田大学大学院文学研究科紀要』27、1981。
なだいなだ『民族という名の宗教―人をまとめる原理・排除する原理―』岩波新書、2000。
並木真人「植民地期朝鮮政治・社会史研究に関する試論」東京大学大学院人文社会系研究科・文学部朝鮮文化研究室『朝鮮文化研究』第6号、1999。
西川長夫・渡辺公三編『世紀転換期の国際秩序と国民文化の形成』柏書房株式会社、1999。
西島央「学校音楽の国民統合機能―ナショナル・アイデンティティとしての『カントリー意識』の確立を中心として―」『東京大学教育学部紀要』第34巻、1994。
西村緑也『朝鮮教育大観』朝鮮教育大観社、1931。
乗杉嘉寿『社会教育の研究』同文館、1923。
林虎蔵『体験五年安山の卒業生指導』教育研究会、1932。
林雄介「愛国啓蒙運動の農業重視論について―西友学会・西北学会の実業論を中心に―」朝鮮史研究会『朝鮮史研究会論文集』No.29、緑蔭書房、1991.10。
春山作樹「社会教育学概論」岩波講座『教育科学』第15冊、岩波書店、1932。
韓祐熙著・佐野通夫訳「日帝植民統治下の朝鮮人の教育熱に関する研究」四国学院大学『論集』第81号、1992。
福沢諭吉「学問のすすめ」(1874)『現代日本文学全集』51、筑摩書房、1958。
古川宣子「植民地期朝鮮における初等教育―就学状況の分析を中心に―」日本史研究会編集『日本史研究』1993.5。
古川宣子「朝鮮における普通学校の定着過程―1910年代を中心に―」教育史学会『日本の教育史学』第38集、1995。
ベネディクト・アンダーソン著、白石さや・白石隆訳『想像の共同体―ナショナリズムの起源と流行―』NTT出版、2000。
堀和生・安秉直「植民地朝鮮工業化の歴史的諸条件とその性格」中村哲・安秉直『近代朝鮮工業化の研究』日本評論社、1993。
牧野篤『中国近代教育の思想的展開と特質―陶行知「生活教育」思想の研究―』日本図書センター、1993。

牧野篤・上田孝典・李正連・奥川明子「近代東北アジアにおける社会教育概念の伝播と受容に関する研究―中国・韓国・台湾を中心に／初歩的な考察―」『名古屋大学大学院教育発達科学研究科紀要（教育科学）』第49巻第2号、2003.3。
増田収作「朝鮮に於ける部落中心人物につきての一考察」『朝鮮』1936.11。
松月秀雄「朝鮮の卒業生指導学校」『教育』創刊号、岩波書店、1931.10。
松月秀雄「朝鮮の青少年教育」『教育思潮研究』第13巻第1輯、1939.6。
松村順子「朝鮮における『皇国臣民』化政策の展開―『皇国』青年の養成を中心に―」早稲田大学史学会『史観』第86・87冊、1973.3。
松村松盛「学校を中心とせる社会教化」『朝鮮』第77号、1921.6。
松村松盛『民衆之教化』帝国地方行政学会（東京・朝鮮本部）、1922。
松本武祝"朝鮮における『植民地的近代』"に関する近年の研究動向―論点の整理と再構成の試み―」アジア経済研究所『アジア経済』Vol.43・No.9、2002.9。
三吉岩吉『朝鮮に於ける農村社会事業の考察』1936。
水野直樹編『朝鮮総督諭告・訓示集成』緑蔭書房、2001。
宮坂広作「明治期における社会教育概念の成立過程―社会教育イデオロギーの原形態―」『教育学研究』第33巻第4号、1966。
宮坂広作『近代日本社会教育政策史』国土社、1966。
宮坂広作『近代日本の社会教育』宮坂広作著作集1、明石書店、1994。
宮原誠一『社会教育』光文社、1950。
文部省『学制百二十年史』ぎょうせい、1993。
『昭和人名辞典』第4巻（海外・満支・外地編）、日本図書センター、1987。
八木信雄『学制改革と義務教育の問題』京城：録旗聯盟、1939。
安岡照男「東邦協会についての基礎的研究」法政大学文学部『法政大学文学部紀要』第22号、1976。
安田浩「近代日本における『民族』観念の形成―国民・臣民・民族―」『思想と現代』第31号、白石書店、1991。
柳父章『翻訳語の成立過程』岩波書店、1986。
山田公平『近代日本の国民国家と地方自治』名古屋大学出版会、1991。
山名次郎『社会教育論』金港堂書籍会社、1892。
弓削幸太郎『朝鮮の教育』自由討究社、1923。
尹健次『朝鮮近代教育の思想と運動』東京大学出版会、1982。
尹健次「民族幻想の蹉跌―『日本民族』と言う自己提示の言説」『思想』No.834、岩波書店、1993。
尹健次『日本国民論―近代日本のアイデンティティ―』筑摩書房、1997。
尹恵順「韓国近代の青少年教育政策に関する研究―『普通学校卒業生指導』を中心に―」京都大学総合人間学部社会システム研究刊行会『社会システム研究』Vol.5、2002.3。

吉田熊次『社会教育』敬文館、1913。

吉田熊次『社会教育原論』同文書院、1934。

渡邊豊日子『朝鮮教育の側面観』1934。

渡部学・阿部洋編著『日本植民地教育政策資料集成（朝鮮篇）』第25巻・第69巻、龍渓書舎、1989。

【資料】

大韓帝国末期における「社会教育」概念に関する記載年表（1906～1910）

時期	著者・論文・記事	収録雑誌・新聞	備考
1906年7月	大垣丈夫「教育의 効果」	『大韓自強会月報』第1号	この論文は、同年5月24日付の『皇城新聞』にも掲載された。
1906年7月	鄭雲復「家庭教育」	『大韓自強会月報』第1号	
1906年8月	蔡奎丙「社会教育」	『太極学報』第1号	
1906年11月	沈宜性「論我教育界의 時急方針」	『大韓自強会月報』第5号	
1907年1月	李鍾濬「教育論」	『大韓自強会月報』第7号	
1907年6月	李東初「精神的教育의 効果」	『太極学報』第11号	
1907年9月2日	雑報「坡郡縦覧所」	『皇城新聞』	
1907年9月16日	雑報「再告湖西同胞」	『皇城新聞』	
1907年12月	金壽哲訳「家庭教育法」	『太極学報』第16号	利根川与作の『家庭教育法』（1901年）を翻訳したものである。
1908年7月22日	雑報「自動人形」	『皇城新聞』	
1908年6月	中叟「有大奮発民族然後有大事業英雄」	『太極学報』第22号	
1909年5月	李瘠鍾「学典」	『畿湖興学会月報』第10号	
1909年9月	金文演「家庭教育의 必要」	『大東学会月報』第20号	
1909年10月	李得秊「我韓社会観」	『大韓興学報』第6号	
1909年12月	松南「因海山朴先生仍旧就新論 告我儒林同志」	『西北学会月報』第18号	
1909年12月	春夢子「国民의 普通知識」	『西北学会月報』第18号	
1910年5月26日	論説「理想的教育의 考案」	『大韓毎日申報』	

<注記>「社会教育」という用語が記述中にみられるものを中心に収録した。

日本の雑誌に見る韓国・朝鮮の「社会教育」概念に関する記載（1894～1910）

時期	著者・論文	収録雑誌	備考
1894年8月25日	「東邦協会と朝鮮教育」	『教育報知』	
1894年9月29日	「朝鮮国を啓発するには先つ社会的教育法に依らさるへからす」	『教育報知』	
1895年12月3日	「釜山の状況（続稿）―公立夜学校」	『教育報知』	
1908年4月1日	俵孫一「韓国教育の状況（下）」	『朝鮮』	

＜注記＞雑誌に「社会教育」「通俗教育」という用語および社会教育的事業に関する記述がみられるものを中心に収録した。

植民地時代に朝鮮民衆によって発行された雑誌・新聞にみられる「社会教育」概念に関する記載（1910～1945）

時期	著者・論文・記事	収録雑誌・新聞	備考
1918年5月17日	李範承「図書館을 設立하라」	『毎日申報』	
1920年7月	社説「世界三大問題의 波及과 朝鮮人의 覚悟如何」	『開闢』第2号	
1920年9月	李敦化「朝鮮新文化建設에 対한 図案」	『開闢』第4号	
1920年12月	金起瀍「農村改善에 관한 図案」	『開闢』第6号	
1929年3月	韓長庚「成人教育의 急務」	『朝鮮農民』第5巻3号	
1930年6月	金世成「現下朝鮮農村救済의 三大緊急策」	『農民』第1巻2号	
1930年11月	金璟載「露国의 成人教育」	『農民』第1巻7号	
1932年2月	檀正「農村女性과 社会教育」	『農民』第3巻2号	
1933年7月	緑蔭「朝鮮教育界를 論함」	『衆明』第1巻第2号	
1933年8月	望鏡「朝鮮社会教育에 対하야 言함」	『衆明』第1巻第3号	

＜注記＞題目や論文中に「社会教育」「通俗教育」「成人教育」という用語や社会教育に関する内容がみられるものを中心に収録した。

■著者紹介

李　正連　（イ　ジョンヨン）

1972年韓国忠清南道生まれ。
東国大学校教育学科、名古屋大学大学院教育発達科学研究科博士課程修了。
公州大学校（韓国）及び愛知県立大学などの非常勤講師を経て、現在名古屋大学大学院教育発達科学研究科准教授。

主要著書
『現代世界の生涯学習』（分担執筆、大学教育出版、2002年）
『韓国の社会教育・生涯学習～市民社会の創造に向けて～』（分担執筆、エイデル研究所、2006年）など

韓国社会教育の起源と展開
―大韓帝国末期から植民地時代までを中心に―

2008年2月12日　初版第1刷発行

■著　　者——李　正連
■発 行 者——佐藤　守
■発 行 所——株式会社 大学教育出版
　　　　　　〒700-0953 岡山市西市855-4
　　　　　　電話（086）244-1268　FAX（086）246-0294
■印刷製本——モリモト印刷㈱
■装　　丁——ティーボーンデザイン事務所

Ⓒ Jeongyun LEE 2008, Printed in Japan
検印省略　　落丁・乱丁本はお取り替えいたします。
無断で本書の一部または全部を複写・複製することは禁じられています。
ISBN978-4-88730-779-7